José Carlos
Mariátegui

アンデスからの暁光

マリアテギ論集

小倉英敬＝著

現代企画室

アンデスからの暁光

マリアテギ論集

小倉英敬

目次

第二部　思想形成の軌跡

第二章　ヨーロッパ体験　一九一九―一九二三年……75

第三章　「アマウタ」時代　一九二三―一九二八年……100

序章

西洋世界における近代化とともに開始したグローバル化は、今世紀に入って速度を増し、特に一九八〇年代からは「グローバリゼーション」が日常語として定着するほどに、グローバル化がわれわれの日常生活の表面にまで顕在するようになってきた。特に、多国籍企業やヘッジファンドのボーダーレスな活動の拡大、コンピューター・インターネットや携帯電話などのモバイルな通信・情報手段の普及、市民運動のネットワークを通じたトランスナショナルな活動と存在の強化等々、われわれの日常が過去二〇—三〇年前より大きく変化してきている。

社会変動の面でも、先進資本主義諸国では産業上の中心軸が第二次産業から第三次産業へ移行したことから「ポスト工業化社会」が論じられ、近代の高度化や終末を論じる議論も増加してきた。特に、グローバル化の進展に伴い、国家（国民国家）と市民社会との間の乖離が進み、市民社会の自律化傾向が強まっている。この国家と市民社会との間の関係の変化によって、国家と市民社会双方の空間編成にも変化が生じる。これまで、国民国家が市民社会のあらゆる次元に介入し、都市間・地域間の関係を組織し、農村を解体して都市に人口と生産を集中させてきたが、グローバル化の進展の中で基軸としての国民国家のプレゼンスが低下し、ローカルな空間編成が進められ、意志決定が分権化され、地域間のネットワークが成長してくるという現象が生じる。そしてそこに市民社会が新しい関係性の形成において重要な役割をはたしてくるという変容が生じる。

このような先進資本主義中枢における動向は、周辺部資本主義諸国にも影響を及ぼしている。国際金融機関がネオリベラリズムに基づく経済調整策を一九八〇年代より対外債務の返済不能に陥った周辺部資本主義諸国に強いたため、これら諸国では自由貿易、国内市場の開放等々の施策を採ることを強いられ、輸出代替産業は破綻し、農業部門においては国民文化を支える伝統的な作物が一掃される事態さえ生じてきている。そして、ネオリベラリズムに基づく経済政策の下で、底辺層の人々は社会格差の拡大を蒙り、生活維持のためにインフォーマル・セクターや地域通貨を基盤とした独自の生活ネットワークを強化している。ラテンアメリカ諸国においてもこのような傾向が広く見られるようになっている。

ポスト冷戦期において、グローバリズムやポストモダンが論じられる時代になり、思想の有効性や魅力が取り上げられるマルクス主義の思想家は少ない。既に、時代の流れに取り残された思想家が多い。その中で、その有効性が論じられるのは、ローザ・ルクセンブルグ、アントニオ・グラムシなどがいるが、ペルーというラテンアメリカの国の思想家であることが主な理由となって、国際的に一般的にあまり知られていない思想家がいる。一九二〇年代に活躍したホセ・カルロス・マリアテギ（José Carlos Mariátegui La Chila, 一八九四―一九三〇）である。日本では、主要な著作である『ペルーの現実解釈のための七試論』（原田金一郎訳、柘植書房、一九八八年）と、主要な論稿からなる選集『インディアスと西洋の狭間で』（辻豊治／小林致広訳、現代企画室、一九九九年）の翻訳書二冊が出版されているが、ラテンアメリカ地域の専門家や思想史の研究家などを除いて、ごく一部でしか知られていないのが実情であろう。

筆者は、大学の卒業論文でマリアテギを論じた『ペルー・ナショナリズムの諸問題：マリアテギと〈新しい世代〉』を書くための準備を開始して以来、マリアテギの思想について引き続いて勉強し、関連の研究書や論文をフォローしてきた。

マリアテギは、一八九四年六月一四日にペルーのコスタ（海岸部）南部のモケグア県に、リマ市の名家であるマリアテギ家の私生児として生まれた、母方の家系の影響で先住民色の濃いメスティソ（混血）である。幼年期の事故のため血腫が原因で左脚が跛行となり、そのため家庭の貧困も重なって小学校へも行けずに独学した。その後、新聞社のメッセンジャーから始めて、ジャーナリストに成長し、二〇歳代でコラムニストとして活躍し始めた。まもなく政治への傾斜を強めて、一九一八年頃には社会主義思想を学び始める。一九一九年一〇月には当時のレギア政権によって「入獄か国外追放か」の選択を迫られ、イタリアを選んでペルー政府の情宣担当アタシェの資格で出国する。一九一九年末から一九二三年二月までヨーロッパに滞在したが、一九二二年五月まではイタリアに滞在し、ソレル、クローチェ、ラブリオーラ、ゴベッティ、グラムシなどの影響を受けて思想形成を進めた。特に、マルクス主義についてはソレルの思想を通じて学んだ。

一九二三年三月の帰国後は人民大学で講義をする一方で、各種の雑誌に論稿を発表し始めたが、一九二四年五月に健全であった右脚が壊疽に冒されて切断を余儀なくされ、その後死ぬまで車椅子生活を送る。一九二六年九月に帰国直後から企画していた新しい時代を反映した雑誌『アマウタ』を発行し始めたが、一九二八年四―五月にはラテンアメリカ横断的なナショナリズム運動であるアプラ（アメリカ人民革命運動）を指導していたペルー人ビクトル・ラウル・アヤ・デ・ラ・トーレと運動の路線をめぐって訣別し、アヤ・デ・ラ・トーレがナショナリスト政党を結成しようとしたことに対抗して、同年一〇月にペルー社会党（PSP）を結成した。

しかし、マリアテギとPSPは、一九二九年七月にコミンテルン南米書記局が開催した第一回ラテンアメリカ共産主義者会議において、労農党的な大衆党から共産党への改変を要求されるとともに、人種問題に関する姿勢を批判される。マリアテギはPSP党内の動向がコミンテルン追従の姿勢を強める中で孤立し始め、一九三〇年二月にはPSPのコミンテルン加盟を受け入れつつも、共産党への改変に反対したまま、同年四月に病弱のため死亡した。死の一ヵ月後に、PSPはペルー共産党に改変された。

マリアテギの思想傾向はコミンテルンとの摩擦を引き起こすなど、当時の国際共産主義運動の主流からは異端的な傾向をもっていた。しかし、その異端的な傾向こそが、現在から見て魅力ある思想としての輝きを持ち始めている。その思想についてはグラムシ、ルカーチ、コルシュなどとの類似性が指摘されている。しかし、その魅力はマルクス主義思想の枠内にとどまるものではない。かつて先住民文明が栄えた地域に位置する周辺資本主義国における国民（民族）形成の問題、近代化の問題、経済的従属性の問題等々、その思想の全容が知られるに伴い、研究も国際的に拡がっている。

本書は、筆者が過去に蓄積してきた研究成果を基礎に一九九九年四月から二〇〇〇年三月までの一年間に執筆した、以下の九本の論文からなっている。一部は研究誌に掲載されたものもあるが、本書においてはこれらの論文にも加筆・増補して編集し直した。

第一部　先行諸世代との思想的交差〔原題『20世紀初頭のペルー思想状況：ホセ・カルロス・マリアテギと先行諸世代との思想的交流』、上智大学イベロアメリカ研究所『イベロアメリカ研究』XXI(2)〕

第二部　思想形成の軌跡

(一)　社会主義者への道：一九一八–一九一九年

(二)　ヨーロッパ体験：一九一九–一九二三年

(三)　『アマウタ』時代：一九二三–一九二八年

(四)　コミンテルンとの論争：一九二八–一九三〇年

第三部　思想論

(一)　ペルーの「国民」概念〔原題『ペルーにおける「国民」理念の形成：一九二〇年代マリアテギの場合』、国立民族学博物館地域研究交流企画センター『地域研究』III(2)〕

(二)　「近代性」への視角

(三)　「経済的従属性」への視角

(四)　〈全体性〉と〈共生〉の思想

もとより論文集であるので、幾つかの論文の間で内容が重複するものもある。また、本書に所収した論文ではまだ研究を深めることができなかったテーマも少なくない。これらについては今後の課題とすることとしたい。

第一部　先行諸世代との思想的交差

1. はじめに

アウグスト・サラサル・ボンディ（1925-1974）とダビッド・ソブレビーリャ（1938-）はペルーの現代思想史を時系列順かつ潮流毎に分類・整理して図式化を試みている。

サラサルは、一九六五年に出版した『現代ペルー思想史』（全四章）の第一章「実証主義の絶頂期」、第二章「新しい形而上学」、第三章「精神主義と唯物論」を一九世紀末から一九二〇年代までのペルー思想史にあてている。他方、ソブレビーリャは、一九八〇年にファン・メヒア・バカ社から出版された『ペルー史』全一二巻のうちの第一一巻『プロセスと制度』に掲載した『現代ペルーの思想』（全六章）の第二章「実証主義の有効性」、第三章「精神主義的反動」、第四章「社会主義的提案」の三章で、同時期のペルー思想史を取り上げている。

サラサルとソブレビーリャによるペルー思想史は、一九二〇年代に活躍する〈新しい世代〉（La Nueva Generación）に先行する思想の潮流として、実証主義とその反動である精神主義を共に指摘している。本稿ではこの図式を採用し、マリアテギに先行する諸世代を、実証主義と反実証主義（精神主義 espiritualismo）に分け、マリアテギが主要な論敵としたのは、反実証主義の中の保守派であることを論証し、またこれが彼の「精神主義」あるいは「主意主義」（voluntarismo）に由来することを立証する。

マリアテギの思想は、〈全体性〉の思想である。ここでいう〈全体性〉とは、単に人々の肉体的、経済的状態の悪化のみを変革の前提条件とするのではなく、社会と文化も含めた全体を主題とする視点である。換言するなら、社会変革の対象を政治・経済制度に限定せず、社会的状況と文化に規定される個人の意識や日常生活にも拡大しようとする視点である。マリアテギのマルクス主義は、一九二〇年代に普及していた共産主義インターナショナル

（コミンテルン）の主流派に代表されるマルクス主義に比べると、その「精神主義」、あるいは「主意主義」的な特徴が指摘されている。このマリアテギの傾向については、一九二〇年代におけるヨーロッパ・マルクス主義の「主意主義」の諸潮流を代表するルカーチ（1885-1971）、グラムシ（1891-1937）、コルシュ（1886-1961）等との類似性が指摘され（注1）、ソレル（1847-1922）等からの影響が強調されている（注2）。

筆者は、このマリアテギのマルクス主義思想の「精神主義」、「主意主義」的な傾向がソレルからの影響であることに同意しつつも、他方で一九一九年のヨーロッパ渡航前に既に彼には「精神主義」「主意主義」を受け入れる素地が存在していたと見る。この素地に関して、バンデンはこれを幼児期に敬虔なカトリック信者であった母親から受けた影響を指摘し、ベインズとルイリョンは左足の跛行及びその後の右脚切断という身体障害に帰している。筆者はこのような心理的要因を考慮するとともに、青年期の思想形成にはマリアテギと先行諸世代との思想の交流の検討が必要であると考える。

本稿は、このような観点から、マリアテギと先行諸世代の思想家達、特に〈一九〇五年世代〉または〈アリエル派〉と称される知識人達との関係を解明してゆくことで、マリアテギの「精神主義」、「主意主義」的傾向の意味を検討する。これと同時に、ペルーが資本主義的な近代化路線を歩み始めた一八九〇年代から一九二〇年代におけるペルーの思想状況を、「近代化」を軸に描き出すものである。

2. マリアテギの思想形成

(1)「精神主義」的傾向の要因

前述の通り、マリアテギ（本節ではマリアテギ家の家系も扱うので、他のマリアテギ家のメンバーとの混同を避けるため、本節に限り以下「ホセ・カルロス」と表記する）の「精神主義」的傾向に関して、バンデンは敬虔なカトリック教徒であった母親アマリア（1860–1946）の影響に、ベインズとルイリョンは左脚の跛行という身体障害に基づく精神構造に帰している。おそらくバンデン及びベインズらの指摘は、必ずしも的をはずしてはいないと思われる。ホセ・カルロスが若き日に精神主義的な傾向を示した背景には、①共和国期ペルーの名門であるマリアテギ家の私生児として誕生したが、二〇歳代前半まで父親探しの精神的彷徨を続けたこと、②身体障害に起因する内向性、という二つの要因があったものと推定される。

ホセ・カルロスは、一八九四年六月一四日にコスタ（海岸部）南部のモケグア県で誕生した。リマ県ワラル郡サヤン町出身の母親アマリアが、夫との離別後にチョカノ家（詩人ホセ・サントス・チョカノの叔母カルメン・チョカノの厚遇を得て、モケグア市にてホセ・カルロスを生んだためであった。アマリアの夫であるフランシスコ・ハビエル・マリアテギ・イ・レケーロ（1849–1907）は、叔父フォシオン・マリアテギ・イ・パラシオオス（1835–1929）の夫人の実家が経営するサヤン町近郊に位置した農園の会計士としてこの地域に現れ、一八八二年五月にアマリアと宗教上の婚姻を行った。しかし、フランシスコ・ハビエルはアマリアに素性を隠し続け、中国のマカオ生まれのフランシスコ・エドゥアルド・マリアテギ・サパタと称し続けた。フランシスコ・ハビエルとアマリアとの間にはホセ・カルロスを含めて七人の子供が生まれるが（姉ギエルミーナ、ホセ・カルロス、弟フリオ・セサルを除く四人は夭折）、フランシスコ・ハビエルは三回にわたってアマリアと子供たちを放棄した。ホセ・カルロスが生まれたのは、二回目の放棄の直後であり、アマリアは彼の出生登録に「マリアテギ未亡人」と記し、フランシスコ・ハビエルとの関係を一時的にせよ過去のものとした。

アマリアがフランシスコ・ハビエルの正体を知ったのは、ホセ・カルロスが生まれる直前頃であったと推定される。フランシスコ・ハビエルは、フランシスコ・ハビエル・マリアテギ・イ・テジェリア（1793-1884）の孫であった。この祖父は、共和国独立後の最初の国会に選出された下院議員の一人であり、フリーメーソンのメンバーであったためにカトリック教会から破門された人物であった。敬虔なカトリック信者であったアマリアにとって、夫であると信じていたフランシスコ・エドゥアルドが、カトリック教会が破門したフリーメーソンのメンバーであり、急進的な反教権主義者であったフランシスコ・ハビエルの孫であったことを知ったことは大きな心理的衝撃となった。更にフランシスコ・ハビエルには別に正妻がいたこと、そして彼の私生児を生んでしまったことに気づいた時、カトリック教徒として良心の呵責に耐えられない思いをした。このため、アマンダはホセ・カルロスが死ぬまで父親の素性を明かさなかったと言われる。

ホセ・カルロスはリマ県ワチョ市に移り住んだ小学生時代に、校庭で遊んでいた時に事故にあい、左脚を傷つけ、リマ市のフランス系慈善病院にて手術を受けた。しかし、手術後も左脚は治らず跛行となった。このため、ホセ・カルロスは小学校を終了できずに、自宅や母親が家政裁縫婦として働いた勤務先での読書を通じて独学した。彼は強い文学的志向を持ち、特にメキシコの神秘主義的なアマド・ネルボ（1870-1919）に傾倒し、精神主義的な傾向を示し始めた。

そして少年時代に、その後のホセ・カルロスの生涯を変化させる人物と近所で知合った。それは『ラ・プレンサ』紙の植字工でありアナルコ・サンディカリストのフアン・マヌエル・カンポス（1887-没年不祥）であった。ホセ・

カルロスはカンポスの紹介で『ラ・プレンサ』紙で働き始め、その後編集長であったアルベルト・ウジョア（1862-1919）に認められるようになった。またホセ・カルロスは、カンポスを通じて一九〇九年四月にマヌエル・ゴンサレス・プラダ（1848-1918）を知り、特にその息子であるアルフレッド（1891-1943）との交友を得た。

更に、当時ピエロラ派に位置していた『ラ・プレンサ』紙の中で形成した人脈を通じて、ピエロラ元大統領（在位1895-1899）の息子で、一九〇九年五月にクーデター未遂事件を起こしたことのあるイサイアス・デ・ピエロラ（1867-1936）と知合った。

ホセ・カルロスは、ゴンサレス・プラダ父子との交際を得、ピエロラ父子の関係を知るにつれ、理想の父子関係を心に抱き、父親を知りたいとの願望を強めたと言われる。

ペルーにおけるマリアテギ家は、一七七〇年にスペインからペルーに渡航してきたバスク出身のホセ・イグナシオ・マリアテギ・イ・リエルニア（1740-1814）の子孫であった。マリアテギの姓を有する者はいずれもこの一族に属している。母親アマリアが父親の素性を明かさないため、ホセ・カルロスは幼い頃から精神的な父親探しを始めていた。『ラ・プレンサ』紙で認められ、編集陣に加えられたホセ・カルロスは、上流社会と接触できる立場になった。そして、マリアテギ本家の大叔父フォシオン・マリアテギ・イ・パラシオスやその息子のフォシオン・マリアテギ・イ・アウセホ（1885-1961）、ルイス・ロドリゲス・マリアテギ（生没年不祥）、エミリオ・プロ・マリアテギ（生没年不祥）、更には二期にわたって大統領となったアウグスト・B・レギア（1863-1932、在位1908-1912年、1919-1930年）夫人であったフリア・スウェイン・マリアテギ（1866-1919）と知合う機会を得た。しかし、この時点でさえも自分の父親がマリアテギ家のどのメンバーであるかを知らず、また一族の者にも聞こうともしなかった。その理由はおそらく、すべてのメンバーが白人である本家の人々とは異なって、ホセ・カルロスは母親が先住民色の強いメスティソであり、また母親の実家が皮革職人というメスティソ下層出身であったことから、本家のメンバーから一切接触もなく、極貧状態にあったときも援助の手が差し伸べられなかったことに対する反発にあったものと推定される。

また、一九〇九年五月にイサイアス・デ・ピエロラがクーデター未遂事件を起こしたことが契機となって、レギア政権が『ラ・プレンサ』を閉鎖したことも、レギア夫人がマリアテギ家出身であったことから、本家に対する反発を強める要因となったと思われる。このようにホセ・カルロスの心情には、父親を知りたいという願望と、本家の人々に対して素直になれない複雑な心理が混在していた。

このような父親探しの願望と精神的彷徨、跛行という身体障害に発する内向性、更には身体上の理由や出身階層の違いから失恋したことなどが原因となって、ホセ・カルロスは社会的に反抗的な性格を強めた。義賊のルイス・パルド（1872-1909）や、異端的な思想家のゴンサレス・プラダを崇拝し、また伝統的価値観に対して反抗志向の強い文学者アブラアム・バルデロマル（1888-1919）との交友から文芸グループ〈コロニダ（Colónida）〉の結成に参加するなど、寡頭支配層と伝統社会に反発する姿勢を強めていった。

(2) バルデロマルと〈コロニダ〉グループ

〈コロニダ〉グループは、バルデロマルを中心として一九一六年一月に結成され、同年五月までの間に四号の機関紙を発行して短命に終わった文芸グループである。〈コロニダ〉の社会的姿勢は、ゴンサレス・プラダの影響を受け、反伝統、反寡頭制に象徴される反逆性を特徴とし、植民地的な過去との訣別を目指した。この意味合いにおいては、当時の文芸界では前衛的なグループであった。マリアテギも〈コロニダ〉グループ結成当初から加わった。〈コロニダ〉グループの中心人物であったバルデロマルは、イタリア滞在中にダヌンツィオの影響を受けるなど、反逆的、諷刺的、高踏的、コスモポリタン的な傾向を有したが、機関紙〈コロニダ〉はこれらの傾向を体現していた。また、バルデロマルは反伝統を掲げながらも、少数エリート的な貴族的趣味を有し、かつ同時代的な社会運動への関心を示さず、文芸運動の域を脱しなかった。しかし、バルデロマルの作品に見られたインカ時代に対する郷愁に基づく賛美は、マリアテギにも影響した。バルデロマルの他では、フェデリコ・モーレ（1889-1955）、アルベルト・イダルゴ、セサル・ファルコン（1892-1970）等がいた。その多くは、コスモポリタン的傾向と同時に、インカ伝説にロマンティシズムを見出し、先住民反乱にメシア思想的なものを感じる感性を有していた。このグループの中から、マリアテギ、ファルコンをはじめ社会主義運動を目指す者が現れた。

マリアテギは、「〈コロニダ〉の運動をひきおこした核心への欲求は、わずかばかりの退廃主義や異国趣味では満足できなかった。……しかし。〈コロニダ〉の経験をおえて、これに参加した、とりわけもっとも若い作家たちは、新しい政治的潮流に興味をもちはじめた」と述べて評価している。

マリアテギは、〈コロニダ〉グループから、同グループがゴンサレス・プラダから引き継いだ旧世代の伝統尊重に対する反逆性・反抗性と、インカ社会へのロマンティシズムを引き継いだ。マリアテギが先住民の擁護の姿勢を表明し始めたのは、〈コロニダ〉グループ参加の経験を経た後であった。一九一七年一月頃から「エル・ティエンポ」紙に有していたコラム「声（Voces）」欄においてシエラにおいて発生した先住民反乱に関して言及する頻度が高まった（注3）。

マリアテギがジャーナリストとしての活躍を開始したのは一九一三年からであった。マリアテギは同年に『ラ・プレンサ』紙の編集に携わり始め、一九一四年には合計で二九本、一九一五年には七八本、一九一六年には二五三本、一九一七年には二九二本のコラム記事を執筆している。一九一六年から一九一七年の頃に、マリアテギはジャーナリストとして社会的に一目置かれる存在となるが、同時に〈コロニダ〉グループに参加していたこの時期から政治への関心も強めていった。

(3)社会主義者への道

マリアテギの反抗性が、一転して明確に社会主義を目指す政治的傾向に転じたのは、ある事件を通じてであった。

一九一七年一一月四日の夜半に、ペルーを訪問していたバレリーナのノルカ・ロウスカヤに、マリアテギを始めとするジャーナリスト・グループがリマ市の墓地で舞踏会を行わせたことから、彼は多数の関係者とともに警察に拘留された。この事件の直後からマリアテギは上流社会から忌避されるようになり、社会的に孤立感に陥った。そのような状態にある時に、ホセ・カルロスに連帯を表明したのは、当時アナルコ・サンディカリスト系が主流を占めていた労働運動であった。以後、マリアテギは急激に政治的姿勢を強め、労働運動との接触を深めていった。

マリアテギが社会主義に傾斜し始める上で案内者となったのはマウルトゥア（1867–1937）であった。一九一四年にマウルトゥアが外交官として在外勤務を終えて帰国して以来、マウルトゥアの周りに知識人のサロンが形成され、社会主義関係の文献に関する意見交換が行われるようになった。マリアテギも、ジャーナリストとして先輩にあたるマウルトゥアを知るようになり交際を深めた。マリアテギはマウルトゥアの案内で当時入手可能であったマルクス、ソレル、ウナムノ、ラブリオーラなどの社会主義関係の文献を読み始めるようになったと言われる。

しかし、マリアテギは、社会主義への傾斜を強めていったものの、少年期から青年期にかけて有していた精神主義的な傾向を弱めはしなかった。この傾向は一九一九年一〇月にヨーロッパに渡航し、マルクス主義を学び始めても変化しなかった。マリアテギはヨーロッパにおいて、青年期までに形成した精神主義的な傾向の延長線上で、「マルクス主義の精神主義化」を主張していたソレルの思想との接触を深めた。そして、マルクス主義の原典を熟読しつつも、当時のマルクス主義の主流派とは異なる精神主義的・主意主義的な独自の思想を形成していった。

3．近代化イデオロギーとしての実証主義

(1) 実証主義の主流

前述の通り、マリアテギの青年期までの生活環境において、彼の思想や社会観の形成に影響を与えたのは、パルド、カンポス、ゴンサレス・プラダ父子、バルデロマル、マウルトゥアであった。さらに、〈コロニダ〉グループへの参加や社会主義への傾斜をともにし、『ヌエストラ・エポカ（Nuestra Epoca）』紙と『ラ・ラソン（La Razón）』紙を協力して創刊し、一九一九年一〇月にはレギア政権による事実上の国外追放措置によって一緒にヨーロッパに渡航することになるセサル・ファルコンからも影響を受けた。

これらの影響を背景として、二〇歳台前半までのマリアテギの姿勢は、強い社会的反抗性を示しており、それが社会主義という明確な思想で表現されるのは、前述の通り一九一七年末以降であった。しかし、この社会的反抗性は明確な思想として表現されていなかったが、時代精神を反映したものでもあった。

マリアテギが、『ラ・プレンサ』紙で働き始めた一九〇九年からヨーロッパ渡航に至る一九一九年までの一〇年間は、ペルーにとり大規模な外資導入を軸に推進した一次産品輸出経済に基づく近代化路線の社会的矛盾が顕著になり始めた時期であった。その結果、ゴンサレス・プラダに代表される社会的抗議が労働運動や先住民蜂起によって表現され、他方、思想的には実証主義に対する反動から精神主義的傾向が発生していた。

ペルーにおける資本主義形成は、一九世紀半ばに開始された外国資本によるグアノと硝石の採掘に始まる。しかし、硝石採掘地帯をめぐって発生したチリとの間の太平洋戦争に敗北したペルーでは、「国民（民族）」形成の欠

如が敗北の主因であるとの認識が高まり、この「国民」形成の模索は同時に近代化への志向とともに進められた。特に、近代化を目指す政治的傾向はシビリスモ（Partido Civil）に体現された。シビリスモはその後、自由党（Partido Liberal）、民主党（Partido Demócrata）等に分裂して、内部でのヘゲモニー争いを繰り広げた。

近代化プロセスが明確に開始されたのはピエロラ政権においてであった。ピエロラはシビリスモの反主流の一派である民主党の党首であった。この時期には、すでにグアノと硝石の輸出が終了し、コスタ（海岸部）で生産される砂糖と綿花、シエラ（山岳部）で生産される羊毛に基づく一次産品輸出経済が拡大していた。

このシビリスモによる近代化路線のイデオロギー的基盤として機能したのが、実証主義であった。ペルーにおいて最も早い時期に実証主義に関する言及が行われたのは、一八五四年にセバスティァン・ロレンテがアヤクチョの『基礎哲学コース』（Curso de Filosofía Elemental）誌に、次に一八五九年に『リマ雑誌』（Revista de Lima）誌に掲載した記事において触れたのが最初であると言われる。

しかし、実証主義がペルーに影響を与えはじめたのは一八七〇年代であり、その後一九〇〇年代から一九一〇年代前半に最も影響力を強めた。特に、法学と臨床医学においてその影響が顕著に見られた。サラサルは、ペルーにおける実証主義に見られる傾向は、コントよりもスペンサーの影響がより強いことであると述べている。即ち、社会的ダーウィニズムの影響である。

実証主義が実際に学界において主流派となったのは、一八七一年にフアン・フェデリコ・エルモレ・サンマルコス大学（当時はサンマルコス・リマ中央大学大学と呼ばれた）法学教授が進化論を支持することを表明し、次にホセ・アントニオ・バレネチェア同法学部長が社会科学の分野における実証主義の重要性について言及したことを端緒とする。実践面では、一八九〇年にハビエル・プラド・イ・ウガルテチェ（1871–1921）同法学部教授が刑法に実証主義哲学を応用したのが最初である。その後一八九六年にはマリアーノ・コルネッホ（1866–1942）がサンマルコス大学に新たに創設された社会学講座の主任教授に就任し、こうして実証主義の影響が全面開花し始める。

二〇世紀に入ると、プラドに続いて、カルロス・ヴィセ（1859–1945）、マヌエル・ビセンテ・ビジャラン（1873–1958）、ホセ・マティアス・マンサニーヤ（1967–1947）等のシビリスモの進歩派に位置づけられる知識人たちがサンマルコス大学の教壇に登り、実証主義の絶頂期を迎える。彼らは、サンマルコス大学の教授であると同時に、商業活動を営む企業経営者でもあり、イギリス資本及び米国資本と強い繋がりを有する新興企業家層に属し、近代化を目指す改良主義的な自由主義者であった。

しかし、実証主義の立場からは資本主義的近代化論のみが生じたわけではない。ゴンサレス・プラダやマウルトゥア（1867–1937）のように社会主義を志向する潮流も生じた。

(2) 実証主義の異端派：ゴンサレス・プラダ

実証主義の影響を受けながらも、先住民の存在をペルーの国民（民族）形成の重要な要素と考え、アンデス世界の存在を国民（民族）形成の上でより重視したのは、マヌエル・ゴンサレス・プラダであった。マリアテギはゴンサレス・プラダとは一九〇九年以来面識があり、その息子のアルフレッドとの交友からゴンサレス・プラダの自宅を頻繁に訪問していた。マリアテギとゴンサレス・プラダとの思想的関係については、マリアテギが『七つの試論』の中で、「われわれがプラダの考えの多くに隔たりを感じるとしても、逆に彼の精神にはそれを感じない」と述べ、ゴンサレス・プラダの精神との共鳴に言及している。

ゴンサレス・プラダにおける実証主義の影響は、将来を科学に委ねるという科学信仰に見られた。彼は青年時代よりカトリック教会、寡頭制、軍部に対して強い批判を有していた。この時点では、その姿勢は急進的な自由主義と評しうるものであり、自らを「自由思想家（Librepensadores）」と名乗っていた。

一八七九年には急進的な文学グループ「ボエミア・リテラリア（Bohemia Literaria）」を結成、これが一八八八年には「シルクロ・リテラリア（Circulo Literaria）」に発展した。同年ゴンサレス・プラダは、リマ市のポリテアマ劇場で後に「ポリテアマ宣言（Manifiesta Politeama）」と呼ばれる演説を行って「若者は労働に、老人は墓場へ」と述べ、カトリック教会、寡頭制、軍部の三位一体に対する攻撃を開始するとともに、ペルーが直面する最大の問題は先住民問題であるとして、先住民を国民文化、国民社会に統合する必要性を主張し、先住民をカトリック教会の知的拘束から解放し、宗教に代えて実証科学への信頼を訴えた。

「シルクロ・リテラリア」には、インディヘニスモの先駆者であるクロリンダ・マット・デ・トゥルネルやメルセデス・カバーリョ・デ・カルボネラなどがいたが、その姿勢は先住民を国民に統合する必要性を認識しつつも、基本的にはパターナリスティックなものであった。彼らは、一八九一年に国民連盟（Union Nacional）を結成し、先住民の復権、連邦主義を主張した。同年ゴンサレス・プラダがヨーロッパに渡航したが、その間に国民連盟はシビリスモの一派である自由党に接近した。

一方、ゴンサレス・プラダは、一八九四年に『自由な断章』を発表し、その中でスペインを人間の進化を停止させる諸力の存続を象徴するものとして斥け、ペルー国民は惰性を克服するための道徳的再生を必要としており、社会変革に進むべきであると主張した。そして、ペルーの病状をコレラにたとえて、患部を傷つける療法が必要であると述べるとともに、ペルーを病状から回復させる道徳的・人間的な力は隷従に特徴づけられた数世紀の間にも無傷に残されているとし、先住民農民、労働者、更に中間階層がペルーの再生の原動力になりうると主張した。しかし、この時点でのゴンサレス・プラダの先住民に対する処方箋は、他の実証主義者の大部分と同様に教育であった。「実証科学による無知からの解放」と表現された。

ゴンサレス・プラダの先住民問題に対する見方が経済問題と結びつけられるのは、一八九八年に帰国してからである。ヨーロッパ滞在中にアナーキズムの影響を受け、帰国後、「社会革命」を主張するようになる。一九〇二年、ゴンサレス・プラダは国民連盟を離脱し、リマの労働運動との接触を深め、労働者向けの新聞発行に従事した。

一九〇四年にゴンサレス・プラダは『わが先住民』を発表し、先住民問題は教育の問題である以上に、社会的、経済的な問題であると指摘した。さらに、一九〇八年には『闘いの時』を発表し、その中で、先住民問題は教育のみでは解決できないとして、先住民が置かれている社会・経済的条件を改革しなければならないとの主張を繰り返した。そして、隷従から解放されるための抑圧者に対する反乱を煽動し、先住民の闘いは労働者及びすべての抑圧された者たちとの闘いと結合すべきと述べた。この『闘いの時』において、ゴンサレス・プラダは「社会革命」を掲げたが、彼が用いた「革命」の用語は特有の意味を含んでいた。彼にとり、「革命」とは、「道徳的な回復の運動」であり、権力の奪取とか、暴力を通じた新しい国家や新しい社会秩序の建設を意味するものではなかった。そして、この「革命」のプロセスは完成に向けて永久的に続くものとされた。ゴンサレス・プラダにとって、「革命」とは完全化に向けた「進化」を意味したのである。そして、社会運動面ではアナルコ・サンディカリズム的傾向を示した。

ゴンサレス・プラダが煽動した反乱は、権力の奪取を目指すものではなく、反抗を呼びかけたものであった。その「社会革命」は、階級闘争の理論に基づくものではなく、彼は一階級による他の階級に対する闘争を否定しており、いわば反権力志向という姿勢に特徴があった。ゴンサレス・プラダの思想は究極的には、大衆への教育や科学への信仰が強く見られるなど、実証主義に影響された進化論を特徴とした。

しかし、ゴンサレス・プラダが、先住民問題を社会的・経済的問題と捉えたこと、「社会革命」について論じたこと、そして知識人という集団を大衆に対する指導者として位置づけ、知識人と労働者の連携を主張したことは、マリアテギ等の〈新しい世代〉に大きな影響を残すことになる。

4. マリアテギのデウストゥア批判

(1) デウストゥアの思想

一九二八年に出版した『ペルーの現実解釈のための七試論』（以下『七試論』）においてマリアテギは、先住民問題は土地問題であると論じた。そして、土地問題の解決のためにはシエラ（山岳部）に存在する植民地的精神性を存続させた封建的な大土地所有制度が解体される必要があるが、この先住民の封建制からの解放は、都市労働者の社会主義を目指す闘争と結合してのみ可能であると主張した。また、マリアテギはこのような植民地的精神性とのイデオロギー闘争を展開して、復古的な勢力に対する、〈新しい世代〉の「知的ヘゲモニー」の確立を目指した。このイデオロギー闘争において対象として批判されたのが、アレハンドロ・D・デウストゥア（1849–1945）に代表される教育分野における保守派と、文学・思想分野におけるリバ＝アグェーロ等の〈アリエル派〉であった。

デウストゥアは、ペルーにおけるベルグソン（1859–1941）哲学の紹介者であり、実証主義が絶頂期に至った一八九〇年代末にベルグソン哲学の影響を受けて実証主義から離脱を開始した反実証主義派の旗手である。ベルグソン哲学の影響下に生じた実証主義からの離脱は、一八九八年のデウストゥアを皮切りに、彼の影響下で一九一〇年代前半まで続き、この時期にパルド、マリアーノ・イベリコ（1893–1974）、ペドロ・S・スーレン（1889–1925）、ビクトル・アンドレス・ベラウンデ（1883–1966）等が実証主義を放棄し、いずれも実証主義に対する反動として観念論、及び精神主義の立場をとるようになった。

デウストゥアが重視したのは自由と秩序であった。デウストゥアは一九一九年から一九二二年に出版した二巻本の『人類思想史における自由と秩序の思想』、及び一九二三年に出版した『一般審美学』において、自由なしにはダイナミズムは生じず、秩序なしには安定は得られないと主張した。デウストゥアが提起したのは、一つの秩序からの自由を通じてのみ、より重要な審美的価値を獲得できるという点であった。即ち、彼は、経済面での似非の価値観を審美的価値に置き換えることによって、実証主義における経済重視を批判した。そして、経済重視からの自由を獲得してのみ創造力が得られ、人間は経済的意識から解放されてのみ道徳的意識を取得できると主張した。言わば、唯物論に真っ向から対抗する観念論を展開したのである。

デウストゥアはさらに、経済的意識から解放されて審美的価値観に目覚めることができるのは人類の中でも少数に限られ、国の改革のためにはこの少数エリートを育成する必要があると論じた。そして、そのためには大学教育のみならず、初等教育、中等教育も根本的に改革する必要があると主張した。デウストゥアによれば、ペルーは経済的要素が強制力となった国家にすぎず、それ故に道徳的な自由に基づいた法治国家を建設する必要があり、そしてペルーはこれを指導する精神的なリーダーを必要としていると述べた。

このような方向性から見て、デウストゥアにとってペルーが克服すべき問題は、国内各地の物理的な連結化、先住民に対する教育、メスティソ化がもたらしている忌まわしい結果の拒否、国が抱える問題の解決に資していない移民の受け入れの再考、汚職や精神的堕落をもたらしている経済的価値観の拒否であった。こうして、彼は伝統的な寡頭支配層の保守主義を代表するイデオローグとなり、第二次レギア政権（1919–1930年）の初期に実施されようとした大学改革においては保守派の急先鋒として、改革推進派で実証主義者の学長ビジャランと論争した。

(2) マリアテギの批判

マリアテギは、『七試論』の中でデウストゥアについて、下記の通り述べている。

①「デウストゥア博士は、近代的観念論に若干粉飾された、貴族的な古い精神を代表していた。ビジャラン博士は、ブルジョア的、従って自由民主主義的なシビリスモの綱領を実証主義の言葉で定式化した。デウストゥア博士は、現代風の大学人や哲学者の衣装のしたに、封建的シビリスモ、すなわち副王期エンコメンデロの精神を体現していた。」

②「公教育論争におけるデウストゥア博士の思想的立場は、ペルー知識人の浅薄で修辞的かつ饒舌な気質を印象づけるに十分な、装飾ごのみの要素を露呈していた。デウストゥア博士は、教育に関する形而上学的論文において、観念論者として慎重で寛容な反対者たちの実証主義に立ち向かった。一方反対者たちは、デウストゥア博士の反民主主義的かつ反社会的精神から哲学的装飾をはがすことよりも、この教授の高邁な理想に敬意を表するほうを選択した。」

③「しかしながら、デウストゥア博士の教育理念が、根底においては、現代の観念論の潮流というよりは、ラティフンディオ階層の旧弊な貴族的精神を代表していたことの立証は容易であったろう。しかし、概ね民主的と呼びうる教育改革に対するデウストゥア博士の抵抗の真の意義の解明に、誰も取り組まなかった。大学人はその饒舌ゆえに、この反動的なシビリスモ派教授の空理空論の迷路に落込んだ。他方論争は、シビリスモ内だけで展開されていた。そこでは二つの精神、すなわち封建的精神と、これに歪められ弱められた資本主義的精神が対立していた。」

④「デウストゥア博士の理念を見極め、その中世的貴族的基盤を把握するには、彼を培っている偏見と妄想を知ればことたりよう。彼は、新しい教育原理のみならず、資本主義文明の精神そのものに対立する理念を支持している。例えば、彼の労働観は、はるか以前から人類の進歩を支配している概念とまっこうから対立する。教育哲学研究の一つにおいて彼は、高貴で価値ある職業とは軍人と文筆家のみである、とかつて考えていた人々と同じく、労働を蔑視する考えを述べた。(中略) こうした労働観は、ほんの十数年前にデウストゥア博士が主張したものだが、まったく中世的であり、本質的に貴族的である。」

⑤「デウストゥア博士の労働観のみが、その貴族的で反動的な精神を暴露し、公教育論争におけるその思想的立場をあきらかにしているわけではない。その基本的な教育観こそが、かれの説の封建的発想を決定づけているのである。デウストゥア博士は、その研究において、上流または指導階級の教育にしか関心を払わなかった。彼にとって国民教育の問題とはエリート教育の問題であった。むろんこのエリートとは、世襲的特権をもつものにほかならず、従って彼の心労と焦燥はすべて大学教育に向けられていた。」

⑥「教育問題は、デウストゥア博士によって純粋に哲学的な領域に置かれた。経験によればこの領域では、現実と歴史の諸要因が軽視され無視されるので、問題の解決どころかその認識すらがおぼつかなくなる。デウストゥア博士は、教育と経済のあいだの連関については無関心である。さらに経済については、その無理解ぶりたるやまったくの絶対的観念論者である。したがって彼の処方箋は、非民主的で反社会的であるゆえに、非歴史的なものである。我々の時代の教育問題は、経済問題ならびに社会問題として検討されなければならなければ十分に理解されえない。」

⑦「教育論争における非科学的で非経済的な志向は、より高度な理想主義を体現すると主張する。だが、それは反動派の机上の空論であり、歴史の方向に逆行し遠ざかるものであり、したがって人間の変革と向上の力としてはまったく価値がない。」

⑧「近年においては、さまざまな思想と影響の対立のもとで、資本主義に対する高まる確信と頑強な封建的貴族的反動との対立が明瞭となっている。教育においては、前者が実践志向教育の擁護者であり、後者はエセ理想主義志向の守護者である。いまや社会主義的潮流の誕生と都市プロレタリアートの階級意識の覚醒とによって、公教育論争にその意味を本質的に修正する要素が加わった。」

ペルーにおける大学改革運動は、一九一八年三月にアルゼンティンのコルドバ大学に発生した学生運動の影響を受けて、一九一九年五月に開始された。当初は、講師に対する適正試験の導入を求めて開始された大学改革運動は、実践面を重視したカリキュラムの実施、大学運営への学生参加等の要求へと次第に急進化していった。その背景には、メキシコ革命やロシア革命の影響もあった。

同年五月一九日に実施された大統領選挙においてレギアは、シビリスモ本流と民主党の共同候補であったアスピリャガや、ピエロラ派のイサイアス・ピエロラ、社会主義勢力の候補者ベルナレスを破って当選した。レギアは、大統領就任式が行われる七月二八日に予定されていた国会開催を無効にして独裁的な統治を行うべく、七月四日にアルバレス陸軍大佐の支援を得てクーデターを起こした。

大統領に就任したレギアは、一〇月に学生側の要求を全面的に受入れ、一九二〇年に大学改革法を公布した。レギアが学生側の要求を受け入れたのは、シビリスモの分派として、米国政府及び米国企業との関係を強化して資本主義的近代化を急ぐ彼は、保守派のシビリスモ本流と対決するためにも、新興勢力である労働運動と学生運動を自らの傘下に入れるためであった。

しかしレギア政権は、その後シビリスモ本流と妥協し(シビリスモの総裁は実証主義から反実証主義に転向したプラドで、一九一九年から死亡した一九二二年まで務めていた)、一九二三年五月には「ペルーをイエスの聖なる心に捧げる」式典を企画した。そして、国家とカトリック教会の癒着を批判する労働者と学生が共闘して抗議行動を起こしたのに対して弾圧を行い、学生運動の指導者であったアヤ・デ・ラ・トーレをはじめとする指導者層を国外追放処分に処した。この頃より、レギア政権は右傾化をはじめ、大学教育面でも保守派の巻き返しが行われた。

大学改革にめぐる進歩派の実証主義者ビジャランと、保守派の反実証主義者デウストゥアの論争は、このような政治的背景の下で行われた。進歩派は、保守派が支配した大学を、空虚な理論重視の教育から実践重視の教育へと改革を目指した。しかし、レギア政権の保守化によって、大学改革法は骨抜きにされ、一九二八年にはデウストゥアが学長に就任し、保守派の支配が復活した。

マリアテギは、上記の引用の通り、大学改革論争が資本主義近代化の推進派である進歩派と、植民地精神を代表する保守派の間で行われていたことを認識していた。その意味で、マリアテギは論争が所詮はシビリスモ内部で行われているとは理解したものの、保守派が優勢であることの社会的弊害を憂慮したのである。マリアテギが保守派のデウストゥアを批判したのは、公教育を大学教育に還元し、大学教育をエリート教育に限定する教育観は植民地精神の復活を図るものであり、ペルーの発展を阻むものであると考えたためであった。そして、このような大学教育の実態を変化させうるのは、学生と労働者が共闘した人民大学運動のような社会主義的潮流のみであると確信していた。

前述の通り、デウストゥアは実証主義から反実証主義の観念論に転向して保守化したが、ベルグソン哲学への賛同を通じた実証主義に対する反動は、デウストゥアに代表される保守的回帰のみを生じさせたわけではない。イベリコやスーレンは、ベルグソン哲学を通して、観念論の立場から一九二〇年代には社会主義を擁護するに至っている。

5. マリアテギの〈アリエル派〉批判

(1) 〈アリエル派〉

米西キューバ戦争にスペインが敗北した直後の一九〇〇年にウルグアイのホセ・エンリケ・ロドー（1872-1917）が、『アリエル』を発表した。この中でロドーは、米国を物質主義的な合理性と功利主義が支配しているとして、これをシェイクスピアの戯曲『テンペスト』に登場するキャリバンに象徴化させ、他方ラテンアメリカを多様な思想が交錯し感受性に富んだ地域であるしてアリエルに象徴化させた。ロドーが言おうとしたのは、米国の文化は二次的な文化であり、真の文化はラテンアメリカにあるとの主張である。しかし、ロドーがいうラテンアメリカ文化とはクリオーリョを媒介としたスペイン文化に過ぎず、その視野には先住民文化の考察が決定的に抜けていた。ロドーの思想は、二〇世紀半ば以降、キャリバンとアリエルの意味論が変容していったラテンアメリカ思想史のプロセスの中で既に重要性を低下させている。

しかし、ロドーの主張は当時のラテンアメリカにおいてはクリオーリョ系の多くの知識人に影響を与えた。一九〇五年にはモンテビデオで大学改革を志向する大陸規模の学生会合が開催され、この会合にペルーからホセ・デ・ラ・リバ＝アグェーロ・イ・オスマ（1885–1944）等が参加したが、リバ＝アグェーロ、フランシスコ・ガルシア・カルデロン・レイ（1883–1953）、ベラウンデ等の知識人が〈一九〇五年世代〉あるいは〈アリエル派〉と呼ばれる。特に、リバ＝アグェーロは〈未来派〉とも称された。

(イ)リバ＝アグェーロ

リバ＝アグェーロ、ガルシア・カルデロン、ベラウンデの三人はともにサンマルコス大学でデウストゥアに師事し、ベルグソン哲学の影響を受けた。リバ＝アグェーロは、青年時代には進歩的姿勢を示したが、その後一九三二年頃を境に復古主義に回帰していった。リバ＝アグェーロは、一九〇五年に学士論文『独立期ペルー文学の特質』、一九一〇年には博士論文『ペルーにおける歴史』を提出し、その後、一九一六年には『インカ・ガルシラソの賞賛』、一九一八年に『ペルーの情景』を出版した。

彼は一九一五年には現状批判を土台にして、カシーケ支配を打倒し、国の近代化をはかる目的から民主改革党（Partido Democrático Reformista）を結成、〈未来派〉と呼ばれるようになる。しかし、この運動は、知識人の焦燥と実証主義に対する批判を根底にもつものであったが、指導者があっても大衆基盤を持たない少数エリートの政治サークルの域を超えるような影響力を持つことはなかった。

リバ＝アグエーロにとってペルーが抱える基本的問題は先住民を統合することであり、ペルーの将来は先住民の存在を抜きにしてはありえなかった。彼は、『ペルーの情景』の中で、「ペルーの民族性は白人、メスティソ、先住民の間の連帯と友愛が不可欠であるとの認識が定着するまで形成されることはない」と述べた。そして、「シエラはペルーの民族性の揺りかごであり、脊髄である」、「シエラは一九世紀半ばまで祖国の歴史の中心部であり心臓であった。いつの日か再びそうなるであろう」と述べた。また、先住民は農耕、軍事に優れているのみでなく、詩的感覚にも優れているとして、先住民が民族性の主軸となる可能性を示唆した。しかし、リバ＝アグエーロが政治的プロジェクトとして示したのは、先住民が中核となり、首都がシエラ（山岳部）に移転されたペルー・ボリビア連合であった。この提案は知識人に一笑にふされることになる。しかしながら、リバ＝アグエーロが先住民の擁護者で、アンデス地域にペルーの将来を見ていたことは疑いない。

リバ＝アグエーロはペルーの西欧化に特段の懸念を表明していない。寧ろ、スペイン的なものと先住民的なものが交差して統合が進展し、独自の発展を遂げると楽観した。

リバ＝アグエーロの姿勢に変化が生じ、貴族的な傾向が強まったのは、一九一九年から一九三〇年までの間にレギア政権との確執からヨーロッパに亡命していた期間である。彼はキリスト教原理主義に回帰して、キリスト教協同体的な国家を志向し、ファシズムを肯定するに至る。しかし、リバ＝アグエーロの思想を単純に右翼反動と捉えるならば、その真価を見失うことになろう。彼も保守的な立場から、先住民を統合したペルーの建設を目指した。そして、その精神的な統合の軸としてキリスト教を据えたが、ここにキリスト教への回帰という精神主義的な復古主義が生じたのである。

(ロ)ガルシア・カルデロン

ガルシア・カルデロンは、在外生活の長い知識人であった。ガルシア・カルデロンが一九〇四年に最初の著作を出版した時期には、まだスペンサーへの信奉を保持しながらも、実証主義の影響からの脱却を開始していた。一九一〇年代までのガルシア・カルデロンの主要著作は、フランス滞在中の一九〇七年に出版した『現代ペルー』と『現代の人と思想』、一九一二年に出版した『ラテンアメリカの民主主義』、一九一三年に出版した『ある大陸の創造』である。

ガルシア・カルデロンは、国家や人種については語ったが、「国民」に関する明確な概念を示さなかった。彼にとり、ペルーの国家は経験的なものでしかなかったが、それでも現実からかけ離れた存在であり、目的も有さず、調整も論理もなしに種々の要素を集めたものにすぎなかった。また、彼にとり、「国民」を統合しようとの真剣な努力も行われていなかったが、現状からの脱出は強固な構造を持った国家、外国資本の誘致、選別的で統合的な政策、道徳的指導の矯正、エリートの形成を含む適切な教育があれば可能であると主張した。

ガルシア・カルデロンは、ペルーの実情について、西欧文明への統合が遅れていることを問題視し、西欧化と資本主義化を促進するための政治改革が必要であると主張した。そして、先住民問題は、政治的自由を確保し、経済的保護を与え、教会とカシーケの支配から擁護すれば解決しうると主張した。人種については、先住民、メスティソ、黒人、ムラートを問わず否定的な見方をし、工業化を図るためにドイツ人、北部イタリア人を導入すべきであると述べた。

ガルシア・カルデロンは『現代の人と思想』の中で、「キャリバンはすべての浄化の後に、人間の蒸留機に残った最後の残り滓である」と述べ、クリオーリョ系のラテンアメリカの精神的優越性を主張して〈アリエル派〉の典型的な姿勢を示したが、その後は『ラテンアメリカにおける民主主義』において、米国を規範とした視点からラテンアメリカ諸国の評価をし直し、『ある大陸の創造』において経済発展の観点からは明確な資本主義的近代化モデルを称揚するという立場に進んだ。

こうしてガルシア・カルデロンは、政治形態としては精神的ヒエラルキーの高い選別された貴族制というラテンアメリカの優越性に基づいたモデルを掲げつつも、経済発展については米国の発展モデルを規範とした資本主義的な工業化路線を強調した。また、国の改革は漸進的な進化によって達成されるとし、「豊かさ、譲歩、努力、継続的な行動に基づく緩やかな進化が平和をもたらし、刷新や革命以上に現実的な改革をもたらす」と述べ、急激な改革を拒否する姿勢を示した。

(ハ)ベラウンデ

ベラウンデは、一九〇六年に『法哲学と実証的方法』、一九〇八年に『古代ペルーと現代社会学』、一九一四年に『現在の危機』、一九一七年から一九三三年に『ペルーの熟考』、一九三〇年に『国の現実』を出版した。晩年の一九五七年に主要著作である『ペルアニダ』を出版している。

ベラウンデも当初実証主義の影響を受けたが、一九一二年には実証主義の影響を脱し、ベルグソン哲学に傾斜した。『現在の危機』は一九一四年にサンマルコス大学において行った講演であり、この中でペルーが直面している問題点として、経済面では対外債務、政治面では大統領の強度な個人権力、代表制を反映していない議会、官僚化、中央集権制、社会面では中間層の経済的危機、指導者の道徳的低下等を掲げた。『現在の危機』は一九四〇年に増補再版されたが、増補版の中でベラウンデは、代表制民主主義の投票行為を重視せず、キリスト教的伝統に由来する協同体的ではあるが全体主義的ではない国家像を提出した。

『ペルーの熟考』においてベラウンデは、ペルーの危機は基本的には精神心理的要素、即ち国の現実からかけ離れた協同的な切望にあると論じ、現実的な展望を模索すべきであると指摘した。『国の現実』は、マリアテギ批判とレギア政権批判に向けられた。ベラウンデは、マリアテギによる史的唯物論に基づくペルーの現実の解釈につき、経済的側面からの解釈は重要であるとしつつも、精神的な要素を軽視していると批判した。マリアテギが先住民問題は土地問題であると主張したことを評価したが、インディヘニスタ的な図式は先住民問題に部分的な解決しか与えないと批判し、これに対して真に国民的な歴史的伝統の「合成（síntesis）」が唯一の解決策であると主張した。「合成」とは、国の形態的存在を成す諸要素の変形を意味する概念であり、その後生涯にわたりベラウンデが発展させる概念となる。

ベラウンデは、国家と国民（民族）を明確に区別していた。ベラウンデは、国家とは政治的、行政的、法的単位であり、国民（民族）とは領域、共通利益を有する人々、共通の過去、伝統から成るものである以上に、複数の文化や言語を含みうる理想と切望によって結ばれた協同体であると述べた。ベラウンデに依れば、国民（民族）は精神的価値観によって機能するものであり、変容及び合成の現象を伴うものであり、ペルーの国民（民族）形成においてはヨーロッパ的要素、特にキリスト教が下級の文化である先住民の要素を同化した。この国民（民族）形成の過程は、文化的メスティソ化ではなく、「合成」であった。従って、ペルー及びラテンアメリカは西欧文化、特にキリスト教文化に属している。「キリスト教はわが民族性の根源と頂点に存在する」と述べている。ベラウンデは、先住民やメスティソはキリスト教の礼拝や宗教倫理によって変容することが可能であると主張した。政治的には、ベラウンデも変革の必要性を認識しながらも、ガルシア・カルデロンと同様に、急進的かつ暴力的な変革ではなく、継続性を保証するような漸進的な変革を志向した。

(2)マリアテギの〈アリエル派〉批判

〈アリエル派〉に分類されるリバ＝アグェーロ、ガルシア・カルデロン、ベラウンデの思想は、前述の通り三者三様である。共通しているのは、しばしば誤解されているのとは反対に、三人がともに先住民問題を重要視している点である。彼らは三者三様に、先住民を統合する必要性を主張したが、初期のリバ＝アグェーロは先住民の優秀性を認めたのに対し、ガルシア・カルデロンは人種としての先住民をメスティソや黒人等と同様に否定的に見、ベラウンデはありのままの先住民ではなくキリスト教を通じて変容した先住民を「合成」の対象とすることで劣等視した。特に、ガルシア・カルデロンの場合には、デウストゥアと同様に、民主主義を重視しつつも、白人少数エリートによる統治を主張する。

マリアテギは、このような〈アリエル派〉の知識人をどのように捉えていたであろうか。そして、その捉えかたの特徴は何であったか。ここでは、『七試論』において表明されている言及をとりまとめてみる。

①「ベラウンデ博士は、歴史的連続性の唯一かつ本質的な機構として大学を称揚し、〈植民地期と共和国期の紐帯〉と評したとき、あたかも貴重な発見をしたかのようであった。指導階級は、副王時代への憧憬を本能的にいだき、ありありと真の共和国精神を裏切っていたにもかかわらず、植民地期とことなる独自の共和国という知的幻想を、そのときまでうまく維持していた。」

②「ベラウンデが遺憾そうにあきらかにした大学の機能と現実との乖離は、ペルーの旧指導階級と人民とのあいだの、自覚されてはいないが実在する乖離にもっぱらよるものであった。しかしこのことは、祖国の歴史的連続性の唯一神聖な化身という称号を大学にささげることを、彼に阻みはしなかった。（中略）ベラウンデは、それ以上考察を進めることができなかった。彼は、その教育と気質から封建的支配階層に結びついており、この階層をまさに代表する人物（リバ＝アグェーロ）が統率している政党を支持していたので、根底的な理由を求めようともせずに、異義を表明したにとどまった。そして、〈悲しい運命〉の結果として説明することで満足しなければならなかったのである。」

③「〈未来派〉を僭称する世代は、時期的には、大学の教授法と精神の刷新に着手する世代でなければならなかった。この世代にはモンテビデオ学生会議にペルー代表として出席し、のちに教授となった学生たちがいた。かれらは、改革闘争の形態と目的を実現する連帯の基盤となる大学センターを組織した。しかし、ペルー文学に関する論文のなかで植民地主義精神をみずから標榜しているリバ＝アグェーロに指導され、この学生世代は保守的伝統主義的方向に導かれた。他方、この大学世代は、その出自と縁故からゴンサレス・プラダ派の文学運動には反対し、とりわけ地方で自然発生的に流行した急進的文学が攻撃したシビリスモの知的ヘゲモニーを再建する使命をもって

登場したのである。」

④「〈未来派〉世代は、大学外のロマン主義的な〈急進的〉世代に反発し、国の文化を指導する全勢力を教室に結集し、リマ大学の精神的権力を強化しようとした。しかし、最も脆弱な文学部の教授陣にたいしてすら、時代遅れで無能な老教授たちをうまく更迭する才覚も力もなかった。矛盾にみちた〈未来派〉の伝統主義や保守主義とのあきらかな決裂のなかから、新しい世代が出現し、民族文学の開花と復興のときを示すと、文学部における文学教育とペルーの文学的感受性の向上や政策と進歩との対照性が、物議をかもしだした。」

⑤「この（デウストゥアとビジャランとの間の大学改革に関する）論争に直面してフランシスコ・ガルシア・カルデロンは、あくまでも折衷的で妥協的な立場にたとうとした。そして彼は、このうえなく慎重であり、いくぶん懐疑的な批判家でもあった。」

⑥「リバ゠アグエーロは、明確なシビリスモ的ものさしによって文学を解釈した。『独立期ペルー文学の特質』における彼のエッセーには、いたるところに政治的思想があらわれているだけでなく、支配階層の感情にさえとらえられていることはあきらかである。それは、文学史の書であるとどうじに、政治的復権の書でもある。（中略）リバ゠アグエーロは、その批評の政治的本質を隠そうとはしていない。つまり、君主制よりも共和制をえらんだ独立の創始者がおちいった過誤に関する反歴史的考察を、その文学批評にとりいれた。また、派閥争いと社会的抗争をおそれて、伝統的寡頭支配政党に対立する原理に基づく政党に対し、猛烈な反論を行った。しかし、リバ゠アグエーロは、自身の文学批評の政治的側面を明瞭に告白することができなかった。その第一の理由は、彼の著作がとりあげた時代が過ぎ去ってしまって、我々はその無益で明白なごまかしからのがれるすべを学びとったからである。第二の理由は、自由主義ブルジョアジーの原理と制度の形式的な採用が、まさしく彼が属している階級、すなわち〈エンコメンデロ〉貴族層の支配の条件だったからである。たとえ心底から、君主的、スペイン的、伝統的であると思っていたとしても、この貴族層は、共和主義的で資本主義的な政策の実践と、ブルジョア民主主義憲法の尊重

にたいし、みずからの反動的感情を要領よく同調させることを必要としていたのである。」

⑦「リバ＝アグェーロとその知的代弁者の機関、植民地主義文学、シビリスモがパルマをとりこんでいく。」

⑧「ハビエル・プラド、ガルシア・カルデロン、リバ＝アグェーロは、保守的実証主義を広め、プラダは革命的実証主義を説いた。」

⑨「逆説的ではあるが、〈未来派〉世代とは、ペルーの思想と文学において、植民地主義とシビリスモが復権した一時期を告げるものである。」

⑩「主義による党派への抵抗は、リバ＝アグェーロの世代の階級的感情と願望をつげている。その努力は、一つの階級体制を保証し確立しようとする意図をあまりに明白に示している。あらゆる主義、思想、国を統括する権利の否定は、基本的に、ある支配階層の利益のためにその権利を保留することを意味していた。それは〈上品な人々〉の支配、〈啓蒙階級〉の支配を称賛することであった。この点に関してリバ＝アグェーロは、ハビエル・プラドやフランシスコ・ガルシア・カルデロンと完全に一致している。プラドやガルシア・カルデロンもおなじ復権を代表しているからである。彼らのイデオロギーは本質的におなじ特徴をもっている。それは基本的には保守的実証主義と見做すことができる。多少とも観念論的で進歩的なかれらの言辞は、伝統的思想を隠蔽している。」

⑪「リバ＝アグェーロは、文学価値観を修正することによって政治にデビューしたが、それはまったく復権の目的と合致している。かれは植民地時代を理想化し、賛美し、植民地時代に民族性の起源を求める。植民地主義文学の凡庸な礼賛者を力をこめて称賛し、その文学を過大評価する。そして、マリアノ・メルガルのロマン主義を軽蔑し、ゴンサレス・プラダについては、その作品のもっともすぐれてみのり多い講義を否認する。」

⑫「〈未来派〉世代は、文学人であると同時に、アカデミックで、修辞的な傾向をもっている。モデルニスモからは、ロマン主義的情熱を非難するのにやくだつ要素だけを取り入れている。（中略）そのもっとも顕著な芸術上の努力の一つは、散文と韻文におけるスペインへの復帰であった。」

⑬「〈未来派〉と名づけられたこの世代のもっとも特徴的な側面は、その懐古趣味である。当初からこの文学者たちは、過去を理想化することに尽力した。リバ＝アグェーロはその論文において、伝統的な人物や事物にたいする特権を精力的に再生している。しかしこの世代にとって、過去はそんなに遠くにもなければ近くにもない。そこには明確な区分がある。すなわち、副王時代である。彼らのあらゆる愛着、あらゆる溺愛はこの時代に向けられている。この点に関してリバ＝アグェーロの考えは明快である。彼によれば、ペルーは征服に始まり、その幼年期が植民地時代なのである。」

⑭「この現象において――その結果ではなくその起源において――二つの感情があわさり、一つになる。それはリマ主義と懐古主義である。政治的には、中央集権主義と保守主義と呼び表わされるものである。というのは、リバ＝アグェーロの世代の懐古主義は、純粋な文学的発想というロマン主義的側面をもたないからだ。この世代は伝統主義的ではあるが、ロマン主義的ではない。多少とも〈モデルニスモ〉の色彩をもつその文学は、反対にロマン主義への反動として立ち現われる。ロマン主義は過去あるいは未来の名において、現在を根底から非難する。逆に、リバ＝アグェーロとその同時代人は現在を肯定する。もっとも、かれらは現在を支配し指導するために過去を呼び出し、思い出したりもする。つまり、精神的あるいは思想的には、実証主義的保守主義、日和見主義的伝統主義の特徴をもっている。」

⑮「〈インディヘニスモ〉が〈植民地主義〉をその根元から少しずつ引き抜きつつある。」

これらの引用から、マリアテギによる〈アリエル派〉への言及は、主にリバ＝アグェーロに関して行われていることが理解される。マリアテギにとり、リバ＝アグェーロに代表される〈アリエル派〉は、植民地精神の復古を画策する保守反動であり、マリアテギはこのような保守への回帰に対して、〈新しい世代〉の知的ヘゲモニーの確立が必要であると主張したのである。

しかし、マリアテギは実証主義と〈アリエル派〉を混同する誤りを犯している。本来〈アリエル派〉は、前述の通り、実証主義に対する反動として生じた観念論の系譜である。確かに、マリアテギがプラドをリバ＝アグェーロやガルシア・カルデロンと同じ思想潮流に属すると見るのは間違ってはいない。何故なら、プラドは実証主義からベルグソン哲学に転向したため、ベルグソン哲学から、ロドーの影響を通じて精神主義を主張した〈アリエル派〉の間には共通性が見られたからである。しかし、彼らを「保守的実証主義」と見ることは、明らかに誤りである。反実証主義が、資本主義的近代化がもたらす物質万能論に対する批判として生じたことを、マリアテギは的確に理解していなかったと言えよう。

しかし、マリアテギが『七試論』の中で展開した〈アリエル派〉批判は、植民地精神の復古に対して、〈新しい世代〉の「知的へゲモニー」を確立する必要性を訴えたものであった。ここに、「文化的へゲモニー」の概念を駆使して被支配階層による市民社会におけるへゲモニーの確立を目指したグラムシとの類似性が見出される。

6. 結び

先行する諸世代との関係でマリアテギが思想的に影響を受けたり、あるいは思想的に共感関係を持ったのは、実証主義の潮流ではゴンサレス・プラダ、マウルトゥア、反実証主義の潮流ではイベリコ、スーレン、〈コロニダ〉グループであった。逆に、主要な論敵として批判したのは、植民地的精神を復活させているとみなしたデウストゥアや〈アリエル派〉のリバ＝アグェーロ等であった。

他方、実証主義潮流の近代化論者については、植民地的精神を一掃する上での役割を評価しながらも、ペルーにおける資本家層が植民地時代の封建的な土地所有階層から脱却していないとして、これらの思想家たちにも限界があるとした。

ここで注目すべきことは、「精神」や「意思」を重視し、実証主義に由来する進化論や経済至上論を否定したマリアテギが、主要な論敵を反実証主義のデウストゥアや〈アリエル派〉に的をしぼっている点である。マリアテギにとり、彼らは植民地的精神を代弁、あるいは復活させている思想家たちであった。共通項はベルグソン哲学の影響を経ていることである。しかし、同じ反実証主義の潮流の中で、同じくベルグソン哲学を経た者の中でもイベリコやスーレンに対しては、彼らを評価する姿勢を示している。

更に、上記のデウストゥアや〈アリエル派〉を批判する一方で、マリアテギ自身もベルグソン哲学の影響を受けていたことも事実である。マリアテギに対するベルグソンの影響は、一九二〇年代に頻繁に用いるようになる「神話」の概念がある。この「神話」の概念はソレルを通じて形成したものであると言われている。

このように、マリアテギのデウストゥアや〈アリエル派〉に対する批判は、必ずしも反実証主義に対する批判、ベルグソン哲学の影響に対する批判でないことは明白である。ここで考慮しなければならないのは、繰り返しになるが、マリアテギが『七試論』の中で、リバ＝アグエーロ、ガルシア・カルデロンをプラドとともに「保守的実証主義」に属するものと述べている点である。リバ＝アグエーロたちを実証主義派から区別しないことに、当時のペルー社会を見るマリアテギの姿勢が表れている。

何故なら、マリアテギには、本来近代的な資本家層として登場すべき階層が、精神的に植民地的精神性から完全に脱していないとの立場から、資本主義的近代化のイデオロギーとなった実証主義派と、植民地精神を代表する〈アリエル派〉との間に明確な相違を認めないとの姿勢があったものと思われる。彼は、「その起源と構造において彼ら（筆者注：ブルジョアジー）は、主として植民地時代のエンコメンデロおよび地主の子孫たちからなる貴族階級と、渾然一体をなしていた」と述べている。

要するに、マリアテギにとって重要なのは思想が有する社会的機能なのであり、ペルー社会の発展のためには、植民地的、封建的な社会経済構造とともに、精神性を変革し克服することが最大の課題とされたのである。この観点から、新しい時代に生まれたにも拘らず、植民地的な精神性を擁護し復活するデウストゥアや〈アリエル派〉の思想性を問題にしたのであり、彼らと明確に闘えない近代化論者をも批判したのである。

ここで付言すれば、この植民地的精神性を一掃するために、マリアテギが称揚したのがインディヘニスモであった。つまり、インディヘニスモはマリアテギにとり植民地的精神性を一掃するために有効視されたのであり、これを至上視したのではなかった。その意味で、マリアテギをインディヘニスタと見ることは誤りである。マリアテギにとり重要であったのは、植民地的精神性に対抗しうる「知的ヘゲモニー」の確立であったのである。

マリアテギが、幼年期と青年期を過ごした一八九〇年代から一九一〇年代はペルーにとって、太平洋戦争における敗北から脱して、国の近代化を進めた時期であった。前半の特にピエロラ政権期にはイギリス資本の導入により、後半の特にレギア政権期には米国資本の導入によって、局地的ながらも国内の経済発展が進められた。これに伴って、都市及び鉱山の労働者層の出現、旧中間階層の没落と新中間階層の登場、農村部から都市部への人口移動という、大きな社会変動が生じた。マリアテギの母親アマリアの移動に見られる流動性も、この社会変動の枠内で可能になったものであると考えられる。

近代化を推進したのはシビリスモの中でも資本主義的発展を志向した進歩派であり、そのイデオロギーとなったのが実証主義であった。この時期にマリアテギは、近代化を担ったシビリスモの中では、ピエロラ派の人々に囲まれていたことを忘れてはならないだろう。反ピエロラの姿勢を貫いたゴンサレス・プラダやアナルコ・サンディカリスト系労働者のグループを除けば、マリアテギの誕生の際に母親アマリアが世話になったチョカノ家、一九〇九年に働き始めた「ラ・プレンサ」の編集陣、さらにはイサイアス・デ・ピエロラである。他方、マリアテギ本家の人々は、一九〇八年のレギア第一政権期よりレギア派に与した。

いずれにせよ、マリアテギは、ピエロラ派やレギア派という資本主義化の進展によって近代化を推進しようとした、当時としては進歩派として位置づけられるシビリスモの反主流派の階層に囲まれていた。しかし、彼はこのような近代化の中で収奪の対象とされた労働者や先住民農民の立場に近づいていった。そして、幼年期から育んできた伝統や既成支配層に対する反抗心が具体的な対象を見出した時、「精神主義」、「主意主義」を特徴とする社会主義理論を形成していったのである。そして、この思想形成において、ヨーロッパ体験が重要な役割を果たすことになる。

これまでに指摘したように、ペルーにおける社会主義志向は、実証主義と反実証主義の双方の中から生じている。この二つの潮流の中では、マリアテギが反実証主義、即ち「精神主義」あるいは「主意主義」の立場から社会主義にアプローチしたことは明らかである。ここにマリアテギの社会主義理論の特徴があり、経済・社会構造の分析を行うと同時に、人間の精神・意識構造をも革命の重要な要素と捉える、〈全体性〉の思想と呼ばれる所以がある。

最後に付言すれば、一八九〇年代から一九二〇年代までにペルーで進行した自由主義経済に基づく資本主義的近代化過程が精神主義的反動や労働者と先住民の運動の登場をもたらした現象と、現在進行しているネオリベラリズムに基づくグローバル化のプロセスにおいて生じている精神主義的反動や社会底辺層による不満の顕在化の現象が、約一世紀の時間を経て重なって見えることは、極めて興味深い歴史的現象である。

第二部　思想形成の軌跡

第一章　社会主義者への道　一九一八—一九一九年

1. はじめに

マリアテギはアルゼンティンの友人グルスベルグ宛てに一九二八年一月二八日付けで書いた書簡の中で、「一九一八年から社会主義への志向を強めた」と述べた。青少年時代の思想形成期に家庭環境や身体障害から社会反抗性を強めてきたマリアテギは、一九一七年一一月七日夜にリマ市内の墓地でスイス人バレリーナであるノルカ・ロウスカヤを主役にした舞踏会を他のジャーナリスト仲間と催す事件を起こし、上流層からマリアテギに対する忌避が強まる中で社会主義への志向を強めていった。しかし、この時期におけるマリアテギの思想形成のプロセスについては十分な研究が行われておらず、研究面での空白期となっている。その後のヨーロッパ体験を経て、精神主義的、主意主義的なマルクス主義思想を形成していったマリアテギの思想形成の進化のプロセスを正確に把握するためにも、一九一八年から一九一九年にかけての思想形成のプロセスの検証は欠かすことができない。

マリアテギが社会主義思想への傾向を強めたプロセスの中で、思想的影響を与えたとは言えないまでも、マリアテギが社会主義思想を勉強してゆく上で水先案内を務めた人物がいる。それはマウルトゥアとイタリア人ポラストウリであった。マリアテギは彼らの案内でマルクス主義の文献やソレルの著作を読み始める。

この時期に、マリアテギが『エル・ティエンポ』に執筆する一方で、友人であるファルコンとともに、社会主義を志向する定期刊行物である『ヌエストラ・エポカ』を一九一八年六月に、『ラ・ラソン』を一九一九年五月に創刊した。また、『ヌエストラ・エポカ』の編集陣に加わった友人たちとともにペルーにおける最初の社会主義グループである社会主義情宣委員会（CS）を結成した。マリアテギらの社会主義派は、一九一九年五月に社会民主主義に近い傾向の社会党（PS）を結成したCS内のグループと訣別して、ロシア革命の擁護を強調して世界的なプロレタリアートの運動との連帯を掲げる路線へと進む。

本稿は、この時期のマリアテギの行動の軌跡をまとめるとともに、種々の論稿に見られたこの時期のマリアテギの社会主義思想の性格を分析して、マリアテギの思想形成に関する研究の空白を埋め、ヨーロッパ体験を経て一九二三年の帰国後に完成されるマリアテギのマルクス主義思想との関連を究明することを目指す。

2. マリアテギと一九一八―一九一九年のプロセス

(1)案内者との出会い

マリアテギは『ラ・プレンサ』勤務時代に先輩記者としてマウルトゥアと知り合った。マウルトゥアは、一八九〇年代にゴンサレス・プラダが結成したアナーキスト的な急進党の運動に参加した。その後外交官として海外生活を送って一九一四年に帰国した。帰国後は国立サンマルコス大学法学部の法哲学及びペルー法学史の教授となる一方で、弁護士事務所を開設した。一九一六年から一九一七年には進歩的な日刊紙である『エル・ペルー（El Perú）』や『エクセルシオール（Excelsior）』を創刊した。一九一五年にはイカ県選出の下院議員に当選し、一九一八年四月にはパルド政権の財政相に任命されるなど、伝統的な寡頭支配層の出身でありながらも進歩派の学者タイプの人物であった。（注４）

しかし、学問的な立場から極めて人道主義的な観点から社会主義思想を唱え、その周囲にはマリアテギのほか、ファルコン、デル・バジェ、ウガルテ、ギブソンなどの進歩派に属する若手のジャーナリストや文筆家が集まっていた。マウルトゥアの読書の範囲は、ヘーゲル、マルクス、エンゲルス、ベルグソン、ソレル、ラブリオラ、ウナムノ、バルビュス、ロマン・ロラン、ロンドンなどの広範にわたっていた。

当時のペルーの変革志向を有した青年たちは、マウルトゥアを水先案内人として、一九一〇年代後半には『コロニダ』を経て、ゴンサレス・プラダの漠然とした急進思想を克服し、社会主義思想に到達したと言われる。マウルトゥアが直接の影響を与えたわけではなく、方向性を示してそこに向かって青年たちが進んでいった。

マリアテギのソレルとの接触はマウルトゥアからの刺激であったようである。特に、革命思想においてソレルが行った刷新効果についてマリアテギに初めて説明を与えたのはマウルトゥアであった。宗教性の問題に関心をいだいていたマリアテギに、ゴンサレス・プラダ以上の衝撃をマウルトゥアが与えたことが想像される。この時期のマリアテギには宗教的問題への憂慮が存在したわけではなかったが、信仰心やパッションなどの宗教性の問題には強く惹きつけられていた。

マウルトゥアはまた、マウルトゥア自身がその著作を翻訳した社会主義を志向した著述家である米国のロンドンの生涯と思想につきマリアテギに語り、彼に大きな刺激を与えた。不幸な境遇に生まれつつも、その境遇に負けず、青年期にはジャーナリストとして成功したというロンドンの生涯は、マリアテギにとり自分の生涯とも重なるものであり、一つの目標を与えられる思いがした。

他方、マリアテギとポラストゥリとの出会いは、ゴンサレス・プラダの友人であるソラリの自宅においてであった。ポラストゥリはイタリアのフローレンス生まれの装飾職人でありマラテスタを信奉するアナーキストであり、ソレルやラブリオラの著作にも親しんでいた。マリアテギはポラストゥリの自宅で開催される社会主義の問題について議論する会合に参加するようになり、特にイタリアのアナーキズムをはじめとする社会主義思想との接触を深めた。この会合には後にマリアテギとともに初期の社会主義運動の結成に参加するブスタマンテ、ロカ等の知識人、グターラ、レバノ、バルバ、フォンケン、ポサダ、フェレル等のアナルコ・サンディカリズム系の労働運動指導者が参加していた。マウルトゥアの周辺に比し、ポラストゥリの周辺には社会主義色がより強く見られた。

(2)『ヌエストラ・エポカ』の創刊

この時期、即ち一九一八年初頭、マリアテギは親友であるファルコンとともに、『エル・ティエンポ』紙の紙上から社会主義的な傾向を鼓舞する論調を展開していた。『エル・ティエンポ』は当時の寡頭制支配に対して批判的姿勢を公然として表明していた進歩派的な新聞であった。

一九一八年六月にマリアテギとファルコンは、『エル・ティエンポ』に勤務する一方で、純粋に急進派世代を代表する雑誌『ヌエストラ・エポカ』を創刊した。『ヌエストラ・エポカ』がモデルにしたのは、スペインで一九一三年にオルテガ・イ・ガセットが創刊し、一年後にはアラキスタインが編集長をしていた『エスパーニャ』であった。『ヌエストラ・エポカ』の編集陣には、マリアテギやファルコンのほか、デル・アギラ、ウガルテ、バジェッホ、ギブソン、デル・バジエ、デル・バルソらが加わった。『ヌエストラ・エポカ』の編集陣は、創刊の辞において、次のように述べた。

「我々とともに、青年たちの活力が公共の利益に役立つことを要求する刷新の時代が始まるとの意味から『ヌエストラ・エポカ』と命名した。我々は、誠実さと真剣さをもって国内の流れに参加する義務があると考える。(中略)この偉業にジャーナリズムにおいて蓄積してきた国の現実に関する知識を提供する。」

また、マリアテギによれば、『ヌエストラ・エポカ』は、「社会主義的な綱領は持たなかったが、社会主義的なイデオロギー性と宣伝の努力として出現した」。マリアテギもこの『ヌエストラ・エポカ』の創刊に自らの人生の転換点を賭け、「石器時代」と自ら表現した社会主義思想に到達するまでの時期に、『ラ・プレンサ』や『エル・ティエンポ』、競馬紙『エル・トゥルフ（El Turf）』、女性誌『ルルー（Lulú）』の紙上で使用してきた「ファン・クロキケウル」と称する筆名を放棄することを宣言した。

しかし、『ヌエストラ・エポカ』は六月二二日に発行された第一号と、七月六日に発行された第二号のみで廃刊となった。理由は、マリアテギらが『ヌエストラ・エポカ』を『エル・ティエンポ』の印刷所で印刷したが、『エル・ティエンポ』の社主が印刷の継続を許可しなかったためである。『エル・ティエンポ』の社主が印刷を許可しなくなったのは、軍との関係悪化を恐れたためであった。その原因をつくったのはマリアテギであった。

マリアテギが、第一号に、バジェステロス陸相の演説に対して、反軍的な論評である「陸軍の義務と国家の義務」を掲載したことが陸軍の憤激を招くことになった。この論評が掲載された第一号が発行された二日後にバスケス中尉が率いる軍人グループが、マリアテギが勤務していた『エル・ティエンポ』編集局を訪れマリアテギに暴行を加える事件に発展した。マリアテギはピエドラらの友人の助言もあってバスケス中尉に決闘を申し入れるが、身体障害者であるマリアテギに暴行が加えられたこの事件は世論の憤激を呼び、バスケス中尉の道徳的な敗北に終わった。この事件の責任をとってバジェステロス陸相は辞任に追い込まれた。

しかし、マリアテギの反軍的な論評は親友であるファルコンや『ヌエストラ・エポカ』の編集陣からも支持を受けていなかった。ファルコンはマリアテギの論評は、軍を社会の厄介者としているが、実際には軍が大学とともに青年育成の重要な場になっていることの認識を欠いていると批判した。

この時期にマリアテギは結核症を起こし、友人であるアギーレ・モラレスの好意で気候温暖な療養地であるシエラ（山岳部）のフニン県ハウハ市を訪れ、七月下旬から八月中旬までの間の二二日間静養した。これがマリアテギが生涯にただ一度シエラを訪問した機会となった。

(3)社会主義情宣委員会の結成

この時期に、マリアテギは労働運動が勝利するためには明確な社会主義思想を獲得する必要があるとの認識からマルクス主義の勉強に傾倒していった。しかし、この時期にはマルクスの著作を直接読むよりも、フランス、イタリア、スペインの社会主義者の著作を通じて間接的な勉強を行っていたが、マルクス主義哲学の理解には至っていなかったと言われる。

そして、マウルトゥアの周辺にいた人物を中心として、マリアテギ、ファルコン、セカダ、ウジョア、デル・バジェをはじめとする『エル・ティエンポ』の編集者グループ、学生運動の指導者デネグリ、労働運動の指導者デル・バルソ、神知学者コルバチョらは、一九一八年一一月一一日に社会主義思想の普及と社会主義運動の形成を目指して社会主義情宣委員会（CS）を結成した。CSはマウルトゥアに書記長となることを要請したが、マウルトゥアがパルド政権によって駐オランダ全権公使に任命されたため、カヤオ選出の下院議員であり『エル・ティエンポ』の記者であったセダカを書記長に選出した。

同年一二月には繊維企業エル・インカの労働者が賃金五〇％引き上げと八時間労働制を要求してストライキを開始し、これが繊維労働者全体に拡大し、更に製材、製靴、パン製造等の分野にも拡大していった。そして、一二月三一日に労働運動の指導者であるグタ一ラが闘争支援のために派遣されたリマ県ワチョ市で逮捕されたことから、一九一九年一月一日に労働者がリマ市においてグタ一ラの釈放と八時間労働制を求めて街頭デモを行った。これに対して、パルド政権が警官によって暴力的な弾圧を加えたことから労働争議が激化した。労働者側はストライキ実行委員会を招集し、学生運動に支援を求めることを決定した。アヤ・デ・ラ・トーレを中心とする国立サンマルコス大学の学生連盟はこの求めに応じて労学共闘体制を築いた。ストライキの波は全分野に拡大して、学生会館でゼネスト支援委員会会合が開催された。その後も継続した政府による弾圧を前に、一月九日ストライキ実行委員会は賃金引き上げと八時間労働制の確立を求めて最後通牒を発して、七二時間以内に要求が受け入れられない場合にはゼネストを実行すると宣言し、一月一三日にペルー史上はじめての四八時間ゼネストが実施された。

ゼネストをめぐって、パルド政権が『エル・ティエンポ』を閉鎖したことから、同紙編集長のルイス・ブラボとマリアテギやファルコンなどの急進的ジャーナリストが対立し、マリアテギらは独自の新聞発行を模索してゆく。

一月一五日、パルデ政権は八時間労働制を承認し、ゼネストは労働者側の勝利に終わり、同二三日には『エル・ティエンポ』の再開が許可された。この日より、『エル・ティエンポ』は大統領選挙に出馬を表明しているレギア元大統領支援のキャンペーンを強化し、二月九日（六日にパイタに到着して南下し、九日にリマ到着）に滞在先のロンドンから帰国するレギアの歓迎の準備を開始した。このため、編集長ルイス・ブラボの姿勢に反発するマリアテギらの急進派は『エル・ティエンポ』からの離脱を考え始める。このグループにはデル・アギラ、メサ、バルガス・マンサル、バルガスらの管理職や記者が連帯辞任を表明し、同日受け入れられた。こうして、『エル・ティエンポ』は分裂し、主流派はレギア派につき、急進派は労働運動と連帯すべく社会主義への志向を強め、独自の新聞の創刊に向かう。

ルイス・ブラボらは、伝統的な寡占支配層の代表であるシビリスモの中では進歩派に属するが、政治がシビリスモの中で対抗されるという既存の政治の常識の枠から離れることを理解できなかったのである。このような姿勢は、当時のペルーの政治に見られた伝統的な「政治」を代表するものであった。ここに労働者や新しい中間層が台頭し、別の政治のあり方を求めてきたのであった。一九一〇年代末のペルーは、正に社会変動の渦中にあったのである。

(4)『ラ・ラソン』の創刊

二月九日にリマに到着したレギアは、同二七日に選挙運動のための政権構想を発表し、ペルーが社会・経済的な変化の渦中にあり、政治も変化が要求されていると主張し、『新しい祖国（La Patria Nueva）』を標語に掲げた。

このレギアの改革志向の表明に知識人や学生運動の一部が支持を表明していった。

この時期のマリアテギはCSの内部でカウディリスモに傾斜するグループと、直接行動を強く主張するアナーキズム系の双方を抑え、社会主義思想の普及を通じて伝統的な政党と異なる新しい政治スタイルを労働者大衆に提示することに努めた。しかし、マルクス主義の文献が十分に届いておらず、活動は手探りで独自の判断から底辺層のために国の政治のあり方を変更する方向に求められた。そして、CS内の指導のあり方をめぐって、マリアテギらの急進派と伝統的なカウディリスモ的な手法に傾斜する書記長セダカが対立し、セダカが書記長を辞任、後任に同様の傾向のウジョアが就任した。

この時期に、アルゼンティン社会党（PSA）よりCSに対して、四月二六日に延期されたパンアメリカン社会主義・労働者会議への招請状が届き、第二インターナショナルへの加盟を勧めてきた。これを受け、ウジョアはCSメンバーに対し、招請状の内容を説明し、会議への参加、第二インターナショナルへの加盟、CSの社会党（PS）への改編を提案した。このウジョアの提案をめぐってCSは分裂し、マリアテギらの急進派はウジョアの提案に反対するとともに、PSAとの関係を拒絶し、パンアメリカン会議への代表派遣を否定して、PSAより分離してソ連政府との連帯を表明したばかりの国際社会党（PSI）との連帯を選択した。四月二一日、第二インターナショナルへの加盟を主張するグループはPSの結成を決定し、パンアメリカン会議にロカを代表として派遣したが、マリアテギらの急進派はこれに反対した。マリアテギらは、情勢はいまだ社会主義的な組織を結成するには適切でないと判断した。この分裂発生の原因には、同年三月二日から六日にコミンテルンの創立大会が開催され、各国の革命派グループが第二インターナショナルとは別個に結集し始めていたとの情報が伝わっていたこともあったとされる。また、レギア追随派の「ヘルミナル（Germinal）」紙を発行していたカストロ・ポソ、エンシナスらの学生グループがCSを離脱した。

そして、五月一日にウジョアらによってPSが結成された。同日には大統領選挙に立候補している元民主党員の上院議員ベルナレスらが労働党（PO）を結成した。

他方、マリアテギらの急進派グループは、四月一三日に第一次世界大戦後の物価騰貴から労働者を擁護するために産別労働連盟が結集して結成した「物価抑制委員会」と連携した。「物価抑制委員会」は、(イ)食料品の価格引下げ、(ロ)交通料金の引下げ、(ハ)教区の教会特権の廃止、(ニ)食料支援基金の創設、(ホ)必需品にかかる輸入税の引下げ、(ヘ)必需品輸出の一時的停止、(ト)牛乳、牛肉、石炭、穀物、野菜など日常必需品の最高価格の設定、(チ)家賃の引下げ、(リ)八時間労働制の厳守からなる要求項目を掲げた。この委員会には産別連盟及び単産の組合が続々と加盟し、四月二七日には五月一日に24時間ストを実行することを決定し、同日24時間ストが実施された。議長はアナルコ・サンディカリズム系のグターラであった。

五月三日、かねてより予告されていたアルゼンティンの大学改革運動の指導者でありアルゼンティン社会党（分派）の指導者であるパラシオスが、パルド大統領、プラド国立サンマルコス大学学長の招待で、太平洋戦争に関する著作執筆の準備のためにペルーを訪問し、歓迎式が催された。このパラシオスの訪問に際して、マリアテギやファルコンらの急進派はパラシオスをブルジョア民主主義傾向の似非革命家と批判した。しかし、改良主義派のPSやPOはパラシオス歓迎を表明し、更に大学改革運動を開始していたサンマルコス大学学生連盟が熱烈に歓迎した。

五月四日、PSが呼びかけたパルド政権に対して物価引下げを求める集会が開催され「物価抑制委員会」も参加した。PSはリマ県庁に対してデモの実施許可を求めたが、リマ県庁がこれを不許可としPSがこれを尊重したため、アナルコ・サンディカリストや「最大限綱領主義者」（革命的マルクス主義派）からなる急進派がPSを批判、これを不服としてPSが集会を放棄した。急進派に指導された「物価抑制委員会」のメンバーは無許可デモを実施し、リマ市中心街の各地で警官隊と衝突した。これによりPSは労働者大衆から見放された。他方、「物価抑制委員会」の行動はさらに急進化し、五月七日までに政府が要求を受け入れない場合には再びゼネストを開始すると宣言した。しかし、このゼネストはPSが反対を表明したこともあり、大統領選挙が実施される五月一九日以後に延期された。

他方、マリアテギらは労働者大衆の運動が迷走する原因は明確な政治的指針を示せる指導部の不在であると考え、社会主義の建設に向けて労働者大衆を指導する新聞『ラ・ラソン』の設立を構想した。そして、五月一四日に『ラ・ラソン（La Razôn）』が創刊された。資金は友人であるピエロラ元大統領の子息であるイサイアス・ピエロラを介して紹介された米系農業機械製造企業のリマ代理店主であるキューバ人トルエーヤが提供した。印刷はリマ司教区の印刷所に委託された。

(5) ペルー地域労働連盟の結成

五月一九日に大統領選挙が実施され、レギアがシビリスモの主流派の支持を受けた民主党のアスピジャガ、POのベルナレス、進歩派のイサイアス・ピエロラに大差をつけて勝利した。

大統領選挙後も労働者の街頭行動が頻発した。五月二五日に物価抑制を求める婦人デモが行われ、警官隊がこれを弾圧して多数の負傷者がでたことから、同日「物価抑制委員会」が緊急会合を開催し、翌二六日に大衆集会を開催することを決定した。しかし、当日警官隊がこの大衆集会の開催を妨害し、指導者のグターラとバルバを逮捕した。これに激昂した「物価抑制委員会」メンバーは『ラ・ラソン』事務所を訪れて編集部と協議した結果、これまで延期されていたゼネストを即時実施することを決定した。指導者の検束が続いたため、指導層の質の低下が現れた。大衆が街頭に出て、中国人商店の掠奪も行われた。このため、マルティネス大佐指揮下の陸軍部隊と警官隊が出動した。カヤオ市では海軍部隊も動員された。労働者側は市内各所にバリケードを築いて抵抗した。「物価抑制委員会」は『ラ・ラソン』編集部の支援を得て、ゼネストを継続したが、逮捕者が八〇〇名を越えるという厳しい弾圧を前に、六月二日にゼネスト継続を断念し、マリアテギらの『ラ・ラソン』編集部もゼネスト中止を勧告した。しかし、カヤオの港湾労働者は六月五日までストライキを継続した。こうして明確な政治的指導部なき、自然発生的なゼネストは終了した。マリアテギらは政治的指導部の必要性を強く認識した。ゼネスト中止に追い込まれた自然発生性を重視した労働運動は弱体化した。そして、労働者の生活条件の改善のみを要求する経済主義的なアナルコ・サンディカリスト系の指導者層との亀裂が顕著になった。

六月二五日、『ラ・ラソン』は更に寡頭支配層に対する攻勢を継続するため、寡頭支配層の牙城である国立サンマルコス大学から支配層の影響を排除することを目的として、無能な教師を追放するための大学改革を推進することを呼びかけた。同日夜、『ラ・ラソン』事務所に集まったデル・アギラ、デネグリ、ポラス・バレネチェア等の学生運動の指導者を前に、マリアテギは大学改革を開始するよう煽動した。パラシオスのペルー訪問によって大学改革の必要性を認識した学生たちは、『ラ・ラソン』の編集者でもあるデル・アギラを中心に結集して反体制の改革派を結成した。こうして、大学改革運動が開始された。

このような環境の中で、五月一九日の大統領選挙に勝利したレギアが、パルド政権が選挙結果を無効にすることを避けるため、七月四日アルバレス大佐の率いる陸軍部隊の支援を得てクーデターを決行した。レギアは議会を閉鎖して、新たに議員選挙を告示するとともに臨時内閣を設立し、直ちに逮捕されていたグターラ、バルバ等の労働運動指導者の釈放を決定した。八日「物価抑制委員会」が大衆集会を催し、この集会にはグァダルーペ監獄から釈放されたばかりのグターラ等が参加、「物価抑制委員会」の議長に復帰した。集まった労働者大衆は、その後『ラ・ラソン』事務所に向かった。デモ隊の要請により『ラ・ラソン』のプロレタリア欄の担当者であるポサダとマリアテギが群集に向かって演説した。また、大統領官邸前に到着したデモ隊を前にレギアもバルコニーに姿を現し演説した。同日夜、「物価抑制委員会」を基礎にペルー地域労働連盟が結成された。主流派はアナルコ・サンディカリズム系であった。

(6) ヨーロッパ渡航

大学改革運動は進展し、七月一一日学内に学部横断の大学改革委員会が設立され委員長にカジェが選出された。八月一日レギア派主導の学生連盟新執行部の就任式にレギア大統領が招待され出席し、大学改革の必要性を訴えた。これを受け、翌二日には全国の大学がストライキに突入した。急進派の大学改革委員会と穏健派の学生連盟が対立し、結果的にはレギア政権との関係を考慮する学生連盟が勝利し、大学改革は妥協された。

レギア政権は『ラ・ラソン』編集部の姿勢に憤ったものの、直接的に強硬手段をとった場合には労働運動や学生運動を敵に回す可能性があるとの判断から、まずレギアの従弟であり、マリアテギとファルコンの友人であるピエドラを介して、リマ司教区の印刷所に印刷を拒否させ、翌九日には印刷契約を一方的に破棄させて『ラ・ラソン』を閉鎖に追い込んだ。

レギア政権はその後も政敵の一掃に力を注ぎ、八月後半にはシビリスモの指導者に対する謀略事件を起こして自主的な国外退去に追い込んだり、九月中旬には国外追放に処した。九月一〇日にはシビリスモ系の『エル・コメルシオ』や『ラ・プレンサ』の事務所が群集に襲撃され、指導者であるアスピジャガ、ドゥラン、ミロ・ケサダの私邸が掠奪を受ける事件が発生した。

九月二四日、レギアは臨時大統領の資格で議会を召集して議員宣誓式を執り行い、他方議会は即日五月一九日の選挙結果を認めレギアを大統領に任命し、任期を一九二四年一〇月一二日までとした。

レギア政権の弾圧は引き続いた。九月二七日にはペルー地域労働連盟の事務所が閉鎖され、首都圏における集会禁止令が発令された。マリアテギとファルコンも警察の監視下に置かれ、日常的な監視が続けられた。この時期に、レギア政権はピエドラとマリアテギの縁戚にあたる下院議員フォシオン・マリアテギ（父親ハビエル・フランシスコの従弟）を送り、投獄か政府の情宣アタシェとしてのヨーロッパ派遣かの選択を強いた（注5）。二人は、九月一二日にPSのウジョアがレギア政権に屈服してアタッシェとしてヨーロッパに派遣される選択を行って出発した際に、ウジョアが受けた批判を知っていたため躊躇した。しかし、最終的にはヨーロッパ渡航を選択し、一〇月八日出発した。

『ラ・ラソン』発刊後、ソレルやマルクス主義の文献を勉強する会合がもたれていた。マリアテギがヨーロッパで明確にするソレルに影響されたマルクス主義思想の形成という枠組みの下準備が進められていた。

3. マリアテギの思想：一九一八―一九一九年

(1) 社会主義への志向

前述の通り、マリアテギは一九二八年一月二八日付けでアルゼンティンの友人であるグルスベルグに宛てた書簡の中で「一九一八年から社会主義への志向を強めた」と述べた。しかし、一九一八年中にマリアテギが執筆した多くの論評の中には、新しい世代が登場して、ペルーを刷新するとの時代意識は強く見られるものの、明確に社会主義への志向を述べたものは見当たらない。時代意識を表明した代表的なものとしては、一九一八年六月二二日にマリアテギがファルコンらとともに創刊した『ヌエストラ・エポカ』に掲載した社説がある。その社説は次のように述べている。

「青年の活力が公共の利益に役立つことが求められる刷新の時代が我々とともに始まると信じている故に、この新聞を発刊し、『ヌエストラ・エポカ』と名づけた。全き青年の心において、この国民的な要請に誠実さと真剣さをもって応えることが我々の義務であると理解する。（中略）読者は『ヌエストラ・エポカ』が教義を形作るために発刊されたと考えないでいただきたい。教義を有する新聞ではあるが、教師や教授のようにうぬぼれ強く振舞おうとする新聞ではない。おそらく何回も間違いをおかすことであろう。」

『ヌエストラ・エポカ』に関して注目しておくべきことは、マリアテギらが『ヌエストラ・エポカ』のモデルとしたスペインの『エスパーニャ』(一九一五—一九二四年)が、オルテガ・イ・ガセットを初代編集長として創刊され、その後アラキスタインが編集長を継承した広範な意味合いでの社会主義的志向を有する雑誌であったことである。従って、マリアテギらもこのような傾向を踏襲しようとしたことが想像される。

また、一一年後の一九二九年五月にブエノス・アイレスで開催された第一回ラテンアメリカ共産主義者会議のためにマリアテギが提出した『階級的行動の前史と発展』には、「『ヌエストラ・エポカ』は社会主義綱領を掲げていたわけではない。しかし社会主義の立場からの思想宣伝の試みであった」と述べられており、『ヌエストラ・エポカ』が社会主義の宣伝を目的としたものであったことが明らかになっている。従って、マリアテギが一九一八年半ばに明確に言葉によって「社会主義」を掲げずとも、心情的に社会主義を志向していたことは明白である。

新しいに時代に関する意識は、他の著作にも現れた。『ヌエストラ・エポカ』の創刊号に掲載された『陸軍の義務と国家の義務』もある意味で陸軍が果たすべき新しい義務を率直に論じたために、一部軍人の反発を受け暴行を加えられることになったのであろう。この論稿の中でマリアテギは述べている。

「直立した軍の司令官が軍人を前に、議会に対してこれを行え、と勧告したり、それを行わなかったことを抗議しなければならないと表明するのであれば、この行為は脅威と受け取られても仕方がない。(中略)体制とその概念の支配のために闘っている政党、集団、政治派閥は、ペルーが軍国主義の方向性を採用するのかどうかにつき勉強し解決しなければならない。軍人はその真の役割につき健全な概念を有しておらず、この種の議論に介入すべきでもない。国の進行の中で重要性をもつことに関して軍人が意見を述べることに寛容であってはならない。」

確かに、このような軍の政治への干渉を認めない姿勢は現代においては民主主義の常識である。しかし、一九八〇年代までのペルーにおいては「大統領になるために早道は軍人になること」と言われたように、最近二〇年間を除けば軍の政治介入はペルーでは日常茶飯事に見られたことであり、従ってその問題を敢えて一九一八年当時に取り上げたことは、ペルーにおいては余りに早すぎたとも思われる。当時は、前述のように、思想的にはマリアテギの同志であるファルコンでさえ、軍が学校とともに人間教育の重要な場になっていることを重視すべきだと述べていた。それに加えてマリアテギは、「軍の将校団は90%、貧困か人生の失敗のために士官学校に行った者である」と述べたことが、本来のマリアテギの問題提起とは離れたところで、軍人の感情を害することになった。マリアテギが軍人の質の問題で提起したことは、兵士の大半を構成する先住民は「祖国という観念を持っていない」、即ち国民意識が形成されていないという問題であり、ここにマリアテギが後年発展させる「国民（民族）」形成の問題に関する萌芽が見られたのである（注6）。この視点も、新しい時代意識を代表するものであろう。

(2)新しい政治観

マリアテギはこの時期に、ペルーの政治問題に関して新しい政治観を表明した二つの論稿を執筆している。一つは、『ヌエストラ・エポカ』第二号に掲載された「政治集団の再組織化」であり、もう一つは一九一九年五月一四日に発刊された『ラ・ラソン』に掲載された「闘争の前史、現在、及び展望」である。

「政治集団の再組織化」においてマリアテギは、下院議員マティアス・マンサニージャが行った「新しい政党は必要なく既存の政党を再組織し綱領を国の現状に適応するよう見直すべし」との提案を斥け、「政党は恒久的なものではない。あらゆる必要性や切望と同様に過渡的な必要性あるいは切望に応えるものである」と述べ、政党は時代的要請に応える存在であると論じた。その上で、シビリスモとそこから発生した立憲党、民主党、自由党のいずれもが既に新しい時代の要請に応えるものではないと述べ、シビリスモやこれらの派生政党はもはや現実的な政党ではなく「擬制的な政党」に過ぎないと論じ、「これらの集団の存在を人工的に延長すべきでない」と主張した。

「闘争の前史、現在、及び展望」においては、「大統領の問題は人民によってではなく、支配諸階級によって解決されてきた」として、大衆が政治から排除されてきている点を強調した。そして、一九一九年五月一九日に実施された大統領選挙に立候補していたレギアは、シビリスモに代わる新しい勢力と自己規定しているが、本質的にはシビリスモの分派であり、「支配諸階級の種々の色合い」の一種に過ぎないと論じ、「レギアの立候補は古い方法に対する反動を代表しているか、国民的な刷新を代表しているか、シビリスモに対する闘争を代表しているか、そうではない」と論じた。また、レギアが大衆の一部の支持を得ていることを認め、それは「大衆的な感覚の屈折」であると表現し、原因はレギアが進歩的なイメージを与えるためであるが、レギアが民主主義や自由の擁護者であるかのように見えるのは本来は商人であるレギアが示す御都合主義的な感覚にすぎないものであり、レギアが統治者になった場合にその施政行為を決定するものではないと論じた。

マリアテギは、レギアがあたかもシビリスモに対抗する新しい時代精神を代表し、民主主義や自由の擁護者であるかのように見られている状況を危険視したのが明確にうかがわれる。換言すれば、マリアテギの危惧は、政党は世論を代表しておらず、他方で世論を代表するような適切に組織された政治勢力が存在していないことにあった。正に、新しく台頭してきた大衆層を代表し、彼らが求める民主主義と自由を実現する、新しい政治勢力が存在しないという点をマリアテギは強調していたのである。それ故にこそ、マリアテギは一九一九年五月にファルコンらとともに『ラ・ラソン』を創刊し、そのような新しい政治勢力の軸を形成しようとした。

(3)変革主体の問題

それでは、この時期のマリアテギがこのような新しい政治勢力が何を変革すべきと考えていたのか、そして変革を目指す政治勢力の主体をどの階層に見ていたか。

マリアテギは一九一九年七月五日付け（レギアによるクーデターの翌日）の『ラ・ラソン』第四八号に掲載した

論説「開始の時間」において、「ペルーが必要としているのは、今日の切望と思想が一致するように政治組織を根源的に改革することである」と述べ、同年七月七日付け第五〇号に掲載した「革命後」の中で、レギア臨時大統領が発表した組閣メンバーからはレギア政権が「国の組織を本質的に改革するような革命」を行うことは期待できず、その意味でレギアの行為は革命ではなくクーデターにすぎなかったと批判しつつ、「大衆が求めているのは経済組織の改革である」と述べている。

マリアテギが使用している「組織」という言葉は、今日的な言葉では「構造」に置き換えることができると考えられる。即ち、マリアテギが主張していたのは。政治「構造」の変革と経済「構造」の変革であった。政治構造の変革については、前述のようにマリアテギは、時代の要請に応えない支配者諸階層の間での政権交代ではなく、新しく台頭してきた大衆層の主張が代表される政治制度の確立が必要されると主張し、具体的には選挙制度の改革を主張した。しかし、マリアテギは、政治的問題は国民の必要性から言えば二義的な問題であり、緊急に必要であるのは経済改革であると主張した。

経済改革については、「社会が経済的により公正であるためにはどのようにあるべきか」と論じ、より具体的には「産業の利益が均等に資本と労働との間に分配されていない」、「資本が時代錯誤的で不可触な特権を有する」状況を変革すべしと主張している。しかし、どのように変革すべきかについては論じていない。この時期のマリアテギにはまだ明確な社会主義理論が体得されていなかったことが想像される。

更に、ここで注目すべきは、社会的不平等を論じる際に資本と労働の関係を論じていても、シエラ（山岳部）において支配的であった半封建的な大土地所有制の下で行われていた先住民農民に対する経済外的強制をも含む収奪については具体的に論じていないことである。従って、ここで重要となるのは、この時期のマリアテギが、一九二〇年代後半に提起したように、変革主体の中に先住民農民をも据えていたか否かである。

マリアテギは、前述のように、経済改革の問題を論じた際に、「資本と労働」の関係について言及しているが、社会主義を明確に掲げて創刊した日刊紙である『ラ・ラソン』に執筆した論稿においても、労働者階層を変革の主体と明確に規定する表現は行っていない。頻繁に使用しているのは「大衆（pueblo）」である。そして、この「大衆」とは、農村部の先住民農民を含まない、都市底辺層をさす概念であったと推測される。言わば都市「サバルタン」に近い概念である。マリアテギが『ラ・ラソン』を通じて支援したのは労働者などの都市底辺層の運動であった（注7）。ここでいう労働者以外の都市底辺層とは、アンデス農村部から移動して都市部に到着しながらも、リマ市における雇用を拡大し得る工業化の進展が人口増加を吸収するほどの成長リズムにはなかったために、臨時工的な前工業的な職人や露天商に従事せざるをえなかった底辺層をさすものである。言わば、アンデス的なディアスポラの結果生じた都市底辺層であった。

マリアテギは、一九一九年七月四日のレギアによるクーデターにより釈放されたグターラ等の労働運動指導者が『ラ・ラソン』を訪問したことにつき言及した七月八日付けの紙面で次のように述べている。

「二回目の大衆の訪問は『ラ・ラソン』編集者の精神を強化した。（中略）『ラ・ラソン』は大衆の新聞、大衆のための新聞であり、執筆者は高貴な大義に奉仕している。（中略）バルバやグターラは、大衆の意識を覚醒させ、知られていなかった新しい地平を発見した最初の者たちであったという功績を有している。（中略）『ラ・ラソン』は高度のイデオロギー、正義を求める深い愛において常に彼らの運動を鼓舞するであろう。」

ここでも明らかなように、マリアテギの関心は「大衆の意識の覚醒」とこれによって開かれた「新たな地平」を重視している。「労働者の階級意識」という表現をまだ使っていない点に留意しておくべきであろう。

他方でマリアテギは大学改革の推進を鼓舞したが、しかしながら学生層を変革の主体と考えてはいなかった。マリアテギが重視したのは、シビリスモの影響を大学から一掃するための思想闘争であった。この視点は一九二八年一一月に出版される『ペルーの現実解釈のための七試論』において公共教育や文学において展開した「知的ヘゲモニー論」に継承されてゆく。

4. 結び

一九一八年から一九一九年はペルーに第一次世界大戦後に発生した経済不況を背景とした政治危機が爆発した時期であった。ロシア革命のイメージもあり、支配層には革命の前夜であるような危機感を与えた。この危機感は支配階層の分裂によって加速された。一九世紀後半に形成されたシビリスモが分裂し、しかも主流や支流のいずれもが資本主義の進展に伴って生じた社会変動に対応しなくなっていた。マリアテギが論じたように、新しく台頭してきた大衆層の主張や要望に応えられる政治集団ではなくなっていたのである。マリアテギにとっては、シビリスモに対抗すると主張して現れたレギアもシビリスモの分派に過ぎず、支配層の分裂を表現するものでしかなかった。これが、当時のペルーに発生していた政治的危機の原因である。社会変動に対応しない政治制度と、社会的な不公正を助長する経済構造、これらがマリアテギによって認識されていた状況であった。

このような状況を前にマリアテギは社会主義を提起した。しかし、この時点でのマリアテギは、ロシア革命について得た情報や、ソレルの著作、マルクス主義に関する間接的な解説書から社会主義思想とは如何なるものであるかを自らの精神的な志向性としては理解していたが、社会主義革命を通じて行われる経済改革が如何なるものであるかについて雄弁に語りうるほどの知識は有していなかったと思われる。そして、その社会主義革命を担うべき主体も、労働者階級であるとは理論的には理解しつつも、労働者階級を変革主体として規定した革命論よりも、労働者をも含む都市貧民的なイメージで捉えられた「大衆」であった。そして、何故にこれらの大衆が、彼らを取り巻く環境の中に陥れられているかについての理論的な究明は、一九一九年から一九二三年の間のヨーロッパ滞在期に得たマルクス主義の理論的な側面の理解を経て、その理論をペルーの現実を解釈できるよう応用していく過程で深められることになる。この理論的な深化のプロセスを経て、独創的と言われるマリアテギのマルクス主義思想が輪郭を現し始める。

第二章　ヨーロッパ体験　一九一九―一九二三年

1. はじめに

スペイン人の到着によって、否応なくグローバル化の大波に取り込まれたラテンアメリカは、今や再び加速化するグローバル化のプロセスに巻き込まれ、特に国民形成の遅れたペルーは、グローバル化と国民（民族）再編という相反するプロセスの中に複合的に取り込まれている。このような状況の中で、戦間期のグローバル化が進展した時代に生きたペルーのマリアテギの思想が再び注目されてきている。

マリアテギは、今日でもラテンアメリカ最大のマルクス主義思想家と呼ばれ、その独創的な思想が注目され、ペルーをはじめとするラテンアメリカのみでなく、米国、フランス、イタリアで研究が続けられている。ではその独創性はどこにあるのか。おそらく、その独創性は、一九二〇年代という時代背景を抜きにしては論じられないにせよ、独自のマルクス主義理解にあったと考えられる。

マリアテギが思想形成を進めた一九一〇年代のペルーは、一九世紀末からの実証主義の影響が頂点に達するとともに、実証主義に対する精神主義的反動が強まった時期であった。マリアテギもこうした精神主義の傾向と世紀末的なデカダン的な文芸志向を経て、社会主義運動に接近した。しかし、一九一九年一〇月の渡欧までの時期には、社会主義への志向を強めたものの、まだマルクス主義理論を体得するには至っていなかった。マリアテギが、マルクス主義理論を摂取したのは、一九一九年一〇月から一九二三年三月までのヨーロッパ滞在中であった。そして、この時期におけるマルクス主義の摂取のあり方が、マリアテギの思想の独創性を決定するものとなった。

そして、一九二三年三月の帰国後、ペルーの進歩的勢力を結集しつつ、徐々に社会主義運動を形成し、その中で国民の大多数を占める先住民を土台とした新生ペルーの国民（民族）形成を目指した。その過程で、一九二〇年代末という時代を背景に、左翼転換したコミンテルンの路線と摩擦を起こし、一九三〇年四月のマリアテギの死から一ヶ月後に、マリアテギの遺志に反してペルー共産党（ＰＣＰ）が結成される。その結果、マリアテギの思想の独創性が封じ込まれることになったが、スターリン批判を経て、一九六〇年代後半より、マリアテギの思想の再認識作業が国際的に進められてきている。特に、一九八九―九一年のソ連・東欧社会主義圏の解体と、冷戦構造の終焉という新たな時代を背景として、新しい社会主義思想の模索という問題意識からマリアテギ思想の全体像の解明と再解釈が進められているのが実情である。

最近の研究の動向は、このような問題意識を踏まえ、過去に高度な先住民文明が栄えたが、スペインによる掠奪的な植民地支配を経て、今も先住民とその混血が国民の大多数を占める国における社会構造と経済発展の問題をどのように考えてゆくかとの問題設定からマリアテギの思想を見直す方向性と、グラムシ、ルカーチ、コルシュ等の一九二〇年代マルクス主義の現代的な有効性の検証という枠組みの中に位置づけようとの方向性が見られる。

本稿は、このような研究動向を念頭に置き、一九一九年から一九二三年のヨーロッパ滞在がマリアテギの思想形成に如何なる影響を与え、マリアテギが如何に独創的と言われる思想を形成したのかを検証しようとするものである。

2. ヨーロッパ渡航

マリアテギは、一八九四年六月一四日に南部海岸地方のモケグア県で、共和国期の名門であるマリアテギ家の私生児として生まれた。リマ県チャンカイ郡出身の母親アマリアが、モケグア県の大地主チョカノ家の庇護下にマリアテギを生んだ。しかし、父親フランシスコ・ハビエルは自らの素性を偽ってチャンカイ郡サヤン町にてアマリアと宗教上の婚姻を行ったものの、リマ市には本妻と子供もいた。アマリアがフランシスコ・ハビエルの正体を知ったのは、マリアテギの誕生の直前であった。敬虔なカトリック教徒であったアマリアには、フランシスコ・ハビエルが共和国初期の下院議員でフリーメースンのメンバーであった同名のフランシスコ・ハビエルの孫であったこと、そして本妻と子供がいたことを知ったことに大きな精神的衝撃を受け、生涯を通してマリアテギに父親の素性を明かさなかったと言われる。従って、マリアテギはマリアテギ家の私生児であることを知りつつも、誰が父親であるかをアマリアから聞かされなかった。成人後に著名な編集者となり、上流階層に属するマリアテギ本家の人々と交わる機会を得た。しかし、貧困な母子家庭で過ごした少年時代にマリアテギ本家から何らの援助も寄せられなかったことは、マリアテギに強い反発心を育て、社会的な反抗心を生んだ。

マリアテギは、私生児として生まれ、母親が敬虔なカトリック教徒である母子家庭に育ったこと、片脚跛行という身体障害のために就学を中断せざるをえずに独学したこと、そして実証主義に対する反動という時代精神の中で青年期の思想形成を遂げたこともあり、極めて精神主義的な傾向を有していた。そして、この精神主義的な傾向に、少年期からの社会的反抗心が重なった。一九〇九年に「ラ・プレンサ」紙の下働きから編集者に成長したマリアテギは、著作家として社会的に認められるとともに、ゴンサレス・プラダ、バルデロマル等との交流からラディカルな社会的反抗性を強めていった。

　このマリアテギの社会的反抗性が社会主義への志向に転じたのは、一九一七年一一月四日にペルーを訪問中のスイス人バレリーナのノルカ・ロウスカヤを主役に行った墓地舞踏会事件が契機となった。この事件を機に、マリアテギの社会的反抗心は被抑圧者の擁護という明確な目的を確定することになる。マリアテギ自身も「一九一八年に社会主義への志向を強めた」と述べている。一九一八年六月、マリアテギは『エル・ティエンポ』紙の編集に携わる傍ら、バルデロマルやファルコンとともに新時代の精神を前面に打ち出す雑誌『ヌエストラ・エポカ』を発刊し、更に一九一九年五月にはファルコンとともに労働運動との連帯を掲げる『ラ・ラソン』紙を刊行した。

　一九一九年一月、リマ市の労働者は八時間労働制の確立等を求めてゼネストを実施、その後も労働者のストライキは波状的に五月一九日の大統領選挙の後も続き、創刊されたばかりの『ラ・ラソン』紙は労働者の運動を全面的に支援した。大統領選挙で勝利したレギアは事態を収拾すべく大統領選挙における勝利をパルド政権が否定することを避けるとともに、国会における立法審議を早める目的で、七月四日に軍の一部を支援を得てクーデターを実行し大統領に就任した。レギア政権は、一九世紀末から成長してきた新興産業家層を代表し、労働者階層や急進的な小ブル知識人をも取り込んで「新しい祖国（La Patria Nueva）」を建設することを掲げ、米国資本との関係を強めて近代化を推進した。リマ市が近代都市に変貌したのもレギア政権期であった。労働者階級をも取り込もうとしたレギア政権にとり、労働運動を鼓舞する『ラ・ラソン』紙に拠るマリアテギとファルコンの姿勢は目障りであった。レギア政権は、同大統領の妻がマリアテギ本家の出身であったことから、特にマリアテギには気を使い、マリアテギとファルコンに対し投獄か国外への政府アタシェとしての派遣かとの選択を迫り、結果的に政府の情宣担当アタシェとしてマリアテギはイタリアへ、ファルコンはスペインへ派遣されるという形で、事実上の国外追放処分を受けることになる。一九一九年一〇月八日、マリアテギとファルコンはカヤオ港を後にした。

　マリアテギが、イタリアを選択した理由についてはいまだに確証はないが、畏友であるバルデロマルの影響であろうと推定されている。バルデロマルは一九一三―一四年に外交官としてイタリアに滞在し、ダヌンツィオをはじめとするイタリア文学に傾倒した。更には、マリアテギがヨーロッパ渡航前からラブリオーラに傾倒していたとの指摘もある。

ラブリオーラは、反実証主義的かつ歴史主義的なマルクス主義を、イタリアに初めて紹介した思想家であり、一八九五年に史的唯物論についての最初の論文「共産党宣言を記念して」を発表し、その後『史的唯物論』にまとめた。一八八三年のマルクスの死後、その継承者の一人として挙げられた。

バルデロマルのイタリア理解はきわめて表面的であったのに対し、ラブリオーラに傾倒し始めていたマリアテギはイタリアの社会構造に関する理解に進みイタリアにおける社会主義運動をフォローし続けた。イタリア滞在中には『エル・ティンポ』紙の特派員の資格でコラム欄「イタリアからの書簡」に社会運動を中心としたイタリア情勢に関する情報を定期的に送付した。

マリアテギ自身が述べているように、マリアテギが社会主義への志向性に転じたのは一九一八年であったが、マルクス主義の理論に関する理解を深めたのはヨーロッパ滞在中であった。

3. ヨーロッパ体験

マリアテギのヨーロッパ体験については、ヨーロッパ滞在中にマルクス主義者としての思想形成が行われたとの指摘が頻繁に行われ、滞在中の軌跡についての研究は多いものの、具体的な思想形成、特に思想的影響に関する分析はまだ十分に行われていない。マリアテギの伝記的研究の中で、ヨーロッパ体験の軌跡を詳細に跡付けているのはルイイリョンの『ホセ・カルロス・マリアテギの英雄的創造』第二巻（以下『英雄的創造』）と、マリアテギの同時代人であるバサンの『マリアテギとその時代』、同じく同時代人であるヌニェスの『マリアテギのヨーロッパ体験』である。また、これ以外ではメセグエルの『ホセ・カルロス・マリアテギと革命的思想』、イタリア人研究者メリスの『マリアテギの著作におけるイタリア体験』等があるが、思想形成における内実にまでは踏み込んでいない。他方、この踏み込みが見られるのは、米国人研究者のヴァンデンの『マリアテギ：イデオロギー形成における影響』、米国人研究者シルバースの『一革命家の形成』、フランス人研究者パリの『マリアテギのイデオロギー形成』、フランス人研究者フォルグの『マリアテギ：実現可能なユートピア』がある。

ルイリョン等によるマリアテギの伝記によれば、マリアテギのヨーロッパ滞在の軌跡は次の通りである。マリアテギは一九一九年一一月二一日にパリに到着し、一二月九日まで滞在した（但し、ヌニェスによれば一二月二〇日まで）。この間にかねてより傾倒していたバルビュッセを、彼が創刊した雑誌『クラルテ（Clarté）』編集部に訪問し、またロマン・ロランをも訪問した。

その後スペインに向かうファルコンとパリで別れたマリアテギは、イタリアに向かい、まずジェノヴァに到着した。同地のペルー領事館で旅券手続きを行ったが、領事オルティス・デ・セバージョスの紹介で知合った同国人医師ナヴァの勧めでジェノヴァ郊外のナルビにて休養した。その際、後に妻となる宿泊先のオーナーの姪アンナ・マリア・チアッペと出会った。

ジェノヴァで、スペインにて『エル・リベラル』紙の特派員となったファルコンと再会したマリアテギは、ファルコンの同行を得てローマに向かい、一九二〇年二月初めにローマに到着した。ローマでは特命全権公使であったベナビデスはじめ一等書記官のロペス・アリアガに会い、政府の情宣担当アタシェとして着任手続きを行った。その後、特命全権公使はレギア政権内の政変によりオソレスに代わった。しかし、ベナビデスにしろ、オソレスにしろ、レギア大統領と敵対的な立場にあった政治家であり、当時のイタリアのペルー外交使節団は国外追放された者のグループから成っており、そのためマリアテギの行動もレギア政権の姿勢に拘束されることは少なかった。

マリアテギは、ローマではイタリア人知識人との会見や博物館廻りを精力的に行った。ルイリョンによれば、借家の近くにあったイタリア社会党の労働者細胞が週に二、三度開催した会合に出席した。この労働者細胞はトリノの『オルディネ・ヌオヴォ（L'Ordine Nuovo）』誌に依拠したグラムシの影響を強く受けていた。また、ローマ滞在中に一度フィレンツェを訪問している。その後マリアテギは、ローマに再来したファルコンとともに、駐ジェノヴァ領事に任命されたマキャベロに同行して、一九二〇年六月に再度ジェノヴァを訪問した。

ジェノヴァに一カ月滞在してアンナに再会した後、同年七月マキャベロを含めた三名は、一九一九年八月以来工場評議会が多数設立され、四月一三日から一一日間労働者が工場評議会を基盤に生産管理を要求して大規模なゼネストを実施したばかりのトリノを訪れ、『オルディネ・ヌオヴァ』誌の事務所を訪問してその際グラムシと会見している。マリアテギとグラムシの第一回目の出会いである。グラムシは、『エル・ティエンポ』紙特派員とのマリアテギの肩書きとローマの労働者細胞に参加しているとの事実から好意的に偶し、トリノにおける情勢やイタリア社会党のあり方について率直な説明を行ったと言う。グラムシはこの時期、『オルディネ・ヌオヴォ』グループの中で一時的に孤立しつつあった。タスカは工場評議会運動を党と労働組合運動の枠内に押し留めようと主張していたし、トリアッティとテルラチーニは最大限綱領派に近い立場をとっていた。しかし、グラムシは一九二〇年七月一九日から八月七日まで開催されたコミンテルン第二回大会においてレーニンをはじめとするコミンテルン指導者の支持を得た。八月三一日には工場評議会による工場生産管理闘争が再燃し、九月三〇日まで労働者が生産管理を行っていた。この闘争は北部全域に広がり、『オルディネ・ヌオヴォ』グループは再び団結した。ボルディガ派も同調した。マリアテギたちは労働者が生産管理していたフィアット工場を訪問した。

その後三名はトリノから、八月三〇日より金属労働者の工場占拠闘争の発端となったミラノを訪問して、労働運動の指導者と会見した他、イタリア社会党理論機関誌『アヴァンティ（Avanti）』の事務所を訪問した。また、ファルコンのみが『イル・ポポロ・ディタリア（Il Popolo d'Italia）』誌の事務所を訪れムッソリーニとも会見した。

三名は同年九月末にミラノを発してヴェネチアを訪問し、一〇月初めにジェノヴァに戻った。ジェノヴァでマリアテギはイタリア社会党の細胞に参加し、後にイタリア共産党を結成する当時の社会党内の左翼少数派の立場、特に『オルディネ・ヌオヴォ』グループに極めて近い立場から議論を展開するようになっていた。マリアテギは同年一一月中旬に単身でローマに戻り、同年内に再度ファルコンとともにフィレンツェにパッピーニを訪ねて会見している。

マリアテギとファルコンは一九二一年一月一五—二〇日にリヴォルノで開催されたイタリ社会党第一七回党大会にそれぞれ『エル・ティエンポ』紙、『エル・リベラル』紙の特派員として出席、大会中にマリアテギらはグラムシと再び会見する機会をえた他、トリアッティ、タスカ、テルラチーニの『オルディネ・ヌオヴォ』創立者グループや、棄権主義派のボルディガ、最大限綱領派のセラッティらと会見した。

周知の通り、この党大会において、最大限綱領派が九万八〇〇〇票、改良主義派が一万四〇〇〇票を得票したのに対し、ボルディガ派と「オルディネ・ヌオヴォ」グループから成る共産主義派は五万八〇〇〇票を得票したにとどまり敗北し、一月二一日共産主義派は社会党から分離してイタリア共産党を結成した。マリアテギは、社会党を内部から変革して共産党に転換すべしとのグラムシの主張に賛同していたという。後にマリアテギはリヴォルノでの社会党の分裂を「説明できない分裂」と評した。グラムシは大会中一度も発言しなかったと言われる。党分裂は「セクト的錯覚」であると批判していたグラムシにとって二重の敗北であった。グラムシは執行委員会五名、中央委員会一五名の中にも選出されなかった。かつて「共産主義における左翼小児病」としてボルディガを批判し、コミンテルン第二回大会でグラムシを支持したレーニンが、この度はボルディガを擁護した。

リヴォルノ大会の終了後、マリアテギはジェノヴァに戻り、アンナとの婚姻を済ませ、新婚生活の住居をローマ近郊のフラスカティに定めた。その直後にマリアテギは最初の夫婦危機を体験している。危機は、マリアテギのペルー出国直後の一九一九年一一月一九日に長女グロリアを生んだ、かつて同棲していたビクトリア・フェレルからの手紙を妻アンナが見つけたことから発した。この時期、妻アンナは既に懐妊していた。しかし、この危機もマリアテギの友人である彫刻家オカーニャの説得で和解に達した。

この頃マリアテギはクローチェやゴベッティ、更に社会党改良主義派のトゥラーティやモディリアニと出会う機会を得ている。クローチェは妻アンナと出会ったジェノヴァ近郊のネルヴィにある宿舎の常連客であった。ゴベティらとの交際のきっかけは詳らかではない。しかし、ゴベッティとの出会いはトリノであったはずである。

また、妻アンナに依れば、マリアテギがマルクス主義理論を体得したのもこの時期であった。マルクスの『資本論』のフランス語版を読んだ形跡もある。共産党の傘下に入った労働者細胞の会合へも参加を続けていた。ルイリョンは、この時期にマリアテギは「観念論の残滓と耽美的傾向を克服した」と評している。

一九二一年五月一五日、ジョリッティ内閣は議会を解散し、総選挙が実施された。社会党は一六三万票を得票して一二二議席、新設の共産党は三〇万票を得票して一四議席を獲得し、左翼勢力全体ではほぼ横ばいの状態であった。共産党の躍進にも拘らず、マリアテギには反動による反攻の開始がひしひしと感じられた。ムッソリーニのファッショ運動は三三議席を獲得した。グラムシは、左翼勢力の事実上のこの敗北をリヴォルノにおける社会党の分裂の所為であると考え、「リヴォルノの分裂は、疑いもなく、反動の最大の勝利であった」と述べた。同年六月に開催されたコミンテルン第三回大会では、反動の攻勢が開始されたとの認識から統一戦線戦術が提起された。

マリアテギは、同年一一月二日にフラスカティからローマ市内のポポロ広場の近くに転居した。マリアテギにとりローマ市内中心部に片道一時間もかかることは肉体的に苦痛になったためである。この新居で一二月五日に長男サンドロが誕生した。この頃からマリアテギはファシスト党員の迫害を受け始めた。このため、妻子とともにジェノヴァに避難するため転居を余儀なくされた。

このジェノヴァ滞在中に、しばしば来訪したファルコン、総領事マキャベロ、及びジェノヴァに居住していたカヤオ生まれの医師ロエの四名で、ペルー人社会主義者グループを結成した(注8)。このグループの結成後、マリアテギはペルーに帰国する手続きを開始した。本国からの帰国許可は直ぐ到着した。マリアテギは帰国前に、四月一〇日から五月一九日にジェノヴァで開催された国際連盟主催の欧州復興国際会議を取材した。会議の開催途中でマリアテギは帰国手続きを行うためにローマに赴き、その後四月二六日ローマを発ち、家族を迎えにジェノヴァに戻り、五月一日にイタリア出国のため再びローマに帰った。しかし、その直後に一度出されていた帰国許可が撤回された。しかし、マリアテギは予定を変更せず、五月六日にイタリアを出国し、スイス総領事からエクアドル総領事に転勤する途次の旧友マウルトゥアに斡旋を依頼すべく、パリで会見して支援を乞うた。

パリでマリアテギはバルビュスと再会した。マリアテギは、スペインにいたファルコンと連絡をとり、妻子とともにヨーロッパ各地訪問を決意する。まず、一九一九年四月一三日から五月一日にバイエルン・ソヴィエト共和国が樹立されたミュンヘンを訪れた。同地でファルコンと合流してウィーンに移り、ウィーンではアドラーやバウアーと会見した。その後ベラ・クン革命政権が一時樹立されたハンガリーのブダペスト、更に一九一九年六月一六日から七月五日まで一九日間スロヴァキア・ソヴィエト政権が成立したチェコスロバキアのプラハを訪れ、九月にベルリンに到着し、東ベルリン地区のポストダンメル・ストラッセに居を定めた。

ベルリン訪問の最大の目的はスパルタクス団の革命プロセスを知るためであったと言われる。バイエルンからベルリンまでの旅程は明らかに、ロシア革命の後に挫折したヨーロッパ各地の革命運動の跡を見聞することにあった。特に、ソヴィエト的な運動に関心を示した。ベルリン滞在中にマリアテギは、共産党幹部に会見していないものの、ヒルファーディングらと会見している。また、ベルリンを訪問したゴーリキーとの会見にも成功した。ベルリン滞在中にマリアテギの経済的余力が底をついた。マリアテギはパリから、ジェノヴァ国際会議の取材に基づき、新生ソ連の立場を反映した記事を『エル・ティエンポ』紙に送付したが、同紙編集部がこの記事の掲載を拒否したため、同紙との特派員契約を解除した。そして、マリアテギは『エル・ティエンポ』紙に代え、ローマで意気投合した在イタリア大使館一等書記官であったロペス・アリアガの紹介でリマの雑誌『バリエダデス』との特派員契約を交わし、契約料を滞在経費に充てた。

一九二三年一月初めにフランス・ベルギー両国軍がルール地方を占領した直後、マリアテギはファルコンとマキャベロの同行を得て、エッセンにて開催された欧州共産党会議を取材のためルール地方を訪問した。また、一月二八日から二月一日にライプチヒで開催されたドイツ共産党党大会も取材している。この取材中に在パリ総領事のコルネッホからレギア政権が帰国許可を出したとの連絡を受けたマリアテギは急遽ベルリンに戻り、帰国の準備を開始した。ドイツを出国したのは一九二三年二月一一日であった。

4．思想形成への影響

思想形成面に関して、ほとんどの研究者の主張はヨーロッパ体験がマリアテギの思想形成において最も重要な期間であったとし、影響を受けた思想家としてフランス人ではバルビュス、ソレル、イタリア人ではクローチェ、ゴベッティ、グラムシを指摘している。

(1) バルビュス

フランス人研究者であるフォルグはマリアテギのフランス滞在はイタリア体験にも劣らぬ重要性があるとして、バルビュスとの出会いと、マリアテギの思想とジョレスの思想との間の類似性を指摘している。

バルビュスとの出会いについては、米国人研究者であるベインズが、「バルビュスとの出会いでマリアテギの思想形成は頂点に達する、その後は固定的な軌跡をたどった」と述べているが、これは過大評価であろう。マリアテギがバルビュスから学んだのは、社会変革に向けた知識人のあり方であった。また、広範な進歩的知識人を包摂するような知識人インターナショナルの形成軸としての雑誌『クラルテ』の存在である。この『クラルテ』がイタリアの『オルディネ・ヌオヴォ』とともに、マリアテギが一九二六年九月に創刊する雑誌『アマウタ』の原初的なイメージになっていたことは疑いない。

一九二二年五月にマリアテギは二度目の訪問を行っているし、ペルーへの帰国後も書簡のやりとりをしていることから、バルビュスとの精神的な絆は極めて大きなものであったと推定される。従って、バルビュスとの出会いが重要なものであったことは確かである。一九一九年一一月に初めてパリを訪問した際には、バルビュスとロマン・ロランに会っているが、一九二二年五月に二度目に訪問した際には、バルビュスしか訪問していない。その直前の一九二一年一二月から一九二二年一月にバルビュスとロマン・ロランの間にソ連擁護に関して意見の相違が表面化し、バルビュスが『クラルテ』からロマン・ロラン派を追放したことも原因であったかも知れない。それほどに、マリアテギにとっては、バルビュスとの交友が重要なものであったのだろう。しかし、その後のマリアテギの思想形成の軌跡を規定するようなものであったと断定するのは過大評価である。後述のクローチェ、グラムシ、ゴベッティとの出会いも重要であった。

(2)ソレル

ルイリョンは、マリアテギがイタリアに滞在している時期にソレルもイタリアに居住していたものの、マリアテギがソレルを訪問したとの形跡はないと指摘している。しかもマリアテギが一九二一年版のフランス語版の『暴力論』を購入している事実から、マリアテギはソレルの著作の内容を重視しながらもソレルの存在の社会的意味は低下していると見ていたのではないかと述べている。他方、バサンとヌニェスは、マリアテギがソレルと会見したと述べている。しかし、マリアテギの『イタリアからの手紙』等のイタリア関係の著作を検討しても、マリアテギがソレルと直接会ったことを立証する文章は見当たらない。ソレルはマリアテギがイタリアを去った四ヶ月後の一九二二年九月に死亡している。

現代的な評価から顧みれば適切な判断ではなかったかもしれないが、マリアテギは、ソレルをレーニンとともに、議会主義と経済決定論的な進化論に堕した第二インタイナショナルの傾向から、マルクス主義を回生させる力を有する思想家であると評価していた。マリアテギがソレルから受けた影響は、革命プロセスにおける宗教的なものや精神的なものが果たす役割の重視、大衆組織としての労働組合の役割の重視、マルクス主義の精神化、直接民主主義の重視、生産者の道徳の重視、の五点である。

第一点目については、ソレルは「神話」と表現している。マリアテギ自身も「神話」について種々の著作の中で言及している。たとえば、一九二五年一月一六日に『エル・ムンディアル』紙に掲載した「人間と神話」において、「プロレタリアートは社会革命という神話を持っている。この神話に向かって熱烈で活発な信念を以って動く。(中略)革命家の力は科学にあるのではなく、その信念、熱情、意思にある。それは宗教的で、神秘的で、精神的な力であり、神話の力である」と述べている。また、一九二八年一一月に出版した『ペルーの現実解釈のための七試論』においては、「ソレルが指摘したように、最近の歴史的経験は、現在の革命的あるいは社会的な神話は、古代の宗教的神話と同様の完全さで人間の深い意識をとらえうることを立証した」と述べている。

ソレルにおいては「神話」はゼネストと同一視されたが、マリアテギはこれを「社会革命」と表現した。両者ともに、「神話」が果たす役割を重視することにおいては一致しているが、何を「神話」と見るかについては必ずしも同一ではない。マリアテギは、ソレルから、さらにはソレルを通じてベルグソンから、「神話」の重要性を受け継いだが、この概念の本質的部分を継承しつつ、自己流に解釈し直したと言える。そして、ソレルのように単にゼネストと同一視したものから、ベルグソン的な衝動的な本性として捉え直したのではないか。その意味では、ソレル以上に忠実にベルグソンを継承したと言えよう。ヘルマナは「神話の概念はソレルが行った解釈におけるベルグソンの影響を受けていることは明白である」、「マリアテギの社会革命の「神話」は、「生」に関する新しい感覚のプロジェクト、即ち人類の根源的解放の根源であった」と述べている。また、フォルグは、「マリアテギはフランスにおいてパスカルからベルグソンに発展した英雄的で精神主義的な伝統の継承者である」と述べている。

ここで、筆者はベルグソンからの影響を指摘したが、ヘルマナやフォルグが指摘している通り、マリアテギがソレルの「神話」からの影響は、ベルグソンに溯る影響であると指摘していることを忘れてはならないだろう。マリアテギは、『アルマ・マティナル』において、「二〇世紀フランス思想を代表する一人であるジョルジュ・ソレルは、『暴力論』において、宗教と、偉大な事業のための個人の準備や再建を提起する革命的社会主義の間には類似性が見出されたと述べている。しかし、「ベルグソンは宗教のみが、主観の領域を占有できるのではなく、革命的神話もまた主観を占有できることを示した」と論じている。

第二点目の大衆組織としての労働組合の役割の重視に関して、マリアテギは一九二七年一月に「アマウタ」第五号に掲載した「労働者大会へのメッセージ」において、「ジョルジュ・ソレルが最大の師匠である革命的サンディカリズムは、マルクス主義の伝統を否定しない。反対に、これを完成し、拡大する。その衝撃において、その本質において、その酵素において、革命的サンディカリズムは正に、諸社会党の改良主義的で議会主義的な堕落によって挑発されたマルクス主義に他ならない、革命的精神の再生を意味する」と述べている。

第三点目の「マルクス主義の精神化」との表現は、必ずしも適格ではないが、マリアテギが「社会主義の倫理的機能」と表現しているマルクス主義の機能である。ヘルマナは、マリアテギが社会主義を、利害の道徳に変わって、連帯の道徳が支配する社会であると考えたと論じている。それは、社会民主主義に特徴的に見られ、またスターリンの発展段階論にも見られた、進化論的な経済決定論に対して、人間の精神的、文化的な側面を重視するマルクス主義の解釈である。マリアテギは、一九二八年八月に『エル・ムンディアル』に掲載した「社会主義と倫理」において、「社会主義の倫理的機能は、マルクス主義的な理論を如何なる場合も意味しはしないような、十戒の雄弁においてでも、哲学的な空論においてではなく、反帝闘争のプロセスを通じた生産者の道徳の創造の中で模索されるべきである」と論じている。ここにマリアテギが、生産者の道徳は「マルクス主義の精神化」を経て達成される社会主義の倫理的機能と連携していると解釈していたことが理解されよう。

(3)クローチェ

マリアテギの思想形成におけるクローチェの影響を詳細に理論的に考察した研究は国際的にも未だ出ていない。まず難解な新ヘーゲル主義者であるクローチェの全体像を把握した上で、その影響を検証する必要があるが、マリアテギはクローチェを「イタリア観念論哲学の最も権威ある代表の一人」と形容し、また「クローチェとソレルを通してマルクス主義を理解した」と述べていることから、この辺りからのアプローチが可能であろう。筆者としても今後の課題としたい。

バサンやヴィッセの伝記では、マリアテギは妻アンナの実家を通してクローチェと知合ったと述べているが、ルイリョンの調査によれば、マリアテギが一九一九年一二月末にジェノヴァに到着した際、同地で知合ったペルー人医師ナヴァの紹介でジェノヴァ近郊のネルヴィの保養地にある宿泊施設を紹介され（宿泊施設のオーナーの姪が妻になる女性アンナであった）、クローチェもその宿泊施設の常連客であったと言う。マリアテギがクローチェとジェノヴァの保養地で出会ったのか、ローマで出会ったのかにつき詳細な記録はない。マリアテギとクローチェ双方の著作を検証したフランス人研究者パリは、両者の間には書簡の往復の証拠もなければ、クローチェの著作の中にマリアテギに関する記述もないと述べている。

他方、マリアテギには、『七試論』や『マルクス主義の擁護』の中に言及が見られるなど、クローチェの種々の著作を読んだ形跡がある。『七試論』の「第七章　文学の過程」の冒頭に、自らが文学批評を行う時の姿勢につき、クローチェの『美学新論』から援用して、「その時代の哲学思想の強い影響をまぬがれてはいない」と論じ、さらに同部分の注記において、「芸術の真の批評が美学的なものであることはあきらかである。というのは、エセ美学的批評としての哲学を軽蔑するからではなく、哲学や芸術上の概念として批評をおこなうからである。また、真の批評は歴史的批評でもある。その理由は、エセ歴史的批評としての芸術の外的条件が追求されるのではなくて、幻想の再生のために歴史的資料が利用され、その再生がなしとげられたのちに歴史が形成されるからである」とのクローチェの言葉を引用している。

ヴァンデンが作成した国立サンマルコス大学に残されているマリアテギの蔵書リストの中には、『史的唯物論とマルクス主義経済学』（一九二一年第四版）、『歴史記述の理論』（一九二四年第三版）、『イタリアにおける詩と著作』（一九二四年）、『美学新論』（一九二六年）の四冊が記載されている。

マリアテギにおけるクローチェの影響の最も重要な点は、マリアテギがクローチェを「マルクスを倫理的視点から復権した」と論じている点である。これは「マルクス主義の精神化」を主張したソレルにも通じるものであり、マリアテギのマルクス主義理解が如何なるものであるかを最も明確に示す点である。このことは、ヘーゲルの観念論をマルクスが実践の哲学に転換したのに対し、実証主義、進化論、経済決定論によって変形されたマルクス主義を観念論の立場から復権したクローチェを、マリアテギが実践の哲学に転換させようと試みたことを意味するに違いない。

(4) ゴベッティ

ゴベッティは、一九二二年一月一日から日刊化した第二期『オルディネ・ヌオヴォ』紙において演劇批評を担当し、「オルディネ・ヌオヴォ」グループ、特にグラムシの姿勢に理解を示した思想家である。ゴベッティはマルクス主義を理解したが、イデオロギー的には急進左派的な自由主義者であった。反ファシズムの姿勢のために一九二四年三月と九月の二度にわたってトリノでファシスト集団に襲われて負傷し、一九二五年一〇月にはファシズムに対する自由主義派の抵抗の拠点であったゴベッティが主幹していた『自由主義革命』誌が廃刊に追い込まれた。トリノを追われたゴベッティは一九二六年二月にパリで客死した。マリアテギはゴベッティを「左翼クローチェ主義者」と位置づけた。

ルイリョンの『英雄的創造』によれば、一九二一年にマリアテギはゴベッティに会っている。しかし、その会見の内容は詳らかではない。場所はトリノであったと推定されるが、ルイリョンの記述ではローマ滞在期に触れられている。

マリアテギはゴベッティに関して、『エル・ムンディアル』紙の一九二九年七月一二日付に「ピエロ・ゴベッティの紹介」、七月二六日付に「経済とピエロ・ゴベッティ」、八月一六日付に「ピエロ・ゴベッティとリソルジメント」の論稿三本を掲載した。また、マリアテギはゴベッティの論稿「アナーキーの追跡者」、「わがプロテスタンティズム」、「ドミニコ・ジョリッティ」の三本を、一九二九年六月に刊行された『アマウタ』第二四号に掲載した。

これらの論稿を読むと、ヴァンデンやシルバースらが指摘しているように、マリアテギがゴベッティから大きな影響を受けていたことが理解される。シルバースが論じているように、その影響は、特に歴史理解の方法と階級分析に見られる。ゴベッティは歴史理解に関して、イタリアにおけるリソルジメントはブルジョア革命として不完全であり、そのため上部構造の形成が遅れている、との見方を提示した。マリアテギは、ゴベッティが示した歴史理解と同様に、ペルーにおける資本家階層は封建的残滓を受け継いでいるために、ブルジョア民主主義革命の任務を遂行し得ていないと指摘し、従って階級意識の形成を含めて、資本主義段階に対応する上部構造が形成されておらず、そのため資本主義のあらゆる段階を経ることなしに、社会主義段階において実現できると論じた。

また、ゴベッティは、大衆の革命的感覚に対する認識を示したが、ゴベッティは農民に信頼を置かず、工場労働者に大衆像を見た。他方、マリアテギも大衆の革命的感覚を指摘したが、その大衆像を工場労働者に想定しつつも、資本主義が初歩的段階にあるための数的限界とインカ社会主義的伝統を有する先住民農民が多数を占めるペルーの現実から、先住民農民を大衆と捉えた。革命の主体は前衛党ではなく大衆であるとの認識において、共通しているが、イタリアとペルーにおける資本主義の発展段階の差が、革命を担いうる大衆像の捉えかたにおいて相違を生じさせたと考えられる。

ゴベッティが果たした知識人としての役割については、グラムシも「南部問題に関する若干の主題」においてマリアテギのゴベッティ評価に近い観点から評価している。

「ゴベッティは共産主義者ではなかったし、おそらく共産主義者になったことは一度もないであろう。だが彼は、プロレタリアートの社会的・歴史的位置を理解しており、もはやこの要素を抜きにして考えることができなかった。（中略）ゴベッティという人物と彼に代表される運動は、イタリアの新しい歴史風土の自然発生的な産物だった。ここにもゴベッティたちの意義と重要性がある。われわれは『自由主義革命』誌の思想傾向にたいして闘わなかったと、党の同志たちから何度か非難された。いや、はっきり言うと、闘わなかったことがむしろ、われわれとゴベッティとのあいだの（俗にいう）マキャヴェリ的性格をもった有機的結びつきの証拠と思われたのだ。われわれはゴベッティにたいして闘うことはできなかった。なぜならば、彼は、少なくとも原則路線において闘うべきでない運動を展開し代表していたからである。」

更に、ゴベッティは、イタリアの農村部の小ブルはプロレタリア化に抵抗する一方で、国家に寄生して官僚制に溶け込む傾向が見られると指摘したが、反帝闘争における小ブルの潜在力を否定的に見たマリアテギの姿勢との共通性が見られよう。

他方、歴史理解に関してヴァンデンは、ゴベッティはそれぞれの時代に社会発展の必要性を担う階級が存在するが、ブルジョアジーは指導者階級としての能力を喪失しているとして産業労働者にそれを求めたとしている。他方、マリアテギは先住民農民にその能力を認めようとした。ともに社会発展の必要性を担う階級に関して明確な問題意識を有していた。

マリアテギは、文芸批評の方法論においてもゴベッティの影響を受けている。マリアテギは、『七試論』の「第七章　文学の過程」の冒頭で、「真のリアリズムとは、ある成果を創造する力にたいする信奉であり、先験的に知性によって推測された成果にたいする賞賛ではない。歴史とは変革であり、この変革の過程は指導者によるかけひきに矮小化しえず、対立する諸要求の主張そのものをつうじて革命家としてはたらくかぎりにおいて、個人による所産であるといえることを、リアリストはしっている」とのゴベッティの言葉を引用しているほか、同部分の注記においても、「真理の新しい規準は、各人の責任を調和させるというはたらきにある。われわれは闘争の世界にある。闘争をつうじてのみ能力は鍛えられ、また各人は、自分の立場を確固として守りながら生の過程にかかわっていくからである」との引用を行っている。

(5) グラムシ

フォルグはマリアテギの思想とグラムシの思想の間の類似性は偶然に過ぎず、過大評価すべきではないと主張する。その理由として、一九二六年にイタリアにおいてファシズムが権力を掌握し、同年一一月からグラムシは獄中にあり、『獄中ノート』が刊行されたのが一九四八年からであったので、一九三〇年四月に死亡したマリアテギがグラムシの著作を読んだ可能性が少ないからであるという。確かに、グラムシからの影響という点に限定すれば、『南部問題の若干の論題』や『獄中ノート』をマリアテギが読む機会はなかったが、初期の『未来都市』や『オルディネ・ヌウォボ』に掲載された論文は読む機会があったはずである。また、グラムシからの影響は晩年の主要著作を読む機会がなかったという点にとどまるものではない。ましてや、類似点を論じる場合には、主要著作を読む機会があったかどうかは問題にはなるまい。

前述の通り、ルイリョンは『英雄的創造』の中で、マリアテギが一九二〇年七月にトリノで、一九二一年一月にイタリア社会党第一七回大会が開催されたリヴォルノでそれぞれグラムシと会見したと述べている。その根拠は、前者については同席したペルーのジェノヴァ総領事マキャベロから聴取した証言であり、後者についてはマリアテギ自身の言及がある。これらの会見における内容は詳らかではないが、ルイリョンはマリアテギが一九二〇年七月にトリノを訪問した際、工場評議会運動に関心を抱いていたこと、リヴォルノ大会でグラムシの姿勢に同調していたことを示している。

工場評議会運動への関心については、そもそも工場評議会運動は労働組合運動とは質の異なるものである。しかし、マリアテギの労働組合の概念は、多分に工場評議会に近い意味合いが感じられる。マリアテギは、労働者が階級意識を形成する上で労働組合が重要な役割を果たすと同時に、労働者による生産管理が将来的な社会主義モデルになりうるとの観点から重視し、帰国後に労働組合運動を重視する傾向を強めた。これにはソレルのサンディカリズムからの影響も作用していたであろう。グラムシは一九二一年のトリノにおける工場評議会運動をソレルが支持した際、工場評議会運動がサンディカリズムであるとの批判を受けることを避けるため、ソレルとサンディカリズムを区別することで、工場評議会運動をアナルコ・サンディカリズムと非難されることを予め封じこめる目的で、「ソレルの弟子たちや応用者たちが示そうとしているようなかたちのサンディカリズムは、おそらく師匠の頭には最初なかったものであろう」と述べて牽制した。しかし、マリアテギはこのような牽制を必要とする環境にはなかった。マリアテギにおいては、工場評議会運動と労働組合運動は重なっており、共に「ソヴィエト」を想定している。マリアテギが工場評議会のイタリア語の「評議会（コンシリオ）」をスペイン語の「評議会（コンセッホ）」に訳した時、イタリア語の「評議会」が「ソヴィエト」を意味していたことを知っていたはずである。従って、マリアテギは「ソヴィエト」の形成を重視していたのであり、敢えて言えば、前衛党としての共産党の結成より以上に「ソヴィエト」の形成を革命プロセスにおいて重視した。

ヘルマナがこの点に関して重要な指摘を行っている。ヘルマナは、マリアテギは政治組織に社会主義秩序の樹立への闘いにおいて特権的な位置を与えていないと述べ、マリアテギが寧ろ「前衛党」に反対していたと指摘し、更に革命を前衛に導かれた政治変革ではなく、労働者大衆によっておこされた社会秩序の変革であると理解し、それ故に、労働組合と先住民共同体を革命の組織形態として重視したと論じている。また、「プロレタリア独裁」の用語を用いたのは、ソ連あるいは欧州諸国の共産党の主張に言及したときのみであり、新しい社会主義権力の政治組織形態としては、直接民主主義を重視する視点から、「ソヴィエト」を提起したと主張している。フォルグもまた、「マリアテギは第一面に党ではなく、労働者大衆の組織化を置いた。党の結成には大きな関心を示さなかった。これには基本的にソレルからの影響と革命的サンディカリズムの影響があった」と述べている。

コミンテルンが、マリアテギらが一九二八年一〇月に結成したペルー社会党（ＰＳＰ）を共産党に改編すべしと批判した際、マリアテギは大衆党としてのＰＳＰの存在に固執したが、この時点でも、「ソヴィエト」の形成をより重視していたマリアテギには、前衛党の形成が重要とは思われなかったのである。コミンテルンからの圧力を容易に受け入れなかったもう一つの理由は、リヴォルノ大会におけるイタリア共産党の結成プロセスに対する批判にあった。前述の通り、マリアテギは、共産党はイタリア社会党を内部から改革してゆくことで結成すべきであり、ボルディガが進めたような社会党からの分裂という「セクト的」な対応はとるべきではないとしたグラムシの姿勢に同調していた。リヴォルノでの経験から、マリアテギは反動が攻勢をかけている時期には、左翼勢力は団結を保つべきであり、性急な共産党の結成は左翼勢力に打撃を与えかねないと考えた。その背景にはコミンテルンの左翼的転換による社会民主主義勢力に対する敵対路線に関する懸念があったと考えるべきである。あきらかに、この時点でのマリアテギの考え方に、一九二一年一月時点のグラムシの考え方が影響していた。

このマリアテギの姿勢は、一九二八―二九年当時のグラムシの姿勢とも酷似している。両者の姿勢は、一九二八年七月一七日から九月一日の間に開催されたコミンテルン第六回大会と、一九二九年七月三日から一九日の間に開催された第一〇回拡大執行委員会総会において出された路線に対する暗示的な批判を意味している。この時期グラムシは既に獄中にあったが、幾つかの証拠から、ファシズムがその支配を強化している時期に、共産主義者と社会主義者を分離して、共産主義者を孤立させる結果をもたらす左翼的転換にグラムシが批判的であったことが知られている。他方、前述の通り、マリアテギも、公然とはコミンテルンの路線を批判した訳ではなかったが、コミンテルンからのペルー社会党（ＰＳＰ）を共産党に改編すべしとの勧告にも拘らず、大衆党であるＰＳＰの維持を主張し、共産党への改編に反対し続けた。グラムシの場合にはイタリアにおける具体的な政治情勢に発する見解であり、またマリアテギの場合にはペルーにおける情勢に発した立場であり、両者の姿勢を単純には同一視することはできない。しかし、コミンテルンの路線転換が、多分にロシア共産党内部の権力闘争、特に左翼反対派を打倒した直後のスターリン派とブハーリン派の闘争の中から取られた路線であったことを考慮するならば、コミンテルンの指導のあり方に対する暗示的な批判が両者の姿勢の中に見られたと言えよう。

他方、このような実践的な面での影響とは別に、マリアテギの思想とグラムシの思想との間の類似性という興味深いテーマがある。第一の類似点は、グラムシが一九二六年に執筆した『南部問題の若干の論題』と『リヨン・テーゼ』から『獄中ノート』において展開した分析の視角と、マリアテギの先住民問題に関する分析の視角であろう。両者の類似点は、支配者間の後発・周辺資本主義国における階級的同盟に関する認識と、封建階級がいまだヘゲモニーを行使しているとする視点に関して存在する。グラムシは、サルディニア島にいた頃は社会主義を志向しつつもサンディニア民族主義の枠内に留まっていたが、トリノに出てから本来の敵は北部の資産家階層と労働者の同盟ではなく、北部資産階層とサルディニア反動諸集団、南部全体の反動諸集団の連合であるとの認識に達し、この視点から北部の労働者と南部の農民との間の労農同盟を提起するに至った。そして、この主張を後発・周辺資本主義国における問題であると提起した。

これに対し、マリアテギも、シエラ（山岳部）の封建的な大土地所有者層は、コスタ（海岸部）の外国資本に依存した初歩的な資本家階層と同盟して支配を維持している故に、先住民農民の解放は都市における労働者階級の社会主義を目指す闘争に合流してのみ可能になるとの図式を示した。両者が示した階級支配と労農同盟の必要性に関する議論には類似性が見られる。但し、マリアテギは、レギア政権の例をあげ、新興の資本家階層は封建的な大土地所有者層と同盟しつつも、外国資本の利害は決して前資本制的な生産関係を維持するのではなく、徐々にこれを一掃する方向に作用すると指摘している。しかし、マリアテギは、コミンテルンが批判したように、外国資本の帝国主義的な進出が進歩的な機能を有すると述べたわけではなく、都市部の資本家階層と農村部の封建的な大土地所有階層の同盟が永遠に続くものではないと論じたにすぎない。

グラムシとマリアテギの間の第二の類似点は、経済主義や決定論の否定であり、人間の主体的要素の重視である。両者の間に見られるこの傾向は、ともにクローチェを通じてマルクス主義を理解したこと、及び一九一九—二〇年というあたかも革命の前夜にあると錯覚されるような激動の時期に、なぜに革命が挫折したかを考える姿勢から生じたものと考えられる。このような姿勢を示したグラムシが「主意主義」と表されたと同様に、マリアテギも「主意主義」との評価をなされている。グラムシにおいては、社会民主主義に対する否定、またマリアテギにおいては実証主義に対する否定が、この「主意主義」的傾向の背景に見られる。そして、両者はともに、クローチェを、機械的な進化論や決定論に対して観念論に依拠して実践の哲学を確立した思想家として重視した。

第三の類似点は、グラムシが指摘した「文化的ヘゲモニー」の概念と、マリアテギは指摘した「知的ヘゲモニー」の概念の類似性である。また、これに関連して提起された知識人の役割に関してである。周知の通り、グラムシが『獄中ノート』の中で展開した文化的ヘゲモニーの概念は、国家を政治社会と市民社会の総体からなると提起した上で、支配階級の文化的ヘゲモニーが実際の政治レベルで目指していることは、支配階級の政治的・経済的支配が普遍的に市民社会で受け入れられるものにするために、社会的存在と社会的意識との間の傾向的な関係を骨抜きにすることにある。この視点から逆に、被支配階級は市民社会における階級支配を断絶させるために行使することもできる概念であるとも解される。マリアテギは、『七試論』の中で、アリエル派のリバ＝アグエーロの文芸界における位置を、封建的なシビリスモの「知的ヘゲモニー」を再確立する必要性に応えたものと指摘している。マリアテギは、一九世紀末のゴンサレス・プラダに代表される急進主義世代の登場によって、封建的な階層が失ってしまった「知的ヘゲモニー」を回復しようとする努力を表わすものであると論じたのである。

このマリアテギが使用している「知的ヘゲモニー」の概念が、グラムシの「文化的ヘゲモニー」の概念に類似していることは歴然としていよう。確かに、マリアテギには、グラムシのように、国家を政治社会と市民社会の総体と捉え、「ヘゲモニー」を市民社会における階級支配の維持と打倒という相反する利害の中で機能する概念と捉えるという、理論的な構図を形成するまでには至らなかった。しかし、階級支配が単に生産関係にのみ規定されるものではなく、「知的ヘゲモニー」の攻防によって、階級支配が強化されたり、脆弱化されることもありうるという図式を確立することには成功している。その意味合いから、マリアテギは経済決定論を脱して、人間の精神や意識もが階級支配の対象になっており、従って変革の対象にすべきであるとの〈全体性〉の視点を有する思想を確立したと言える。要は、マリアテギが35歳で亡くなったために、グラムシほどの理論的な膨らみのある市民社会論や国家論を構築する時間がなかった点から過少評価すべきではなく、経済決定論を克服する発想において、同じ問題意識を有していたという点を評価すべきであろう。

マリアテギの思想とグラムシの思想の間に見られる類似性は、フォルグが指摘しているように、偶然である可能性が高い。両者がお互いの著作を読みあったという可能性はない。しかし、両者がともに過ごした一九一九―一九二二年という時期のイタリアにおける環境が、両者の類似性を生じさせるキーポイントになったものと思われる。

5. 結び

マリアテギの思想形成にとって、一九一九年一〇月末に始まって一九二三年二月まで、三年四ヶ月に及んだヨーロッパ体験は極めて重要な基盤となった。青年時代からの精神主義的な傾向や実証主義に対する批判を経て、一九一七年末から一九一八年に社会主義への志向を強めていたマリアテギにとり、ヨーロッパ体験はマルクス主義を体得し、また当時の先進的な思想潮流との接触を得て、マリアテギ思想と言うべきものを完成させた。そして、マリアテギのマルクス主義には、イタリア滞在中に得たソレルの思想やクローチェの哲学、さらにはグラムシやゴベッティから得た知的な刺激がその思想形成に大きな位置を占めた。ヨーロッパからの帰国後の、マリアテギの活動は、ヨーロッパ滞在中に得た、バルビュスやグラムシの活動が指針となったに違いない。

マリアテギは、プレインカ時代から高度な文明が栄えた先住民色の濃いペルーの思想家として、人種的交錯に絡んだ私生児という生い立ちの複雑さからくる、メスティソである自分に対する自己否定を潜り抜けた。そして当時の先住民が置かれた社会的環境に関する告発を通じて、先住民の存在を重視して、先住民を土台にした〈共生〉の理念に基づく国民（民族）形成を主張した。そして、この〈共生〉の理念に基づく国民（民族）形成にヒントを与えたのが、ヨーロッパ体験、特にイタリア体験と、グラムシやゴベッティから吸い取った歴史観であった。

この意味合いにおいて、マリアテギのヨーロッパ体験は、アメリカと西欧の狭間で苦悶するラテンアメリカの思想に一つのセンデロ（小道）を指し示すものであった。今日、マリアテギによって示された「小道」が有する、現代のラテンアメリカにおける有効性を、また世界に与える意味を吟味することが、われわれの課題となろう。

第三章　「アマウタ」時代　一九二三―一九二八年

1. はじめに

一九二〇年代のペルーは、第二期レギア政権（一九一九―一九三〇年）の権威主義的な政治体制の下で、第一次世界大戦後に英国資本に代わって急激に増大してきた米国資本の進出、米国資本との関係強化の下での資本主義化の進展、及び都市部における近代化の進展等に特徴付けられる。他方、資本主義化の進展を象徴するこれらの特徴が見られる反面、旧中間階層（小土地所有者、小商人、職人）の没落を背景とした民族主義志向の急進的な運動や、労働条件の改善を求める労働運動の成長も見られた。

この時期に隆興した中間階層（旧中間階層及び専門職・給与労働者などの新中間階層）や労働者の運動は、ペルー史上に初めての大衆運動を形成させる契機となった。結果的には、一九一〇年代後半から一九二〇年代に登場し始めたペルーの大衆運動は、反帝国主義思想の下に民族主義と国家資本主義的な傾向を強く示したアプラ（APRA：アメリカ人民革命同盟 Alianza Popular Revolucionaria Americana）運動と、一九三〇年代以後にコミンテルンに統合される社会主義運動の二大潮流に形成され、その後の六〇年間のペルー現代史を分かつ二大変革勢力をなす。

一九二〇年代はこのように、中間階層の急進主義の運動と労働運動が、アプラとコミンテルンに連動する運動に収斂されていった時期である。本稿は、このプロセスにおいてマリアテギ、及びその思想が如何なる影響を与えたのかを検証することにある。特に、一九二三年三月のマリアテギのヨーロッパからの帰国に始まるマルクス主義のプロパガンダの開始から、一九二六年九月の雑誌『アマウタ（Amauta）』発刊を経て、一九二八年九月に『アマウタ』が第二期に入る一九二八年九月までの時期を扱うこととする。

2. 人民大学運動

(1) マリアテギの帰国

マリアテギは一九一九年一〇月から一九二三年三月までの三年余のヨーロッパ滞在の間に、ほぼ生涯にわたる思想の核を形成したと考えられる。特に、イタリア滞在中の現地における労働者の運動やソレル、クローチェ、グラムシ、ゴベッティらとの直接的、あるいは間接的な交流を通じて、「精神主義」あるいは「主意主義」と形容されるマルクス主義思想を形成した。そして、マリアテギは一九二二年四月にペルーへの帰国を決意したとされるが、帰国を決意する理由となったのは、国内情勢もさることながら、将来的な社会主義運動に向けた布石となる前衛的な運動の形成と、その後のマルクス主義に依拠した社会主義運動の形成を図ることにあったと言われる。

しかし、当時の国内には、反動化を強めるレギア政権に対立する反政府勢力として、シビリスモ内の保守派、ギジェルモ・レギアに代表される自由主義派、後にアプラ運動の創始者となるアヤ・デ・ラ・トーレに代表される中産階層出身の急進派、アナルコ・サンディカリズムが主流であった社会主義派の四つのグループが存在した。マリアテギが当初結集をはかろうとしたのは後者の三グループである。

しかし、マリアテギは帰国当初、情勢判断上で誤りをおかした。それはヨーロッパから帰国したばかりであったため、特にロシア革命の影響によって活性化していた革命運動の高揚を見、その後急激に退潮し始めた情勢をも見聞してきたとはいえ、帰国当時のペルーの情況を革命運動が高揚した当時のヨーロッパの状況と混同したことにあると見られる。

このような情勢判断上の誤りは、第一にレギア政権が計画した「ペルーをイエスの心に捧げる式典」の実施に対する反対運動をブルジョア民主主義的なものであるとしてそれへの参加を拒否したことに見られた。実際には、五月二三日の運動は労働者と学生と中間階層出身の知識人層との共闘関係を強化し、急進的前衛運動の基盤を構築する上で重要な契機となった。このためマリアテギも、事件後は姿勢を変更してこれを評価し、一体化する方向に転じた。

第二の情勢判断の誤りは、アヤ・デ・ラ・トーレが五月二三日の運動を指揮した廉で指名手配され、その後逮捕され、人民大学運動の指導がマリアテギに託された際、アナルコ・サンディカリズムの影響を過小評価してマルクス主義の傾向を強く出しすぎたことであった。このために、労働運動の主流派であったアナルコ・サンディカリズム系指導部の反発を受け、労働運動の「革命的マルクス主義」への方向転換に手間取ることになった。

上記二つの情勢判断の誤りは、早い段階でマリアテギによって自覚され、マリアテギの活動の方向性は修正されることになる。そして、アヤ・デ・ラ・トーレが残した労働者・学生（知識人）の共闘関係を継続・強化し、他方で労働者に対するマルクス主義の観点に立った情宣活動をこまめに行ってゆく。マリアテギはこうして方向修正に成功するが、この時、即ち一九二四年五月に生じた壊疽により右脚切断を余儀なくされるという事態の発生は、物理的にも精神的にも大きな試練をマリアテギに与えることになる。

⑵アヤ・デ・ラ・トーレとの関係

アヤ・デ・ラ・トーレは国立サンマルコス大学学生連盟の議長をしていた一九一九年一月に八時間労働制等を要求してゼネストを実施した労働運動を支援したことを通じて、またその後の大学改革運動を通じて、一九二〇年代初頭には労働者・学生の共闘関係の象徴となっていた。一九二〇年三月一一日から二〇日にはクスコにて第一回全国学生会議が開催され、その会議中に「人民大学（Universidades Populares）」の設立が決定され、一九二一年一月二二日にはリマ市に学生連盟と地方労働者組合の共催によって「人民大学」が設立された。その後「人民大学」はリマ市内の労働者街のビタルテ地区やトルヒーヨ、アレキパ、イカのような地方の主要都市に拡大されていった。

アヤ・デ・ラ・トーレは、レギア政権発足当時、レギア政権に好意的姿勢を示していたほか、母方の叔父アグスティン・デ・ラ・トーレがレギア政権の第二副大統領であったことなどから、アヤ・デ・ラ・トーレが学生運動の指導者であった時期にはレギア政権もアヤ・デ・ラ・トーレを自己の陣営に引き止めるべく懐柔に努めた。しかし、一九二二年にレギア大統領が一九二四年に予定されていた大統領選挙に向けて継続意思を示し、これに対してアヤ・デ・ラ・トーレが反発して以降、両者の関係は決裂した。アヤ・デ・ラ・トーレは労働者・学生共闘の運動をレギア体制打倒の運動に発展させようと意図していた。

アヤ・デ・ラ・トーレとマリアテギは最初に出会ったのでは、一九一八年七月下旬であった。マリアテギがファルコンとともに『ヌエストラ・エポカ』を発刊した直後、トルヒーヨ生まれのアヤ・デ・ラ・トーレが二回目にリマ市を訪れて国立サンマルコス大学法学部二年生に編入登録した際、同大学の学生で『エル・ティインポ』社主の子息であるアルバリーニョに連れられて、アヤ・デ・ラ・トーレが『ヌエストラ・エポカ』紙の編集局を訪問した。トルヒーヨにおいては、既に『エル・ティエンポ』にコラム記事を執筆していた時期からマリアテギの名が知られていたことから、アヤ・デ・ラ・トーレの希望から訪問したものと推測される。しかし、両者の間で如何なる会話が交わされたかについては記録が残っていない。

一九二三年三月に帰国したばかりのマリアテギは、労働者の階級意識の高揚を重視する立場から、労働者・学生共闘運動に対するアヤ・デ・ラ・トーレのカリスマ的で独占的な指導性には批判的であった。また、アヤ・デ・ラ・トーレもマリアテギが国外追放とはいいながらも、レギア大統領の縁戚であったことを背景として、政府の情宣担当アタッシェとしてイタリアに派遣されたことに批判的であった。両者は、出身階層も経歴も異なる相手を警戒し、またライバル視していた形跡があるなど、必ずしも十分な信頼関係にはなかった。

しかし、この両者の関係は、双方からのそれぞれの必要性という理由から表面的には協力関係に転じる。その契機となったのは、前記の五月二三日事件であった。マリアテギは同事件の前に、社会上の席でアヤ・デ・ラ・トーレに出会った際、人民大学運動への参加を申し入れ、アヤ・デ・ラ・トーレも講師として参加する前に受講生として講義を一〇回聞くことという条件を提示した上で歓迎の意を示した。マリアテギはこの条件を満たした後に、六月一五日から人民大学の講師として講演を開始した。

その日マリアテギは、「世界的危機とペルーのプロレタリアート」と題する講演を行ったが、この講演はマリアテギのヨーロッパの危機に関する概念を明確に表明するものであった。マリアテギは、ヨーロッパに生じている危機は全世界の労働者に影響を与えているが、ヨーロッパの制度の危機は西洋文明の制度の危機であり、ペルーも他の米州諸国と同様に西洋文明の中にあるのでこの危機を免れられない、しかし西洋文明の危機とは資本主義文明の危機にすぎないと述べ、資本主義文明の危機を克服すべく闘っているヨーロッパに形成されている革命的前衛と連帯すべく、世界的危機についてともに学ぶことを訴えた。この西洋文明の中にペルーを位置付ける文明史観は、その後の先住民的なものをも含むナショナルなものの模索を通じて進められゆく「国民（民族）」理念の形成の出発点となる。

人民大学運動への参加に先立って発生した五月二三日事件のため、アヤ・デ・ラ・トーレは事件の首謀者、また政府転覆陰謀の主犯として手配を受けたため地下に潜行したが、一〇月二日に逮捕され、一〇月九日に国外追放処分を受けた。これに伴い、アヤ・デ・ラ・トーレは、人民大学運動と、同年五月前半に刊行を開始したばかりの雑誌『クラリダ（Claridad）』の編集をマリアテギに委託することになる。この二つの活動は、当時の急進的前衛運動の二つの軸をなしていたものであり、これらを委託されたことは、事実上マリアテギがアヤ・デ・ラ・トーレに代わって急進的前衛世代の運動の先頭に立つことを意味した。こうして、国内情勢の成り行きから、両者の間には不可効力的な協力関係が成立したのである。しかし、マリアテギはアヤ・デ・ラ・トーレから運動をそのまま受け継いだのではない。マリアテギはこの運動を、アヤ・デ・ラ・トーレのような知識人主導型の運動から、労働者の階級意識の形成と先住民農民との連帯を通じて社会変革運動に転換しようと導いた。

しかし、一九二四年から一九二五年に両者の関係を再び冷却化する出来事が生じる。一つはマリアテギからアヤ・デ・ラ・トーレに対する不満であり、これはアヤ・デ・ラ・トーレが一九二四年から一九二五年頃にアプラの構想を公表したことに関し、たとえアプラが実際にはまだ実体のない運動であったとはいえ、マリアテギは事前に何らの情報も与えられていなかったことに反発したことである。マリアテギにとっては、アプラ運動の形成は、彼が構想していたペルーの革命運動の形成に重大な影響を与えるものと考えられたからである。即ち、マリアテギが構想していたシナリオではなく、アヤ・デ・ラ・トーレによる遠隔操作的な指導を考慮せざるを得なくなった。

他方、アヤ・デ・ラ・トーレにとっては、一九二四年五月から九月までの約三ヶ月余のソ連訪問後に、おそらく一九二五年二月頃ジェノバでマキャベロ在ジェノヴァ総領事から、また同年三月以降にロンドンでスペイン紙『エル・ソル』の駐在員をしていたファルコンから、マリアテギの帰国目的はペルーに革命的マルクス主義に基づく社会主義運動を建設することであったとの説明を受けたが、マリアテギ自身からは何ら説明されていなかったため、マリアテギに対する不信を深める原因となった。マリアテギが自分に本心を明かしていないことに対する不快感と同時に、マリアテギが目指しているのは、中間階層の急進主義者であるアヤ・デ・ラ・トーレとは相容れないボリシェビキ型の革命であるとの警戒心がアヤ・デ・ラ・トーレに生じた。

この頃から、両者の関係は表面的な儀礼的な関係とは裏腹に、一瞬にして炸裂してしまうような緊張を秘めたものに転化していったと考えられる。

(3)アナルコ・サンディカリズムとの関係

アヤ・デ・ラ・トーレから人民大学運動と『クラリダ』の編集を受け継いだマリアテギは、マルクス主義の階級史観の観点から歴史や同時代の情勢を解釈する方法を労働者に浸透させることに傾注した。しかし、このような努力はマルクス主義の浸透を図る主導権争いを目的とした意図であるかのように受け取られ、アヤ・デ・ラ・トーレの系列の学生運動出身者と、労働運動の主流派であったアナルコ・サンディカリズム系の指導者層の双方から強い抵抗が示された。

アナルコ・サンディカリズムは一八八〇年代からペルーの労働運動に影響力をもち始めたが、当初は職人層や手工業者の間に影響を強め、その後隆興した繊維労働者や鉄道労働者などに影響力を広める。しかし、アナルコ・サンディカリズムが最盛期を迎えるのは、一九一八年に労働条件改善を目的として「八時間労働制獲得委員会」が設立され、一九一九年一月に実施されたゼネ・ストを経て要求が実現し、その後第一次世界大戦終了後の経済情勢悪化の下で労働者の実質賃金の低下に抗するために「物価抑制委員会」が設立された時期であった。この「物価抑制委員会」を基盤に一九一九年七月にペルー地域労働連盟が結成され、アナルコ・サンディカリズム系が指導権を掌握した。

この時期マリアテギは、一九一八年六月に創刊した『エル・ティエンポ』や一九一九年五月に創刊した『ラ・ラソン』の紙面を通じて労働運動を支援したが、同年一〇月にレギア大統領の提案を受け入れヨーロッパに政府の情宣担当アタッシェとして渡航したために労働運動の一部から批判されていた。

ボリシェビキによってロシア革命は変質させられたというアナーキズムに特有な固定観念に捉えられていたアナルコ・サンディカリズム系の労働者には、マリアテギが帰国後に急激に開始したボリシェヴィキ主導のロシア革命を評価した情宣活動は、アナルコ・サンディカリズムが否定している「悪しき政治化」に当たるとして、マリアテギがレギア政府の肝いりによってヨーロッパに渡航したという過去の経緯もあり、マリアテギの指導性に真っ向から抵抗した。一九二三年六月三〇日に行われた人民大学における第三回目の講演の冒頭において、マリアテギは「アナーキズム運動を無視する訳ではない。セクト的態度をとるつもりもない。（中略）自分はプロレタリア統一戦線の支持者であり、黄色主義（第二インターナショナル）に対する共通の大義を有している」と述べたが、これはこの時期にアナルコ・サンディカリズム系との連携を強調せざるをえない立場に迫られたことを示すものであろう。

こうしたマリアテギの新しい指導性に対する反発が労働運動内から根強く行われていた時期である一九二四年四月に、マリアテギの健全であったはずの右脚に壊疽が発生して悪化し、マリアテギは高熱と激痛に苦しめられた。その後、イタリアーノ病院に入院して右脚切断手術を受け、退院後チョシーカ町に移って療養生活を送ることになる。入院費用はジャーナリスト協会が六月一〇日に慈善音楽会を開催して得た売上金を寄贈して賄われた。チョシーカでの療養生活は同年九月頃まで続き、その後マリアテギ一家はリマ市ミラフローレス地区に転居して療養を続けた。以後、車椅子生活を余儀なくされることになる。

マリアテギが壊疽に苦しんでいた頃、同年三月に発行された『クラリダ』第三号にマリアテギが編集者代行としての責任でレーニン関連記事を多数掲載したことに対するアナルコ・サンディカリスト系の反発が強まっていた。アナルコ・サンディカリスト系のマリアテギ批判はアナーキスト系の機関誌『抗議（La Protesta）』を拠点にして行われた。他方で、労働組織内において経済闘争に固執するアナルコ・サンディカリズム派と労働者階級の歴史的任務に基づいた活動を重視する革命的マルクス主義派との間の抗争が激しさを増したものの、概ねアナルコ・サンディカリズム派の影響力の縮小という傾向が強まっていった。

この時期のマリアテギは、肉体的には跛行していた左脚に加えて右脚を切断したことからくる心理的苦痛や、アナルコ・サンディカリズム陣営から強められる個人攻撃やレギア政権から強められる弾圧を前に、精神的に最悪の逆境状態にあった。

しかし、マリアテギの名声は徐々に労働運動の中でも高まり、他方でアナルコ・サンィカリズムの影響も徐々に弱まり、マルクス主義に依拠して政治意識を明確に獲得した階級闘争を志向する傾向が強まっていった。アナリコ・サンディカリズムからマルクス主義に転向する労働運動の指導者も増えていった。後に、マリアテギの提唱で結成されるペルー社会党（PSP）の創設者に加わるポルトカリェーロもナバロも元アナルコ・サンディカリストであった。労働運動の多数派がアナルコ・サンディカリズムと決別するのは一九二六年から一九二七年頃であり、一九二七年一月に開催された第二回リマ地方労働連盟大会ではもはやアナルコ・サンディカリスト系が少数派に転落していた。

3.「アマウタ」創刊

(1)「アマウタ」創刊への道

マリアテギは、右脚切断やアナルコ・サンディカリストからの批判という精神的な苦境の中にいながらも、ミラフローレス地区に転居した一九二四年九月頃より収入源を拡大すべく努力し、一〇月からは『エル・ムンディアル (El Mundial)』誌のコラム欄「ペルーをペルー化しよう (Peruanicemos al Perú)」に執筆し始めた。マリアテギがこのコラム欄に執筆し始めたペルーのナショナルな問題に関する一連の論稿は、知識人層をはじめ大衆運動の指導者層にも広範に読まれ、マリアテギの声望を高める効果をもたらした。そして、この声望の高まりが、労働者層との直接的な接触の増大と相俟って、マリアテギの精神的な孤立感からの脱却に役立った。そして、この頃より、帰国当初から望んでいたペルーにおける社会革命の達成に向けた急進的前衛世代のための雑誌『前衛（Vanguardia）』の発刊構想の実現に向け努力し始める。

そして、その前段階として、アヤ・デ・ラ・トーレから委託された『クラリダ』誌とは別に独自の印刷・出版企業の設立を目指し、一九二五年一〇月三一日に弟セサル・フリオとともにミネルヴァ社を設立した。同年一二月末にはマリアテギ一家はリマ市中心のアバンカイ街に設立されたミネルヴァ社にも近いワシントン街に転居した。

ミネルヴァ社は一九二五年一一月にマリアテギの最初の著作である『同時代的な場面』を出版した。そして、翌一九二六年二月には小冊子「書籍と雑誌」第一号を発行し、その中で同年四月に『アマウタ』を発刊すると予告し、さらに四月に発行された同誌第二号では七月に発刊すると予告した。最終的には、一九二六年九月三〇日に『アマウタ』が創刊された。雑誌名が『前衛』から『アマウタ』に変更になったのは、画家ホセ・サボガルの勧めであった。

(2)『アマウタ』の歴史的意義

マリアテギは、一九二九年六月にブエノス・アイレスで開催された第一回ラテンアメリカ共産主義者会議に提出した文書『階級的行動の前史と発展』において、アプラ運動に言及した後、「アプラは名称からわかるように同盟あるいは統一戦線として提起された。一九二六年九月、この運動の機関紙で、「イデオロギー的定義づけ」の場として『アマウタ』が登場した」と述べている。ここで、「この運動」は、「同盟あるいは統一戦線」的な運動としてのアプラであると解すべきであろう。従って、『アマウタ』を「アプラの機関紙」と呼ぶことは間違ってはいないにも拘らず、必ずしも正確ではない。この場合のアプラとは急進的前衛世代全体を意味するものと捉える必要があろう。

マリアテギは、『アマウタ』第一号の序文において、「この雑誌は、知的世界において、一集団を代表するものではない。寧ろ、一つの運動、一つの精神を代表する」と述べ、その機能を「穀物から殻を取り除くように前衛を振り分ける」ことであり、「分極と集中」を生じさせることであると述べている。このため、『アマウタ』自身が綱領である必要はなく、「方向性、目的をもつ」ことが必要であると論じている。このマリアテギの『アマウタ』に関する定義が『アマウタ』の意味を明確に示していると言える。

もし『アマウタ』がこのような機能と目的を性格づけられた雑誌であるなら、マリアテギはアプラ運動もまたそのような「分極と集中」の機能をもつ運動であると見ていたことを示すものであろう。そして、マリアテギは急進的前衛世代の「分解と集中」が終了したと判断した時点で、もっと凝縮的な運動を形成してゆくことを構想していたものと推論される。

『アマウタ』は、一九二七年六月にレギア政権による「共産主義者による政府打倒陰謀」を口実とした急進的前衛世代に対する弾圧が行われるまで毎月刊行された。この時期には、ペルー人では、後にPSP党員となるカスティーヨ、バサン、ペスセなどの他、バルカルセル、メイエル、ロペス・アルブハル等のインディヘニスタ、オレゴ、サンチェス、セオアネ、コックス等の後のアプラ党幹部、バサドレ、デルガード、ロドリゲス等の進歩派知識人が執筆している。

そして、半年間の中断を経て一九二七年一二月に再発行された第一〇号以後、『アマウタ』が第二期の段階に入る一九二八年九月以前の同年七月に発行された第一六号までは、カスティーヨ、バサン、ペスセ、マルティネス・デ・ラ・トーレなど社会主義派の人々が執筆した論稿が増える。このことからも、上記の「分極と集中」が機能していたことが確認される。

4．アプラ運動との関係

(1) 一九二〇年代のアプラ運動に関する事実誤認

アプラ運動に関する史実の根拠が主にアヤ・デ・ラ・トーレ自身や主要なアプラ運動（またはペルーアプラ党）の指導者層の証言に限られているため、特に一九二〇年代のアプラ運動の関係で、多くの事実誤認が存在してきた。

これらの事実誤認の主要点は、第一にアプラ運動の成立時期、第二にアプラ運動の最大限綱領と称されている五項目の確立時期、第三にアヤ・デ・ラ・トーレのソ連及びコミンテルンに関する立場についてである。前二点については、どちらの場合にも、アプラ関係者の証言によって示される時期が史実よりも以前に想定されている。また、アヤ・デ・ラ・トーレの姿勢については、その反共姿勢が一九二〇年代の実際以上の早い時期にとられたと強調されている。

第一に、サンチェスは一九三四年に出版した『アヤ・デ・ラ・トーレまたは一政治家』において、アヤ・デ・ラ・トーレが一九二八年四月に執筆を終了した『反帝国主義とアプラ』で主張したアプラ運動の創設を一九二四年五月七日とする説を踏襲して以来、それが今日に至るもアプラ運動（及びペルーアプラ党）の公式な党史に採用されている。しかし、ニエトが指摘しているように、同日はアヤ・デ・ラ・トーレが個人的に作成したメキシコ以南のアメリカを描いた旗をメキシコ学生連盟の前議長であるレロ・デ・ラレアに対して手交したにすぎず、何らアプラ運動の設立に伴う式典が実施された訳ではなかった。従って、実質的なアプラ運動の設立は、それ以後であるはずである。サンチェスは、アプラ運動の旗が始めて掲げられたのは、一九二七年一月二二日にパリ在住ペルー人によって結成されたアプラ・パリ細胞の最初の会合であったと述べている。

次にニエトは、運動が実質的に設立された時期は五項目綱領が策定された時期であるとして、一九二四年一二月に綱領が策定されこの時期にアプラ運動が結成されたと『反帝国主義とアプラ』の中においてアヤ・デ・ラ・トーレが行っている主張を否定して、イギリスの『ザ・レイバー・マンスリー(The Labour Monthly)』にアヤ・デ・ラ・トーレが、次の通りの五項目からなる最大限綱領を公表した一九二六年末以前ではありえなかったと論じている。

(a)ヤンキー帝国主義反対。
(b)ラテンアメリカの政治的統一。
(c)土地と産業の民族化。
(d)パナマ運河の国際化。
(e)全世界の被抑圧人民・被抑圧階級との連帯。

これについては、アヤ・デ・ラ・トーレ自身も一九二六年一二月に発行された『アマウタ』第四号に掲載されたマリアテギ宛ての書簡において、「ヨーロッパにおけるアプラの活動を指導する若いペルー人の第一のグループが設立されたばかりのパリから一九二六年一一月二日に(ロンドンに)戻った」と述べている。また、『反帝国主義とアプラ』の他の場所で、アプラは一九二七年二月にブリュッセルで開催された反帝国際会議において姿勢を定義し、「外国からの干渉も影響もないラテンアメリカ独自の運動である」と表明したことから、コミンテルンは「新しい組織を獲得する希望を失った」と述べている。これらの記述から、アヤ・デ・ラ・トーレもアプラの実質的な結成が一九二六年末頃であったと表明していると判断される。

他方ルイヨンは、この綱領は一九二七年二月一〇日から二三日にブリュッセルにおいて開催され、ペルー人ではアヤ・デ・ラ・トーレとラビネスが出席した、反帝国際会議に間に合わせるべく策定されたものであると推論している。

では、アヤ・デ・ラ・トーレは何故にアプラの設立時期について、虚偽の記述をしなければならなかったのか。その理由は、おそらくコミンテルンのイニシアティブの下で形成された米州反帝同盟の設立よりも、アプラの設立の方が早かったと論じることで、アプラの正統性を主張したかったのではなかろうか。事実、ブリュッセルで開催された反帝国際会議に出席したアヤ・デ・ラ・トーレとラビネスのうち、ラビネスはアプラのメンバーとしてではなく、ブエノス・アイレスに設立された反帝同盟の代表として招待されて参加したのに比し、当初アヤ・デ・ラ・トーレもアプラも招待されていなかった。そのためラビネスが会議を準備したドイツ共産党と交渉した結果、漸くにして参加が認められたという経緯があった。即ち、「新しい組織」であるが故にブリュッセル会議以前には認められていなかったのである。

筆者も、構想はともかくとして、綱領が策定された時点という観点からアプラ運動の成立時期を見るならば、最大限綱領が『ザ・レイバー・マンスリー』誌に掲載された一九二六年末頃と見るべきであろうと考える（注9）。それ以前に、最大限綱領が存在していたことを示す証拠は見当らない。

第三点のアヤ・デ・ラ・トーレのソ連及びコミンテルンに関する姿勢については、前述の通り、彼のその後の反共的姿勢から一九二〇年代当時のアヤ・デ・ラ・トーレが抱いていたソ連に対する親近感を隠蔽するという目的で、実際以上に早い時期にアヤ・デ・ラ・トーレがソ連に対する親近感を捨てるにいたったとされている。アヤ・デ・ラ・トーレ自身は、『反帝国主義とアプラ』の中で、一九二四年のソ連訪問時に（注10）、ソ連共産党やコミンテルンの指導者がラテンアメリカに関して無知に等しいことに幻滅したと述べている。しかし、ソ連訪問を終えて西欧に戻ったばかりのアヤ・デ・ラ・トーレと会見した上記のマキャベロ及びファルコンは、アヤ・デ・ラ・トーレが熱烈なソ連礼賛とマルクス主義賛美を行ったと証言している。この事実を考慮すれば、あきらかに後年のアヤ・デ・ラ・トーレの表現には反共の立場に転じた後の自己弁護が含まれていると思われる。

また、ルイヨンが指摘しているように、ラテンアメリカに関するソ連共産党やコミンテルン関係者の無知は、一九二四年という時点としては当然であり、情報不足や無知という理由からだけでソ連嫌悪の立場に急激に変化することはなかろう。おそらく、アヤ・デ・ラ・トーレのソ連共産党及びコミンテルンからの離反は、一九二七年二月のブリュッセルでの反帝国際会議を契機として、それ以後に生じたものであると推定される。

その直接的な原因は、アヤ・デ・ラ・トーレが反帝闘争における中間階層の役割を重視し、これによってコミンテルンが指導するプロレタリアートを主体とする革命路線と決裂したことにあると思われる。アヤ・デ・ラ・トーレが反帝闘争における中間階層の役割を確立した時点につき、サンチェスは一九二六年以後であると述べ、クラレンは一九二七年五月に発行された『アマウタ』第九号であると述べている。この点も筆者がアプラ運動の設立期を一九二六年一一月頃から一九二七年一月としている理由である。この時期に明白に、アプラ運動の革命論が形成されたのであり、労働者、農民との統一戦線の重要性を主張しつつも、中間階層が指導権を掌握すべしとする運動論が、国外ではコミンテルン、国内ではマリアテギとの間で交わされる論争点を明確にしたと見られる。

(2)アヤ・デ・ラ・トーレとコミンテルンの関係

アヤ・デ・ラ・トーレのコミンテルンからの離反は、彼の性格に帰さねばならない面もあるが、根本的には理論面での問題が原因であろう。アヤ・デ・ラ・トーレはラテンアメリカ諸国の主権を蹂躪する帝国主義は拒否したものの、「帝国主義はラテンアメリカにおいては資本主義の最初の段階に現れる」との著名な言葉に表されているように、資本主義制度を拒否せず、反帝闘争を通じて正常な資本主義的発展が達成されることを目指し、その反帝闘争において中間層の、特に知識人の役割を重視する。

アヤ・デ・ラ・トーレがいだいたラテンアメリカにおける反帝闘争のイメージは、アプラ運動の下に共産主義者をも含んだ統一戦線を結成し、中間階層の代表である知識人層が指導するというものであった。中国国民党をアプラ運動のモデルと見ていたごとく、共産主義運動がアプラ運動の下で統一戦線に参加することを拒まないが、ラテンアメリカにおいてはアプラ運動が指導勢力であるべしとの姿勢を譲らなかった。

アヤ・デ・ラ・トーレのコミンテルンとの関係は、一九二七年八月に彼が英国留学を中止して、米国経由で一一月にメキシコに戻った時点で確定的になったと考えられる。その背景には、第一に反帝闘争における中間階層の役割に関する姿勢の評価の相違、第二にブリュッセルの反帝国際会議でアヤ・デ・ラ・トーレと真っ向から対立したキューバのメーヤが早々とラテンアメリカに帰ってコミンテルンの指導の下に（メーヤの指導の下に）反帝運動を先に結成することへの危惧があったのではないか。この時期にアヤ・デ・ラ・トーレはコミンテルン側で彼との連絡役であったロゾフスキー宛てに書簡を発して決別を告げている。一九二八年三月時点でロゾフスキーはまだアヤ・デ・ラ・トーレを慰留しようとし、ポルトカリェーロを通じてアヤ・デ・ラ・トーレの翻意を促すが、彼の決意は覆ることはなかった（注11）。

(3) マリアテギとアヤ・デ・ラ・トーレの関係決裂

マリアテギとアヤ・デ・ラ・トーレとの間の協力関係の決裂は、アヤ・デ・ラ・トーレが一九二七年一一月にメキシコに戻った後、汎米的な同盟としてのアプラ運動を残しつつも、ペルー一国を対象として「民族主義解放党（Partido Nacionalista Libertador）」と称する一国党の結成を提唱したことが契機になった。その背景には、メーヤとの確執に加え、一九二七年六月にレギアが実施した急進的前衛や労働運動に対する「共産主義者による政府打倒陰謀」を口実とした弾圧強化があったのではないか。この陰謀の根拠は、一九二四年末にアヤ・デ・ラ・トーレがスイスに滞在中に同国官憲が押収したソ連関係の資料、及びアヤ・デ・ラ・トーレがマリアテギに宛てた書簡であったと言われる。

マリアテギにとっては、アプラ運動は急進的前衛集団の統一戦線あるいは同盟にとどまるべきであり、ペルーにおける社会変革の主体になるのは階級意識を確立した労働者と共同体的な伝統的習慣の中で継続している社会主義的意識に目覚めた先住民農民からなる、いわば「労農同盟」であるべきであった。マリアテギは中間層が果たす役割に関してアヤ・デ・ラ・トーレと意見を異にした。

一九二八年四月から五月の間に両者の間で交わされた書簡は、両者のその時点における見解の相違を如実に示している。四月一六日付けでアプラ・メキシコ支部に送った書簡の中で、マリアテギは「昨日までその準備のために互いに一致していた歴史的な偉業を引き受けることに失格して誕生したペルー民族主義党には決して加盟しないことを緊急に宣言する義務を感じる」と述べるとともに、中間階層の指導下に結成される一国党はイタリア・ファッショ運動と同様のものになると主張した。

これに対しアヤ・デ・ラ・トーレは、五月二〇日付けでマリアテギに送った書簡の中で、「貴方が我々に反対していると知っている。私は特に驚かない。しかし、革命は我々が、土地を分配しつつ、帝国主義と闘いながら、社会主義に言及することなく行う」と喧嘩腰で述べ、アプラをイタリア・ファッショ運動と同一視するのは「ヨーロッパかぶれ（Europeizante)」の主張であると反論した。

一九二八年三月一五日から二四日にモスクワで開催されたプロフィンテルン第四回大会に出席したポルトカリェロに拠れば、彼がペルーに帰国した時点で、既にマリアテギとアヤ・デ・ラ・トーレの決別が確定されていたと言う。（注12）

そして、極めて微妙な情勢にある時点でマリアテギは、「ペルー社会党（ＰＳＰ）」を結成するという選択を行う。微妙な情勢とはコミンテルンとの関係である。この時点では、コミンテルンではまだ第六回大会も第一〇回執行委員会総会も開催されてはおらず、統一戦線戦術が採用されていた時期であったが（同年四月一二日に蒋介石の反共クーデター、七月一五日に第一次国共合作が終焉）、社会民主主義主要打撃論に示された左翼転換は一九二八年二月に開催された第九回執行委員会総会より生じていた。コミンテルンが転換期にさしかかりつつあったのである。

5. 「アマウタ」第二期とペルー社会党の結成

(1) 「アマウタ」第二期の開始

マリアテギは、アヤ・デ・ラ・トーレとの協力関係の決裂の後、一九二八年九月に発行した『アマウタ』第一七号において『アマウタ』が第二期に入ったことを宣言し、九月一六日にペルー社会党（PSP）の結成が決定された。

『アマウタ』第一七号の序文において、マリアテギは、次のように述べ、「分極と集中」の時期は終了し、社会主義運動の段階に至ったと論じた。

「『アマウタ』は純粋な知識人の娯楽や遊戯ではなく、歴史的な理想を信条とし、大衆的で行動的な信念を告げ、現代の社会運動に従う。（中略）我々の旗は、たった一言で簡潔なかつ偉大な言葉で表現される、社会主義である。」

「かつて『アマウタ』を一つの運動の、一世代の声であると提示した。『アマウタ』は、この二年間、イデオロギー的な定義の雑誌であった。（中略）イデオロギー的な定義の作業は終了した。（中略）『アマウタ』の第一段階は終了した。第二段階においては、もはや「新しい世代」、「前衛」、「左翼」の雑誌と呼ぶ必要はない。革命に忠実であるためには、社会主義の雑誌であることで十分である。」

このようにマリアテギは、アヤ・デ・ラ・トーレ及びアプラ運動との訣別によって、急進的前衛における「分極と集中」のプロセスが終了して、もはや「新しい世代」、「前衛」、「左翼」と名乗る段階が終わり、「社会主義」を掲げる段階に至ったと述べたのである。

そして、マリアテギは『アマウタ』第一七号に、後に単行本で出版されることになる『マルクス主義の防衛』の連載を開始する。この連載は一九二九年六月に発行された第二四号まで継続された。

(2)『マルクス主義の防衛』

『マルクス主義の防衛』は、ベルギーのド・マンが出版した『マルクス主義を越えて』に対する反論として執筆された一連の論稿からなる。しかしマリアテギは『マルクス主義の防衛』に、『マルクス主義を越えて』に対する反論として以上の、マルクス主義に関する彼の考え方を明示する目的をもたせた。その意味で、『マルクス主義の防衛』は、マリアテギのマルクス主義思想の特徴を知る上で極めて重要な著作である。

ド・マンはその著作『マルクス主義を越えて』において、社会民主主義の改良主義潮流が社会進化論を唱えることを、精神主義的な脱マルクス主義の立場から批判した。これに対してマリアテギは、社会民主主義による社会主義の社会進化論的解釈を否定する上ではド・マンを評価しつつも、ド・マンがその批判をマルクス主義を放棄することから行ったことは「敗北主義」であると批判した。すなわち、マリアテギにとり、ド・マンはマルクス主義の「修正」を目指しながら、結果的にはマルクス主義を「清算」したことに他ならなかった。

そしてマリアテギは、ド・マンは感情や革命的なパッションを無視していると批判して、マルクス主義を「精神化」することによってこれを刷新する方向性を提起した。「マルクス主義の精神化が必要である」と論じた。このマルクス主義の「精神化」に関してマリアテギが称揚したのは、ソレルであった。マリアテギはソレルに関して次のように述べている。

「マルクス主義の、マルクスの著作の継続と刷新という意味での真の修正は、理論と実践において、(ド・マンとは異なる）他のカテゴリーの革命的知識人たちによって実現された。ジョルジュ・ソレルは、マルクスの本質的な部分と形式的な部分を分離する研究の中で、今世紀最初の二〇年間において、社会主義の進化論的で議会主義的な堕落に対して組合の階級的意味合いの反動という意味で、マルクスの活性的で革命的な概念に回帰し、新しい知的で組織的な現実への挿入を代表した。ソレルを通じて、マルクス主義はマルクス以後の哲学潮流の本質的な諸要素と獲得物を吸収した。その時代の社会主義の合理主義的で実証主義的な基盤を克服して、ソレルは（中略）歴史主義や進化論で哲学的に満足した政党や議員の知的かつ精神的なブルジョア化から離別して革命的任務を再確立した。宗教運動の経験を社会主義運動に適用する革命的神話の理論は、心理学的、社会学的な現実主義で深く膨らまされた革命の哲学的基礎を確立した。同時に、ド・マンに明らかに見られる現代的な相対化論の結論に先んじた。（中略）ソレルは社会民主主義的な議会主義の時代におけるマルクスの最も力強い継承者である。」

「ジョルジュ・ソレルの高貴なる精神は、当時の社会主義者に蔓延していた陳腐な実証主義に反発し、神話が大規模な大衆運動を形成するうえで不朽の価値をもつことを発見した。このことを考えれば、どんな現実的な局面においても神話はわれわれが無視や過小評価できない戦いの一面を構成していることは明白である。」

また一九二五年一月一六日付けの『エル・ムンディアル』に掲載した論稿『人間と神話』の中で、マリアテギは次のように述べ、ソレルからの影響を如実に示していた。

「プロレタリアートは一つの神話を持っている、それは社会革命である。（中略）革命家の力は、その科学にあるのではなく、その信念、そのパッション、その意思にある。それは宗教的な、神秘的な、精神的な力であり、即ち神話の力である。」

従って、マリアテギがソレルから受けた影響は既に一九二五年一月から見られたのであり、ソレルの影響の延長線上で一九二八年より『マルクス主義の擁護』が連載され始めたのである。

このようなソレルの影響の下に、精神的要素を重視する立場から社会民主主義的な社会進化論と、これを批判するド・マンの双方を同時に批判するマリアテギの批判の構図は、彼がペルー思想史の流れの中で、実証主義とこれから離脱して観念論に立脚する反実証主義に転換してこれを批判した〈アリエル派〉知識人たちを批判した構図と重なる。進化論や経済決定論と、これらを否定する観念論や精神主義の双方を止揚して、精神的要素の重要性をも踏まえる唯物論のあり方を模索したのである。マリアテギは、「マルクス主義の唯物論は、現代における、あらゆる道徳的、精神的、哲学的な上昇を包摂する。」と述べている。このような構図にマリアテギの弁証法的思考法が顕著に見られる。

このようにマリアテギは、第二インターナショナルに体現される社会民主主義は、「マルクス主義を諸現象の純粋に経済的な説明に専断的に還元する」ものであると批判する一方で、最終的な分析要素として経済的側面を踏まえることを重視しつつも、更に生産者としての労働者の精神的な世界の分析をも重視するのである。そして、特に労働自体が労働者を高揚させる側面を重視して、これを社会主義の倫理的機能として捉えた。これに対して、社会民主主義は社会進化論に転落して経済的側面や物質的条件を重視して、人間の主体的な側面を軽視していると見られる。それ故に、マリアテギは「意思」や「パッション」を重視し、社会変革に向かう中で生産者として道徳を形成する上での労働組合の役割を重視した。そして、マリアテギのこの組合の概念は、「ソヴィェト」や「工場評議会」に近い概念である。マリアテギは述べている。

「真に社会主義的な意識の本源的な要素として、また新しい経済的、政治的秩序に特徴的な機関としての組合の復権は、普通選挙権の絶頂期の民主主義的な幻想によって屈服させられた階級的な思想の再生を意味する。」

そしてマリアテギは、労働者は組合を通じて生産者としての道徳を形成し、向上させ、将来的な社会主義の建設に向け、社会主義に倫理的機能を持たせることになると考えた。マリアテギは、この「社会主義の倫理的機能は、(中略)反資本主義闘争のプロセス自体によって生産者の道徳の創造の中で模索されなければならない」、あるいは「社会主義の倫理は階級闘争の中で形成される。」と述べている。

そして、社会民主主義はこのような社会主義の主意的な側面は十分理解されておらず、また一般的にも「社会主義の主意主義的な性格は、決定論的な根底よりもあまり理解されていない。」と論じた。

ここにマリアテギは、人間の精神状況を生産関係と生産諸力という物質的諸条件に還元するのみでなく、これらの物質的諸条件の下で展開される生産者の道徳創造の中で形成される倫理機能の観点からもマルクス主義の思想を分析する視点を得た。ヨーロッパ滞在中に体得したマルクス主義のマリアテギ流の解釈の完成を見ることができる。

(3) PSP結成

この時期のマリアテギは、マルクス主義を上記のように、道徳的、倫理的要素を重視して捉えていた。それ故に、マリアテギはマルクス主義に基づく政治組織の結成よりも、労働者に階級闘争を通じて社会主義的な意識を形成させることを重視するために、労働運動の中央組織の結成を重視した形跡がある。しかしながら、アプラ運動との決裂を通じて、政治組織を結成する必要性が生じた。こうして、結成されたのがペルー社会党（PSP）である。

PSP結成が決定されたのは一九二八年九月一六日、そして正式結成は同年一〇月七日であった。マリアテギは書記長に選出された（注13）。PSPは、同日の組織委員会会合において、PSP綱領は次の九項目の諸原則に基づくものと宣言した。

(a)現代経済の国際的性格。

(b)プロレタリア革命運動の国際的性格。

(c)資本主義経済の矛盾の高まり。

(d)資本主義は帝国主義段階にある。

(e)ペルーの前資本主義的経済は、帝国主義的利害に従属し、大土地支配・教会封建勢力と結託しているブルジョア経済のしたでは、植民地封建制の障壁と残滓から自らを解放できない。

(f)先住民共同体の残存の中に農業問題の社会主義的解決の要素が見出される。
(g)社会主義だけが民主的平等主義的教育の問題を解決しうる。
(h)ブルジョア民主主義段階を経たあと、革命はプロレタリア革命に転化する。プロレタリア等が社会主義秩序の組織化と防衛の任務を果たす。
(i)PSPはプロレタリアートの前衛であり、階級の理想実現のための闘いで指導的任務を担う政治勢力である。そして、「都市、農村・鉱山の労働者大衆と先住民農民の利益と欲求は、われわれの政治闘争の中で表現され、これらの要求や原則を実現できる」、「PSPが闘うべき当面の要求は（中略）プロレタリアートと中間階級の意識分子によって積極的に支持されねばならない」と規定され、さらに「社会主義の最終的勝利に導く道を見出す」と宣言された

以上の綱領より、PSPはプロレタリアートの「前衛」と表現されながらも、実質的には、労働者と先住民農民の利益追求を目的とし、「中間階級の意識分子によって積極的に支持」された「協同戦線党」的な「労農党」であると理解される。そして、重要なことは、PSPの綱領の中に権力の掌握が言及されていない点である。マリアテギにとり重視されたのは、権力掌握に先立つ、労働者及び先住民農民の組織化とその政治的発展であった。

PSPが結成された時点は、同年四月に開催されたソ連共産党中央委員会＝中央統制委員会合同総会から七月に開催された同中央委員会総会においてスターリン派とブハーリン派の闘争が開始し、六月に『プラウダ（Pravda）』において「右翼的偏向との闘争」開始が宣言され、ブハーリン派批判が既に開始された直後の時期である。ブハーリン派の失脚が決定し左翼転換が明確にされるのは、一九二九年七月に開催されたコミンテルン執行委員会第一〇回総会であるので、ブハーリン派に対する批判が強まり始めていた時期に当たる。

他方で、党の形態については、一九二〇年八月に開催されたコミンテルン第二回大会で加盟に関する二一ヶ条の条件が設定され、その中に共産党の名称を用いるべしとの規定があることは承知していたとしても、一九二八年七

月一七日から九月一日に開催された第六回大会で綱領が採択され、その中で労農党の結成が明確に否定されたことは当時の通信事情からペルーに到達する以前であったと推定される。共産党結党に関する圧力はまだ大きくはなかった時期である。

従って、PSPがペルーの現実を考慮した党の形態であるとの理由以外にも、コミンテルンとの関係においても必ずしも全面的に受け入れられないモデルではなかった。一枚岩的な共産党を結成すべしとの規定が強制力を強めるのは一年後であり、一九二九年六月にブエノス・アイレスで開催された第一回ラテンアメリカ共産主義者会議において開催されたコミンテルンからのPSPに対する党の形態に関する批判が明確にされる。

一九二八年九月の『アマウタ』の第二期の開始、及びPSPの結成に続き、マリアテギは同年一一月に主要著作となる『ペルーの現実解釈のための七試論』を出版するとともに、労働運動の機関紙として『ラボル（労働）』の発行を開始した。

マリアテギは、労働運動におけるアナルコ・サンディカリズムの影響力の縮小を徐々に図りつつ、階級的な任務に意識的な労働運動の中央組織の結成を目指してきたが、一九二八年五月一日には、メーデーの集会を契機として中央組織創設に向けて決議が採択され、「五月一日委員会」が結成された。そして、この「五月一日委員会」の延長線上に、一九二九年五月一七日、ペルー労働総同盟（CGTP）が結成される。前述の通り、マリアテギにとって労働組合は労働者の階級意識を形成し、社会主義の倫理的機能を実現する場であって、コミンテルン流に考えられた前衛党の指導下にある大衆運動を単に意味するものではなかった。マリアテギの思想を理解するためには、この意味合いの相違を理解する必要がある。

⑷ 変革主体の問題

労働者の階級意識の形成と、社会主義の倫理的機能を重視したマリアテギがペルーの変革のために構想した主体は労働者のみではなかった。一九一〇年代に変革主体を都市「サバルタン」的な「大衆」にみたマリアテギは、ヨーロッパ滞在期に体得したマルクス主義の理論から社会主義革命の主体を労働者に見据えてゆきつつも、決して「大衆」を労働者のみに還元することはしなかった。

マリアテギが、先住民農民をペルーの変革のための一方の主体に考えてゆくのはヨーロッパからの帰国後であったと考えられる。そして、『七試論』を出版した一九二八年一一月には明確に、労働者とともに先住民農民を変革の集団的主体の一部に想定していた。私見では、マリアテギが、先住民農民をペルーの変革主体に想定したことを最初に示したのは、一九二四年一二月九日付けの『エル・ムンディアル』に掲載した論説「ペルーの第一の問題」であったと考える。この中でマリアテギは次のように述べ、同じ部分を『七試論』の中に採録している。

「先住民問題の解決は社会的解決でなければならない。それを実現するのは先住民自身でなければならない。この考え方は先住民会議の集まりに歴史的事実を見出す。先住民会議はまだ綱領を公表していないが、既に一つの運動を意味している。それは先住民が自らの状況を集団的に意識し始めたことを物語っている。」

また、『七試論』の中で次のように述べている。

「社会主義思想のペルーにおける普及は、先住民復権の強力な運動の帰結としてなされたものである。（中略）先住民自身にも新しい自覚の兆候がみられはじめた。」

マリアテギは、先住民農民を変革主体として理念的に想定したのではない。先住民自身の中にそのような集団的な意識が形成され始めたことを、このように認識し評価した結果であった。そして、先住民農民を変革主体に加える上で、『マルクス主義の擁護』の中で示された、マリアテギの精神的な要素を重視するマルクス主義の解釈が用いられた。マリアテギは、先住民農民が都市部の労働者が目指す社会主義運動に連動し得る接点を、先住民農民に残る共同体の伝統の中で培われてきた「互恵」と「連帯」の精神と「共同労働」という習慣に求めた。すなわち、先住民は封建的な大土地所有に対する闘争の中で、共同体の中で培われてきた社会主義の精神に目覚め、ここで都市部の労働者の現代的な社会主義運動と連動しうるようになると。

こうして、マリアテギの「サバルタン」的な「大衆」の概念には、都市底辺層のみでなく新たに先住民農民が加えられることになった。しかし、ペルーにおけるサバルタン社会諸集団は労働者や先住民農民のみではない。先住民が都市へと移動して労働者になるプロセスの中で種々の中間的な移行形態、労働予備軍ではありつつも、雇用機会が制限されているペルーのような製造業の成長が限定づけられている社会では、永久的に予備軍でしかありあなかった先住民農民から労働者に転換できるまでの種々の「社会諸集団」が存在した。アンデス的なディアスポラの結果生じた都市底辺層の存在である。マリアテギの「大衆」の概念にはこうした「社会諸集団」も含まれていたはずである。

そして、このような「従属的な位置をしめ、それゆえに周辺化・断片化されてきた諸集団が、目的意識性すなわち党の指導のもとに統一をなしとげて国民的な革命の主体へと自己形成していく」ことをマリアテギは構想したのである。それを表現する党の形態が「労農党」的なPSPであったのである。これは、先進資本主義諸国への従属的に規定された発展しか可能性が残されていないペルーのような周辺・後発資本主義国における、党のあり方であった。

6. 結び

一九二〇年代のラテンアメリカは、一九一八年に出版されたシュペングラーの『西洋の没落』と一九一七年一〇月に発生したロシア・ボルシェヴィキ革命から大きな触発と刺激を受けた。『西洋の没落』は、西洋中心主義的な世界史観を打破することによって西洋文化を相対化するとともに、西洋文化が没落期に入っていると論じて、ラテンアメリカの知識人にも大きな影響を及ぼした。『西洋の没落』は、ヨーロッパ思想史においては一八世紀の啓蒙主義に対する反動として一八世紀から一九世紀に発生したロマン主義の復活として、ネオ・ロマン主義の系譜に位置付けられる。

一九二〇年代のヨーロッパは、近代産業資本主義のイデオロギー的基盤として一九世紀後半から第一次世界大戦まで圧倒的に支配的であった理性主義・実証主義・自然主義に対する反動として、これらを内面的・精神的なものを喪失した外面的・技術的な段階と捉え、近代の理性主義的人間観の変革という「精神的革命」を模索する潮流が噴出した。

一九一九年にヨーロッパに渡航したマリアテギには、青少年期の思想形成過程において精神主義的な傾向が強く見られたが、一九二三年までのヨーロッパ滞在中に、大戦後のヨーロッパに風靡し始めた「精神的」風潮に合流していったことは容易に理解される。

このような思想潮流の「精神的」風潮は、マルクス主義思想の中においても精神主義的、主意主義的な傾向として現れた。マリアテギのマルクス主義思想における精神主義的・主意主義的な傾向についてはソレルからの影響が顕著に見られるが、このような精神主義的・主意主義的な傾向は同時代のグラムシ、ルカーチ、コルシュなど、ロシア・マルクス主義から一線離れたヨーロッパ・マルクス主義の中に見られた。マリアテギのマルクス主義に関する著作においてこのような傾向が顕著に示されたのが、一九二八月九月に『アマウタ』に連載が開始された『マルクス主義の防衛』であった。

『マルクス主義の防衛』において、マリアテギは、労働者が生産過程において形成する道徳や階級意識と、労働組合運動を通じて獲得される社会主義がもつ倫理機能を重視した。

一九二三年三月にヨーロッパから帰国してからのマリアテギの活動は、このような彼のマルクス主義観を反映した明白な方向性を有していた。人民大学運動に依拠した急進的前衛世代の運動の形成、労働運動におけるマルクス

郵便はがき

料金受取人払

神田局承認

1351

差出有効期間
2004年3月
31日まで
(切手はいり
ません)

101-8791

004

(受取人)

東京都千代田区猿楽町二の二の五

興新ビル三〇二号

現代企画室 行

■お名前

■ご住所(〒)

■E-mailアドレス

■お買い上げ書店名(所在地)

■お買い上げ書籍名

通信欄

■本書への批判・感想、著者への質問、小社への意見・テーマの提案など、ご自由にお書きください。

■何により、本書をお知りになりましたか？
書店店頭・目録・書評・新聞広告・
その他（　　　　　　　　　　　）

■小社の刊行物で、すでにご購入のものがございましたら、書名をお書きください。

■小社の図書目録をご希望になりますか？
はい・いいえ

■このカードをお出しいただいたのは、
はじめて・　　　回目

■図書申込書■

小社の刊行物のご注文にご利用ください。その際、必ず書店名をご記入ください。

現代企画室
TEL 03（3293）9539
FAX 03（3293）2735

地名

書店名

書名		
（　）冊	（　）冊	（　）冊

ご氏名／ご住所

主義的な方向性の導入とこれが必然的にもたらすアナルコ・サンディカリズムの影響力低下を当面の課題として、「分極と集中」プロセスを開始した。そして他方で、先住民農民の集団的な意識の覚醒と、共同体の中で培われてきた社会主義的な精神や伝統を通じて、先住民農民をも変体主体に加えるようになった。

しかし、ここで国際情勢に発した状況の変化がマリアテギが推進したプロセスに影響を与えることになる。それはアプラ運動との関係とコミンテルンとの関係であった。マリアテギがコミンテルンと摩擦を生じる以前に、アプラ運動が国際的な反帝闘争のあり方をめぐってコミンテルンから訣別して一国党の結成を目指したことから、マリアテギと摩擦を生じ、その結果マリアテギはPSP結成を急ぐことになる。そして、一九二八年一〇月に結成されたサバルタン諸集団を指導下に置きつつも、労働者と先住民農民を軸とする「労農党」の形態をとったPSPのあり方が、一九二九年六月にブエノス・アイレス七で開催された第一回ラテンアメリカ共産主義者会議においてコミンテルンから批判されることになる。

このように、マリアテギの一九二三年三月のヨーロッパからの帰国時から一九二八年九月のPSP結成までのプロセスは、マリアテギの独創的なマルクス主義の解釈を実践に移そうとした軌跡であった。この試みは、現在の視点から、再検討すべき重要性をもつものである。

第四章　コミンテルンとの論争　一九二八―一九三〇年

1．はじめに

ペルーは一八九〇年代にイギリス資本を中心とする外国資本の進出の下で、農業及び鉱業が国際市場に統合され、その結果農地の集中が進み、コスタ（海岸部）では中小農の没落、シエラ（山岳部）では先住民共同体の共有地の消滅という社会変動が生じた。この社会変動は、第一次世界大戦後イギリス資本に変わって米国資本が資本投資を進めた結果、更に加速された。このような社会変動を背景として、一九一九年から一九二〇年代初頭に、知識人層の急進化が生じ、「新しい世代」と呼ばれる知識人層が出現し、アプラ運動と社会主義運動という二つの大衆運動を形成した。社会主義運動の中心的な人物が、今日においてもラテンアメリカ最大のマルクス主義思想家と呼ばれているマリアテギである。マリアテギは片脚の跛行とその後の右脚切断という身体障害のため、実践家としては十分に活躍できず、このため社会主義運動の実践的な指導者としてよりも、ペルーの現実に即した社会主義理論を模索した理論家、あるいは思想家として、今日に至るも評価されている。

マリアテギの思想は〈全体性〉と〈共生〉に特徴づけられる思想である。〈全体性〉の思想とは、単に人々の肉体的、経済的状態の悪化のみを変革の対象とするのではなく、社会的、文化的状況の全体を主題とするとの視点である。換言するなら、社会変革の対象を、政治制度や経済制度のみでなく、社会的、文化的状況とそれに規定された個人の意識や日常生活にも及ぼすとの視点を有する思想である。このようなマリアテギの思想の傾向は、コミンテルンの主流派に代表される当時のマルクス主義に比し、「精神主義」あるいは「主意主義」的であるとの指摘がなされている。マリアテギのこの傾向は、一九二〇年代におけるヨーロッパ・マルクス主義の「主意主義」的傾向を代表するルカーチ、コルシュ、グラムシ等との類似性や、ソレル等からの影響が指摘されている。

他方、〈共生〉の思想とは、文化や価値観の多様性を認めようとする多元主義の思想である。ペルーは、五九のエスニック・グループから成る複数エスニック国家である。マリアテギはこのようなペルーの現実を踏まえ、当時まで政治的、経済的、社会的、文化的に排除され周縁化されていた先住民を復権し、先住民を土台とする民族性の形成を、他のエスニックな諸要素の存在と価値観を尊重しながら、〈共生〉あるいは〈共存〉を目指すことで、〈共生〉の思想を表現した。そして、このようにペルーが抱える最大の問題である先住民問題を解決することを目的として、〈全体性〉と〈共生〉の思想を展開することによって、当時の国際共産主義運動の指導部であったコミンテルンの路線と摩擦を生じることになる。

この摩擦は、一九二九年六月にブエノス・アイレスで開催された第一回ラテンアメリカ共産主義者会議で表面化した。会議には病床にあったためマリアテギ自身は出席しなかったが、ペルー社会党（ＰＳＰ）を代表して出席した代表二名は、ドローズ等のコミンテルン代表から批判を受ける。コミンテルン側の主要な批判点は、大衆党論、帝国主義の機能に関する認識、「民族」自決問題等に集中した。

本章は、第一回ラテンアメリカ共産主義者会議を中心として、マリアテギを指導者とするＰＳＰとコミンテルンの間で交わされた論争点を整理して、ペルーのような先住民文明が過去に栄えた地域の周辺部資本主義国における外国資本進出に伴う社会構造の特徴、変革運動の性格、国民（民族）形成のあり様などの諸点を浮き彫りとし、これらの諸相が現代的に有する問題を再考しようとするものである。

2. ペルー社会党の結成

マリアテギは、アプラは統一戦線的な運動を目指すべきであると主張していたが、アヤ・デ・ラ・トーレによる一国党の結成の呼びかけに反対し、これに対抗して、社会主義者を核として、新しい時代意識を有し国際的な進歩的な運動に連帯しうる広範な統一戦線的な党の結成を図るべきであると主張して、「社会党」の結成を目指した。こうして、一九二八年九月一六日に、身体障害のため出席できないマリアテギを除く七名がペルー社会党（PSP）組織準備委員会を結成し、同年一〇月七日に正式にPSPを結成した。書記長にはマリアテギが、労働組合担当書記にポルトカリェーロが任命された。

PSPは結成時にマリアテギが委託されて起案した『PSP綱領』（以下『党綱領』と略す）を採択した。『党綱領』は、現状認識に関して、(イ)資本主義は独占と帝国主義の段階にあり、帝国主義は半封建的・半植民地的な国民（民族）に対して特化と単一生産を強要し、このため国内生産が資本主義世界市場に厳しく規定されている、(ロ)ペルーの前資本制的経済は、強力なブルジョア階級の不在や資本主義への途上にあるという国内外の諸条件により、ブルジョア支配体制は帝国主義に従属し、封建的なガモナル・教会勢力と結託しているため、植民地封建制の残滓から解放されていない、(ハ)このようなブルジョア体制はブルジョア民主主義革命を発展させ実現する力を持たず、世界的な反帝闘争と連帯するプロレタリア大衆の行動だけが、ペルー経済の解放とブルジョア民主主義革命の任務を推進し実現できる、(ニ)先住民共同体には先住民農民の協力と社会主義の習慣が残されているため、社会主義はこの共同体の残存のなかに農業問題の社会主義解決の要素を見出すと規定した。そして、「PSPはプロレタリアートの前衛であり、階級の理想実現のための闘いで指導的任務を担う政治勢力で」あり、「広範な階級的視点を保持する」と規定し、「ブルジョア民主主義革命を経た後、革命はその目的と原則においてプロレタリア革命に転化する。（中略）プロレタリア党がこの段階で社会主義秩序の組織化と防衛の任務を果たす」と述べている。

この『党綱領』は極めて簡潔なものであり、PSPの党の性格として「プロレタリアートの前衛」であると明記しているものの、党の階級的構成については明確には表現されていない。ただ、末尾に「都市、農村・鉱山の労働者大衆と先住民農民の利益と欲求は、われわれの政治闘争のなかで表現」されること、及びPSPが掲げる緊急課題は「プロレタリアートと中間階級の意識分子によって積極的に指示されねばならない」ことを明記していることから、少なくとも労働者、農民、「中間階級」の意識分子を基盤とするものであることが理解される。従って、レーニン主義的な意味でのプロレタリアートの前衛党である「共産党」よりも広範な「サバルタン社会諸階級」からなる階級的基盤を志向していることが理解される。

特に、筆者が注目するのは次の点である。「この時期におけるマルクス主義的社会主義の実践は、マルクス・レーニン主義である。マルクス・レーニン主義は帝国主義・独占段階の革命方式である。PSPは闘争方法としてこれを採用する」と記しているが、この表現は一九二四年四-五月に『プラウダ』に連載された『レーニン主義の基礎について』においてスターリンがレーニン主義を「独占資本主義（帝国主義）の時代、帝国主義戦争とプロレタリア革命の時代におけるマルクス主義である」と定義した表現に一見類似している。しかし、PSPの表現においては「プロレタリア革命」が言及されておらず、前段で「社会主義革命は、資本主義によって抑圧されているすべての人民の共同行動である」と述べ、さらに後段で「ペルー経済の解放は、世界の反帝闘争と連帯するプロレタリア大衆の行動だけがなしうる。ただプロレタリアの行動だけが、まずブルジョア民主主義革命の任務を推進し、しかるのちにそれを実現できる」と述べていることから判断すれば、ペルー革命はプロレタリア革命ではなく、「資本主義によって抑圧されているすべての人民」による社会主義革命であると論じているのである。一見、スターリンのレーニン主義の定義に近い表現をとりながらも、明らかに異なる革命観を提示していることが理解される。

PSPの現状分析の詳細は、その後一九二九年六月にブエノス・アイレスで開催された第一回ラテンアメリカ共産主義者会議に向けて作成された後述の四本の文書、『階級的行動の前史と発展』、『反帝国主義的視座』、『ラテンアメリカにおける人種の問題』、『ペルーに関する報告』の中において展開された。しかし、これら四文書においても、PSPの具体的な革命論や行動計画は理論的に展開されなかった。マリアテギは一九三〇年初頭にこれらの側面に関する文書を執筆したが、後述の通り、その文書は紛失した。PSPは現状分析を有し、先住民を社会主義運動に合流させる運動を目指すものとされながらも、具体的な革命論や行動計画によって理論武装する以前に、コミンテルンの圧力で「共産党」に改編される。

3. コミンテルンの「世界綱領」及び路線問題

(1) 「世界綱領」採択問題

このようなPSPの設立における形態や綱領が、コミンテルンの世界観や路線との関係においてどのような位置を占めるものであったのか。これを知るためには、コミンテルンの世界観におけるラテンアメリカの捉え方、及び一九二八年から一九二九年半ばの時期におけるコミンテルンの路線や動向を見ておく必要がある。

コミンテルンにおいて、短期的な「行動綱領」とは異なって、長期的視野を有する「世界綱領」の策定が開始されれ始めたのは、一九二二年六月に開催され、綱領委員会が設置された第二回拡大執行委員会会合であった。それはドイツ等における革命の敗北という形で革命攻勢期が終了し、反動による巻き返しが開始されたとの情勢判断を踏まえ、防衛的方策の視点から長期的展望を持つ必要が認識されたことを背景としていた。その後、一九二二年一一月に開催された第四回大会では種々の案（ブハーリン案、ヴァルガ案、ドイツ共産党案）が提出されたが綱領として決議されるには至らなかった。しかし、大会決議において、「世界綱領」が必要であること、そして「世界綱領」には「過渡的部分的要求」と「諸国の類型化」も含まれることが確定された。

一九二三年六月に開催された第三回拡大執行委員会会合では、ブハーリンが行った綱領問題に関する演説において、プロレタリア国家であるソ連の防衛を強調し、「世界綱領」がロシア・マルクス主義を軸に作成されることを予告した。そして、一九二三年一〇月の初期統一戦線戦術の挫折、一九二四年一月のレーニンの死去に伴いソ連共産党内に発生した党内抗争の激化によって、ブハーリン案が綱領のベースになるという方向が確定した。

一九二四年六月一八日から七月八日に開催された第五回大会においては、レーニン主義とボルシェヴィキ化が確定され、綱領問題の公開討論が困難となり、綱領問題におけるブハーリンの理論的指導性が確立された。

一九二四年から一九二八年までの四年間は、一九二六年から一九二七年のソ連共産党の党内闘争が激化した時期をはさんで、「資本主義の部分的・相対的安定」の下で、ボリシェヴィキ化の下で再び統一戦線戦術が採用された時期であった。そして、一九二七年七月の中国における第一次国共合作の終焉と、同年九月の英露委員会の終結が、その後の左翼転換の契機となる。

一九二八年二月に開催された第九回執行委員会総会は、統一戦線戦術を放棄し、「社会民主主義主要打撃」論への政策転換を開始するとともに、綱領委員会を設置し、新綱領草案の作成が開始された。新綱領草案はブハーリンが作成しスターリンが一部変更を加えた上で共同署名されたが、第五回大会に採択された旧綱領草案とは本質的な変化が生じた。主要点は、資本主義の「世界体制」としての性格の強調と、「全般的危機」概念による総括、「過渡期」の規定の変化等である。この新綱領草案が、一九二八年七月一七日から九月一日に開催された第六回大会で討議され、必要な変更を加えた上で採択された。この時期は、翌一九二九年四月以後に暴露されるスターリン派とブハーリン派の対立がスターリン派の優位の下で既に開始されようとしていた微妙な時期であった。従って、微妙な共存関係が継続していたために、採択された「世界綱領」にはまだブハーリン的な概念も種々残されていた。

(2)「世界綱領」の諸特徴

ここでは、マリアテギとPSPの形態や路線と関連する諸点に関する「世界綱領」における規定を整理してみる。まず、「世界綱領」は序論において、コミンテルンの立場を「その理論的・実践的活動において、無条件に革命的マルクス主義とそのいっそうの発展であるレーニン主義の基礎の上に立つ。レーニン主義は、帝国主義とプロレタリア革命の時代のマルクス主義にほかならない。(中略) コミンテルンは、マルクスとエンゲルスの弁証法的唯物論を擁護し宣伝し、現実の革命的変革のための認識の革命的方法としてこれを適用する」と規定した。

第四章第五節「プロレタリアートの独裁と諸階級」においては、草案を修正した上で「プロレタリアートの独裁は、ただ産業労働階級のみしか労働人民大衆全体を指導することができない、という事実を反映している。なんとなれば、プロレタリアート単独の支配でありながらも、それはまた労働人民の前衛としてのプロレタリアートと、労働人民の中の数多くの非プロレタリア的諸階層あるいはその大多数との間の階級同盟の特殊形態でもある」と規定した。

第四章第八節「プロレタリアートの世界独裁のための闘争と革命の主要な類型」においては、草案で示されていた三基本類型が次の五類型に修正された。

(a)高度に発達した資本主義諸国、

(b)中位の資本主義的発展段階にある諸国でブルジョア民主主義革命から社会主義革命への多かれ少なかれ急速な転化が可能な諸国

(c)中位の資本主義的発展段階にある諸国でブルジョア民主主義的性格の広範な任務をともなうプロレタリア革命の型が可能な諸国

(d)植民地・半植民地諸国と従属諸国

(e)さらに遅れた諸国で非資本主義的発展の道が可能な諸国

ラテンアメリカ諸国はエクアドル代表パレデスの主張により「アルゼンチン、ブラジル、その他の」ラテンアメリカ諸国は従属諸国の類型に分類されることになり、「産業はかなり発達しているが、大部分は独立した社会主義建設を準備するには不十分である。（中略）プランテーションと同様、中枢産業、国内産業、銀行、及び輸送事業は、外国帝国主義の諸グループの手に集中されている。（中略）プロレタリア独裁への移行は、一連の準備的諸段階を通じてのみ、ブルジョア民主主義革命の社会主義革命への転形の全時期の結果としてのみ、原則として可能である。これらの国の大方においては、社会主義の成功的建設は、プロレタリア独裁がすでに樹立されている諸国の直接的援助を得て初めて可能である」と記述された。

他方、「非資本主義的発展の道」の可能性が示された諸国は、①賃金労働者のほとんどないしまったくの不在、②住民の大多数が種族制度のなかで生活、③原始氏族制の遺制が存在、④民族ブルジョアジーの不在、⑤外国帝国主義がなによりも土地を強奪する軍事占領者、というメルクマールをもった「さらに遅れた諸国」で「たとえば、アフリカの諸部分」と定式化され、「これら諸国においては、民族解放闘争こそ中心的課題である。ここでは、勝利的民族蜂起は、もし十分に強力な援助がプロレタリア独裁をもつ諸国によって与えられるならば、資本主義段階を迂回して社会主義への道を切り拓くことができる」と記述された。

第四章第九節「プロレタリアートの世界独裁を目指す闘争と植民地革命」では、ブハーリンの強調した「世界農村」における闘争の特殊な意義と内容が、「植民地革命および民族解放運動は、帝国主義との闘争および労働階級による権力獲得においてきわめて重要な役割を演じる。過渡期においては、被植民地および半植民地は世界経済の連関における都市を代表する工業的中心地に比べ、世界規模での農村を代表するゆえにも重要である」と記述された。

第六章「プロレタリアートの独裁のための闘争におけるコミンテルンの戦略と戦術」第二節「共産主義的戦略・戦術の基本任務」には、第一に党について「党は、労働階級の間の最も良心的な、最も自覚的な、最も積極的な、最も勇敢な者からなる、労働階級の前衛である。(中略)党は、鉄の規律と民主主義的中央集権制の最も厳格な革命的原則とによって結合された革命組織である」と規定された。第二は、共産党の戦略的目標として、①労働者階級の多数者の獲得、とくに労働組合、②勤労大衆の広範な層へのプロレタリアートのヘゲモニーの実現、③植民地・半植民地および従属諸国での民族解放闘争と、帝国主義諸国共産党のそれへの支持を規定している。

(3)ブハーリン派の追放

一九二九年四月のソ連共産党中央委員会、中央統制委員会合同総会においてスターリン報告「ソ連共産党内の右翼的偏向」が報告され、「問題はコミンテルン第六回大会における国際情勢についてのブハーリンのテーゼからはじまった」として、①「資本主義の安定の性格の問題」、②「社会民主主義にたいする闘争の問題」、③「コミンテルンの支部内の協調主義の問題、④「鉄の党規律の問題と、この規律への党員の絶対服従の問題」について、既に第六回大会当時からスターリンとブハーリンらとの間に意見の相違があったことを暴露した。

その後、一九二九年七月三日から一九日に開催された第一〇回執行委員会総会は、「強力な社会民主主義政党のある諸国におけるファシズムの特殊な形態は、社会ファシズムである」ことを公式に確認し、左翼的転換を決定づけられた。そして、同執行委員会総会においてブハーリンは失脚し、コミンテルンの最高責任者にマヌイルスキーが任命された。

第六回大会にて採択された「世界綱領」において注目される「世界都市と世界農村」の概念は、ブハーリンによって強調された論点であった。綱領は「過渡期においては、被植民地および半植民地諸国は世界経済の連関における都市を代表する工業的中心地に比べ、世界規模での農村を代表するゆえにも重要である」と述べているが、ブハーリンの『過渡期経済論』で示された「世界革命の過程は、世界経済の各部分体制のうち最も水準の低いものから始まる。そこでは、プロレタリアートの勝利は比較的容易であるが、新しい諸関係の結晶化は困難である。革命の攻撃速度は、資本主義的な諸関係の成熟度と革命の型の高さとに反比例する」との周辺部資本主義国革命論の論理を反映していた。

しかし、こうした「世界綱領」の中に記載されたブハーリンによる興味深い論理は、ソ連における社会主義建設における都市と農村との関係とのアナロジーで構成されていた。そのため、ブハーリンのネップに関する思想、当時のソ連国内での経済政策上の見解と密接に関係していた。しかも、ブハーリンは、「人類の大多数」は「世界農村」にあると考え、また、ソ連国内でのソヴィエト農村の役割を強調する主張を大会議場でも述べていたから、この「世界都市と世界農村」論は、当時すでに潜在していたスターリンの「農業集団化」強行政策にたいする批判ともなっていたのである。しかし、コミンテルン路線の左旋回とともに、「世界都市と世界農村」論は機能しなくなった。

4．第一回ラテンアメリカ共産主義者会議

(1)『反帝国主義的視座』

第一回ラテンアメリカ共産主義者会議が開催されたのは、ブハーリン派が失脚した第一〇回執行委員会総会が開催された一九二九年七月の一ケ月前であった。同年四月にコミンテルン南米書記局よりＰＳＰに対して、六月一―一二日にブエノス・アイレスで開催される第一回ラテンアメリカ共産主義者会議への招待が届いた。この会議には、

PSPよりポルトカリェーロとペスセの二名が出席し、事前にマリアテギが中心となって作成した前述の四文書を提出した。コミンテルン代表はスイス人のドローズ、南米書記局代表はアルゼンティン人のコドビーリャ、青年共産主義インターナショナル代表はペテルス（本名不祥）であった。

PSPが提出した四文書のうち、マルティネス・デ・ラ・トーレがポルトカリェーロとともに作成した『ペルーに関する報告』についてはテキストが現存していない。『階級的行動の前史と発展』は、ペルーの革命運動と革命思想の歴史をゴンサレス・プラダから、一九一九年の学生・労働運動、人民大学運動、『アマウタ』誌、及び『ラボル』誌の時代に至る歴史を記し、ペルーにおいて社会主義を目指す運動が如何に形成されたかを略述している。そして、四文書の中でより重要なものは、『反帝国主義的視座』と『ラテンアメリカにおける人種の問題』であった。

マリアテギによって作成され、一九二九年五月二一日の日付を付された『反帝国主義的視座』は、アプラとの論争を総括し、反帝闘争における小ブルの役割を規定するものであると位置づけられる。その論点は次の通りである。

(イ)アプラは反帝闘争を「一つの綱領、政治的行動、一つの運動の地位にまで」高め、「それ自体が目的と」しているが、「こうした考え方は、反帝闘争に対する著しい過大評価」であると批判し、「われわれにとり反帝国主義は、ただそれだけでは、政権獲得に適した政治綱領や大衆運動ではないし、それを成り立たせているものでもなく」、また反帝国主義は「階級間の対立を解消しないし、利害の違いを除去するものではない」。

(ロ)小ブルは「資本主義の浸透に反対」できず、「小ブルはその最も煽動的な部分を含めて、帝国主義的資本主義と密接な同盟を結ぶことができる」と述べ、小ブルの下での「煽動的なポピュリズムとしての反帝国主義による権力奪取は、たとえ可能であろうと決してプロレタリア大衆のため、社会主義のための権力獲得にはならず」、「社会主義革命だけが真に帝国主義の進出を決定的に阻止できる」。

(ハ)ラテンアメリカ諸国では、帝国主義的資本主義の利害が地主階級の封建・半封建的利害と一致するというのは必然的なことではなく、反封建闘争は反帝闘争と必然的で完全に一体化はしない。

(ニ)反帝国主義者であるためには、マルクス主義者であらねばならない。その理由は、マルクス主義者のみが資本主義に対抗する社会主義を対置し、ヨーロッパの革命的大衆と連帯するからである。

特に、後述の通り、(ハ)で展開された、「帝国主義的資本主義が地主階級の封建・半封建的利害と一致するというのは必然的なことではない」との認識は、帝国主義が資本主義的発展を促進するとの評価に繋がるとして、コミンテルン代表より批判された。

(2)『ラテンアメリカにおける人種の問題』

『人種の問題』は前半の「I. 問題提起」をマリアテギが執筆し、後半の「II. 人種問題の重要性」から「X. 結論と基本的任務」までをペスセが作成した。「問題提起」はラテンアメリカ全体の人種問題を論じているが、中心的にはペルーの先住民問題が扱われている。人種問題全般に関する総論的な論点は次の通りである。

(イ)人種それ自体は解放の思想を認識させることはない。解放を確かなものにするのは、その胎内に社会主義の萌芽を宿す経済と文化のダイナミズムである。

(ロ)各階級が独自のイデオロギーをもつのは、資本主義経済、資本主義体制のダイナミズムによる。「資本主義は、自己の諸矛盾と搾取の諸手段そのものによって、大衆を自らの復権に導き、闘いのなかで新しい秩序を主導する物質的精神的能力を大衆に付与する。」

(ハ)「人種的要因は階級的要因と複雑に混じり合う」。「確固とした適切な社会主義政策を提起することが。人種的要素を革命の要素に変えることになる」。

(ニ)「人種問題は土地問題と同様、経済的、社会的、政治的にみて、根本的には封建制の廃棄の問題である」。解決は混血化によってではなく、封建的経済の打倒を通じてしか実現できない。人種は帝国主義支配に役立っている。外国資本主義は低賃金労働力を確保すべく封建階級を利用して農民大衆を搾取している。

また、各論部分では先住民問題に関して次のように論じている。

(イ)先住民問題は人種的なものではなく、社会的経済的なものであるが、人種的な要素も、先住民問題のなかでその問題に対処する手段の一つとしての役割をもつ。

(ロ)少数の鉱山労働者と萌芽期の農業労働者が存在し、大農園には若干弱まったとはいえ農奴制が存在している。そしてセルバではしばしば先住民が奴隷制のもとに置かれている。

(ハ)先住民叛乱の頻発から、政府は表面的にせよ先住民の権利の擁護を表明し、また土地の分配を約束するなどの政策を取らざるをえなくなっており、他方先住民の間では社会主義思想が浸透し、革命による権利回復の意思が表明され続けている。

(ニ)先住民問題は土地問題である。先住民の無知と後進性と貧困は、その隷従状態の結果にほかならない。社会主義者の任務は、先住民の権利要求を組織化し、系統的かつ明確に位置づけることにある。先住民大衆に対する思想教育は先住民出身の労働運動活動家を利用できる。

(ホ)共同体はほんの少しの努力で協同組合に移行しうる。

他方、「II.人種問題の重要性」の論点は次の通りである。

(イ)黒人と先住民は人種と被搾取者として二重の共通性を持っている。彼らはメスティソと白人を問わず、搾取されているプロレタリアートや農民と一体となって、民族ブルジョアジーと奇怪で寄生的な帝国主義に反対して革命を目指して蜂起し、これを打倒する必然性をもつ。それは階級意識にもとづき、ラテンアメリカに労働者と農民の政府を樹立するものでなければならない。

(ロ)コミンテルン第六回大会は、原初的な経済をもつ人民にとって、他の人民が通ってきた長期の進化の過程を経ることなく、直接、集産主義的経済の組織化から始められることを示唆した。具体的な社会構造と集産主義的精神のなかに存続する原始農業共産主義は、プロレタリア階級の主導の下に、マルクス主義的共産主義に裏うちされた集産主義社会のもっとも強固な基礎に移行していくうえで、「後進的」住民ではインカの先住民ほどでないにしても、きわめて有利な条件を備えている。

(ハ)黒人の経済的役割や社会的条件を見れば、ラテンアメリカの黒人問題は一般に、とりたてて人種的といえる側面はない。メスティソや白人の労働者とともに、生産者として果たす経済的役割により、黒人はそれらの労働者と同じ搾取を被り、資本主義的抑圧からの解放闘争において同じ立場に立つ。黒人が行った闘いは、ナショナルな闘争の性格を持たなかったし、その可能性もなかった。彼らの要求には、純粋に人種的といえるものはほとんどなかった。

(ニ)メスティソとムラートはプロレタリア階級のなかでかなり重要な位置を占めている。その経済的復権の要求は、彼らが属する階級の要求と一体となっている。これら混血が人口のほぼ全体を構成している諸国では、彼らはプロレタリアートや多数を占める農民として、革命闘争で重要な役割を与えられている。

(ホ)生産階級の大部分が、先住民あるいは黒人から成り立っているとき、人種問題は明確な社会的側面をもつ。しかし黒人に関しては、自らの伝統文明や固有の言語との接触を失い、搾取者の文明と言語を全面的に受け入れた故に、その性格が失われている。

(ヘ)先住民と黒人は、生産面で特権的な機能を果たすようになると、自らの人種との接触を完全に失い、搾取者の役割を果たすようになる。共産党は、搾取されている先住民や黒人大衆の闘いがもつ社会経済的性格を強調し、具体的で革命的な権利の回復を目指す明確な階級意識を与え、さらに搾取される生産階級の一員として、メスティソや白人のプロレタリアートと一体であることを明らかにする責務を有する。

(ト)先住民自治国家の創設は、先住民のプロレタリア独裁、ましてや階級なき先住民国家の形成につながるものではなく、ブルジョア国家がもつあらゆる内的外的矛盾を抱えた先住民ブルジョア国家の創出をもたらすものとなる。搾取された先住民大衆の階級的運動だけが、先住民の政治的自決の可能性を高め、搾取から先住民を真に解放できる。

(チ)ラテンアメリカの諸人種は革命運動のなかできわめて重要な役割を担うようになる。封建制と資本主義に反対して、メスティソや白人のプロレタリアートとの緊密な同盟のなかで展開される、プロレタリアートや農民である先住民の闘いだけが、先住民の人種的特性の自由な発展を可能にする。さらに、古くから存在する人種集団を分断する現行の国境を越えて、さまざまな国の先住民を結び付け、先住民による政治的自治に導くことができる。

(3)コミンテルン代表の批判

(イ)PSPの大衆党論に対する批判

ペルー代表の報告に関し、ドローズ、コドビーリャ、ペテルスが厳しく批判した。批判は、PSPの大衆党としてのあり方、先住民問題への姿勢、帝国主義に関する認識の三点に集中した。

党論に関して、ポルトカリェーロが『反帝国主義的視座』の報告を読み上げた直後に、PSPが改良主義政党であると批判されている点に関し、(イ)PSP綱領にある通り、革命的なマルクス主義とレーニン主義のイデオロギーを採用しているが、一九二七年のレギア政権の弾圧下で大衆との結合が不足している、(ロ)現状では反政府政党が存在していない、(ハ)コミンテルンよりアプラ運動内に活動している分子を反帝同盟に吸収するようにとの決議が届いた、(ニ)これらの諸要素を考慮し「戦術」として社会党を結成した、(ホ)PSP批判は現状を認識せずに行われている、(ヘ)PSPはコミンテルンに忠実な共産主義者のグループに基盤を置いている、と補足説明を行った。

これに対し、ペテルスは、(a)PSPは「合法の仮面」であると言われるが、他方でPSPは広範な社会的構成を有するとも主張されている、(b)このことから判断すればPSPは本質的には「アクセスしやすい政党」にすぎず、これが共産党の結党と混同されている、(c)大衆にアクセスしやすいとの口実を付された広範な組織ではなく、強力な革命的組織を結成すべきである、と批判した。

また、コドビーリャは、(i)反帝革命運動においてプロレタリアートの覇権を確立すべきであるとの基本点については同意が存在するが、この覇権を確立するためには共産党の結党が必要である、(ii)ＰＳＰ代表はコミンテルンの立場を受け入れると表明しているが党の構成を変更するとは述べておらず、これは政治的誤りである、(iii)ＰＳＰ代表は「ペルーの現実」を強調しているが、ペルーも他のラテンアメリカ諸国と比して決して例外ではない、(iv)ボルシェヴィキではなき社会主義とは社会民主主義にほかならない、(v)プロレタリアートが自動的に成長し政治教育を遂げるのではなく、明確な綱領と革命的展望を通じて教育されるものであり、その前提として共産党の存在が必要であり、唯一革命を指導できるのは共産党であることを大衆に知らしめねばならない、と批判した。

他方、ドローズは、(イ)ペルーの同志たちの目的は共産主義者グループを大衆と結び付けることであるが方法が間違っている、プロレタリアートは党を必要としているが、三階級からなる党を必要とはしていない、(ロ)ペルーの同志たちが提案しているのは共産党の「合法仮面」ではなく、より広範な党である、(ハ)知識人を引き入れることだけでも共産党とは異なる社会構成と基盤を有する党となる、(ニ)ポルトカリェーロが言及した労働者・農民自治行政体は資本主義国にも存在しうるものであるが、ソヴィエトのような革命的なものではない、(ホ)ＰＳＰ結成は政治的偏向という是正が困難な問題を生じさせることになる、と批判した。

これに対して、ポルトカリェーロが行った反論は、ペルーは基本的に農業国であるとして、農業労働者及び農民の組織状況を極く簡単に付言したのみで、理論的な反論は記録されていない。

以上概観してきた如く、ＰＳＰ代表のポルトカリェーロは、ＰＳＰはレギア政権の弾圧下で大衆との結合を求めるための方法からＰＳＰの形態が選択されたと説明しているのに対して、コミンテルンからの批判はその大衆党という形態に向けられ、共産党を結成すべきであると強調されている。両者の姿勢の相違は明確である。しかし、ここで問題がある。それは、ＰＳＰという大衆党が結成されたのは、ポルトカリェーロが述べているようにレギア政権による弾圧という特殊な状況の中で採用された戦術に過ぎなかったのか。筆者は、ポルトカリェーロの説明にはコミンテルン代表に対する一種の戦術的な詭弁があるように思われる。何故なら、後述するように、PSPはマリアテギが『七試論』等で展開した、周辺部資本主義国の現状分析に基づいて形成されたものであり、一時的なレギア政権による弾圧を背景として考えられたものではないからである。この点は、本質的な問題を含む部分であり、第七節に詳述する。

(ロ)先住民問題の問題提起に対する批判

まず、ペテルスが、(イ)ペルー代表の報告には「人種」と「民族」の混同が見られる、先住民問題とは民族問題である、しかし報告では先住民問題を文化的・人種的問題とのみ捉え、先住民の闘争の民族的性格を否定している、(ロ)民族問題を階級の問題や農業問題に還元することは誤りであり、征服者に対する闘争の歴史的条件を忘却している、(ハ)先住民問題と民族問題の混同は分離に至るまでの自決権を否定する姿勢に導く、(ニ)ラテンアメリカにおける民族問題を論じる際には、現行の国境に拘泥すべきでない、(ホ)ペルーやボリヴィアにおいては資本主義的関係の浸透に伴って国民(民族)が形成の途上にあり、それは先住民共和国の形成を否定するものではない、と批判した。

これに対し、ポルトカリェーロは、(a)ペテルス同志はペルーとボリビアの先住民の関係の方が、ペルーの先住民と白人の関係より近いと述べたが、先住民は政治的独立よりも土地の回復を求めて戦っている、(b)先住民が自決を求めることは、敵に階級闘争の意味を曲解させることになる、(c)共同体からは多くのことを学んだ、と反論した。

また、ペスセは、(i)議論はこの問題に関して異なる視点や評価があることを示した、(ii)我々の意図は民族概念の重要性を否定して、民族概念から人種概念を分離することにあった、(iii)先住民の人種問題は実際には民族問題ではない、(iv)従って、先住民の自決権につき語ることは適切でない、当面プロレタリアートは先住民の権利を尊重することに限定すべきである、(v)人種問題は階級問題に従属させるべきである、(vi)一部同志が、先住民の間に原始的な経済的集産主義的な組織と労働における協力精神の存続を重視する発言を行ったが、同感である。階級の集産主義を強化するためにこれらを利用すべきである、と論じた。

(ハ)帝国主義に関する認識と反帝闘争に関する議論

アルゼンティンのゴンサレス・アルベルディが、(イ)ペルーの同志たちは、帝国主義が大土地所有制を清算する要素として、小土地所有を促進していると主張しているが、これは危険な主張である、(ロ)そうではなく、封建的残滓や他の後進的な諸形態は帝国主義支配の保障となっている、(ハ)国内封建階層と帝国主義の間に矛盾が存在しない訳ではなく、また帝国主義が小農層の育成を助長することもあるが、帝国主義が大土地所有制を清算し、大規模な小農層を創出することはない、(ニ)小ブルは一階級ではなく相反する利害を有する社会階層の集合体に過ぎず、帝国主義と結びつく層もある、従って小ブル層の反帝国主義姿勢の精神的要素を過大評価してはならない、(ホ)ペルーの同志たちは、反帝同盟は入党する諸要素を基礎にしなければ不可能であると主張するために、PSPの労働者・農民・小ブルの広範な党の性格が生じるが、PSPにおいては党自身が反帝同盟になってしまっている、と指摘した。

これに対してペスセは、(a)我々は帝国主義の浸透を進歩的な要素と考えている訳ではない、(b)帝国主義は正常な資本主義的プロセスを変形する傾向がある、(c)帝国主義は場合によっては大土地所有制の封建的性格を保存するが、場合によっては封建制が維持できず、民族ブルジョアジーが資本主義的形態に変形できない産業を帝国主義が変形することがある、従って帝国主義は支配する国内の資本主義的発展を加速する役割を果たす、(d)帝国主義が浸透の対象となる国に利益になる訳ではないが、他方で封建的要素を減少させ、給与労働者を創出する、(e)しかしこれらの諸要素があるからと言って、反帝闘争を低下させることはない、(f)ペルーでは反動の下で合法的な反帝同盟の結成は不可能であり、非合法な反帝同盟ではPSPに入党する以上の人々を結集させることはできない、と主張した。

このペスセの反論に対し、コドビーリャは、(i)ペルーの同志たちの主張は極めて危険である、(ii)ペスセは帝国主義浸透が進歩的役割を果たす訳ではないと言いながら、何故に帝国主義が資本主義的発展を加速すると固執するのか理解できない、もし帝国主義の浸透が国内経済を変形することを認めるのであれば何故に資本主義的発展について語れるのか、資本主義的な発展とは国内経済の正常な発展を意味するのであって、国際市場の必要性に国内経済を適応させることを意味しはしない、我々は国内経済の変形、即ち帝国主義の利益への従属に直面しているのであり、自立的な資本主義的発展に面しているのではない、(iii)帝国主義が浸透している国の封建的性格を減少させているとか、隷従を縮小させて給与労働者を創出しているとの議論は極めて危険である、帝国主義は半封建的・半奴隷制的な搾取に資本主義的搾取を順応させており、大衆に対する搾取を強化している、(iv)大土地所有が資本主義企業に代わられても半封建的搾取は維持される、(v)ペスセは反帝同盟の結成に同意しているが、他方で反帝同盟が合法的に存在する可能性はないというが、反帝同盟の指導権の確保を心配するのであれば大衆組織の指導に力を入れるべきであり、そのためにはペルーの同志たちは「殻」を割って大衆と接触することに努力すべきである、と批判した。

5. クスコ共産主義者グループ

(1) クスコ共産主義者グループの結成

シエラ南部地方においては一八九〇年代よりアレキパ商業資本を通じて羊毛生産が世界市場に統合された結果、主に先住民共同体の共有地の収奪が進行したため、一九一〇年代より先住民農民叛乱が頻発し、「アンデスの嵐」と呼ばれる状況が生じていた。このような社会状態は、学生・知識人層に大きな影響を与え、知識人運動を覚醒させ、一九二〇年代末に共産主義者グループを登場させる伏線となった。

クスコ共産主義者グループは、先住民農民の叛乱に象徴される社会的動乱を背景として、一九二〇年にクスコで開催された第一回ペルー学生連盟（FEP）大会、一九二四年五月にクスコに設立された人民大学運動に発する学生運動の高揚が起源となった。クスコ共産主義グループの形成に参加したのは、クスコ大学の学生が中心となった「アンデ」グループと、世代的にはこれに先立つ「コスコ（Kosko）」グループであり、前者が結成した共産主義者グループに後者の中の急進派が加わる形となった。

「コスコ」グループは、ラトーレとラドらが中心となって一九二四年五月から一九二五年一二月まで六三号が刊行された雑誌「コスコ」に結集した知識人・労働者グループであった。「コスコ」誌はクスコにおけるインディヘニスモの高揚に寄与した文芸・社会雑誌であり、イデオロギー的にはゴンサレス・プラダ主義を継続する急進主義を特徴とし、アナーキズムやアナルコ・サンジカリズムの傾向も強く見られたが、徐々にマルクス主義への傾斜を強めていった。このグループの参加者が中心となって、一九二六年一一月に「再興グループ（Grupo Resurgimiento）」運動が結成された。

他方「アンデ」グループは一九二六年五月に結成され、機関誌「プトゥト（Pututo）」を同年五月から一一月まで七号刊行した。中心は「プトゥト」誌の編集者であったサアベドラ等であり、イデオロギー的にはマルクス主義傾向を徐々に強めていった。「アンデ」グループは一九二七年五月の生じたクスコ大学学長選挙の結果に対する抗議行動を指導して、この行動を通じて政治的姿勢をより明確にしていった。この時期に機関誌「クントゥル（Kuntur）」を刊行し、一九二七年一〇月と一九二八年一月に二号発行した。「クントゥル」誌には旧「コスコ」グループ参加者も寄稿し、「クントゥル」誌は「コスコ」グループと「アンデ」グループが合流する場となった。「アンデ」グループは「クントゥル」誌の発行と並行して、クスコ市周辺の低所得者層の居住地域一二地区に学生・職人を組織化し、アイユー（先住民共同体）の名を冠する組織を形成していった。この学生・職人組織ではそれぞれの組織が独自の綱領を作成し、マルスク主義文献の勉強会を開始した。

クスコ共産主義者グループの形成に先立つプロセスとして、一九二八年七月に「アンデ」グループがアプラ運動のクスコ細胞を結成した。この細胞はクスコ出身者が多数を占めたパリ細胞や、ラ・パス細胞と密接な関係を維持した。しかし、アプラとの関係はイデオロギー面での方向性が確定していない時期における一時的な仮姿にすぎず、同年一〇月二二日にはアプラとの訣別を決定した。更に、一九二九年一月二八日、サアベドラを除く「アンデ」の若手メンバーが会合し、学生・職人組織の連合組織を結成するとともに、共産主義者グループの結成を決定し、ブエノス・アイレスに設置されたコミンテルン南米書記局との接触を開始する。南米書記局から同年五月に『南米通信（Correspondencia Sudamericana）』第一〇号を受け取って南米書記局との接触が確立され、ここに共産主義者グループが正式に発足した。同年一〇月一九日、第一回ラテンアメリカ共産主義者会議におけるコミンテルンからのＰＳＰに対する批判を踏まえ、「アンデ」グループのメンバーから成るアプラ細胞は、アプラ運動との訣別、ＰＳＰへの加盟拒否、共産党結党の準備を正式に決定した。共産主義者グループ結成の主体となったのは「アンデ」グループ若手の学生グループであり、書記長にはカジェルが任命された。

⑵ＰＳＰとの関係

「コスコ」グループのメンバーや「再興グループ」のメンバーはマリアテギとの接触を有していた。特に、「コスコ」グループのラドはリマのサンマルコス大学の学生時代よりマリアテギと交際があった。一九二六年一〇月にマリアテギが「アマウタ」誌を発刊した際には、「コスコ」グループのラトーレとラドがクスコでの販売代理人となっていた。また、一九二七年一〇月に「クントゥル」誌が発行された際には、「クントゥル」誌側からの「アマウタ」との交換提案に対し、同年一二月にマリアテギがサアベドラ宛てに祝意を表するとともに提案に同意する書簡を送付している。

しかし、それ以後、クスコの共産主義者グループとマリアテギの間の音信は途絶える。ラトーレ、ラド、サアベドラ等、マリアテギと以前より接触を有した者たちはリマのマリアテギ・グループの動向に理解を示す傾向も見られたが、一九二九年一月のクスコ共産主義者グループの結成に参加した「アンデ」の若手メンバーの間には、マリアテギ及びマリアテギ・グループに対する不信が存在した。その背景には、クスコ在住者のリマ在住者に対する地域的な反発感情、マリアテギの小ブル的な略歴と姿勢、コミンテルンの動向への関心があったと思われる。また、インディヘニスモを評価したマリアテギに対し、クスコ共産主義者グループはカヤタに代表されるインディアニスモに傾斜し、ケチュア＝アイマラ自治共和国の樹立を志向したことも原因として挙げられよう。

クスコ共産主義者グループとマリアテギとの間の接触が再開されたのは一九三〇年一月であった。同年一月、クスコ共産主義グループの書記長カジェルよりマリアテギに宛てられた一月一日付の書簡を持ったナバロが密使として派遣された。この書簡の中でカジェルは、PSPとクスコ共産主義者グループの間の理論的相違を議論することは避け、両者の間に接触が途絶えていた理由として、(イ)マリアテギが若手共産主義者グループを軽視する一方で彼らが批判するバルカルセルを評価したこと、(ロ)第一回ラテンアメリカ共産主義者会議以前にはマリアテギ・グループの傾向を十分承知していなかったことを指摘しつつ、レギア政権の政治的安定性が低下している情勢に鑑み、PSPとクスコ共産主義者グループの間で共闘を模索する必要があるとして、政治情勢に関するマリアテギ・グループの見解を求めた。

ナバロのクスコ帰還後、二月八日に報告会が行われた。マリアテギからの回答の詳細は記録に残されていないが、ナバロは、マリアテギの健康上の問題が極めて悪化しており、マリアテギはラビネスの帰国を待ちわびていたと報告した。そして、マリアテギからPSP関係の文書を託され、PSP加盟を慫慂されたとして、加盟問題が議論に付されることになった。しかし、内部討論においてもPSP加盟は否定され、このことはクスコ共産主義者グループのPSPの組織形態に関する批判は解消されなかったことを意味するものと思われる。マリアテギからの回答に関し、クスコ共産主義者グループの新書記長となったロサスから返書が送られたが、これを最期に生前のマリアテギとの接触は終了した。

他方、クスコ共産主義者グループは、一九二九年一〇月一九日の内部合意に基づき、クスコ県内各地、ラ・パス、アレキパ、アバンカイ県、アヤクチョ県にオルガナイザーを派遣して共産党の建設準備を並行的に進めていた。

マリアテギの死後、ロサスは五月一一日付の書簡をリマのマルティネス・デ・ラ・トーレに送付した。この書簡の中でロサスは、PSP内に生じている意見相違に関して詳細な情報の提供を要請するとともに、クスコ共産主義者グループとしては国際的な綱領を適用した全国的な共産党の建設を志向するとの姿勢を表明している。

一九三〇年一月一日付のカジェルがマリアテギに宛てた書簡に関して、クアドロスはクスコ共産主義者グループが自己批判的な立場からマリアテギ・グループとの接近を図ったとの評価を下しているが、五月一一日付のロサスからマルティネス・デ・ラ・トーレ宛ての書簡を併せて考慮すれば、クスコ共産主義者グループが途絶えていたリマのPSPグループとの接近を図ったことは事実であろうが、「自己批判」的な立場から接近したのではなく、全国的な共産党建設という路線の正しさへの自信を背景にしたものであったと評価すべきであろう。クスコ共産主義者グループがマリアテギを中心とするPSPのメンバー以上にコミンテルンの路線に近い立場を有していたことは否定し難い。

6. ペルー共産党の成立

前述のPSPが第一回ラテンアメリカ共産党会議に提出した文書は、分析的な性格が強く、大衆党論を提起していたものの、行動綱領面での提起は見られなかった。PSP結成後の動向として、一九二九年五月一七日にペルー労働総同盟（CGTP）が結成されたが、これを除けば、PSPの具体的な革命論や行動綱領に基づく行動は見られない。

PSPの具体的な革命論や行動綱領これに相当する文書は、マリアテギが一九三〇年初めにスペインで出版する予定であった『ペルーにおける政治とイデオロギー』の中に示されていたはずであったが、原稿がスペインで受け取るはずのファルコンの手に届かず行方不明となり、現在に至るも発見されていない。従って、PSPは現状分析を有し、先住民を社会主義運動に合流させる運動を目指すものとされながらも、具体的な革命論や行動計画を持たない組織である段階から前進することはきなかった。それ以前に、党内にコミンテルンの枠外で社会主義運動を継続することの困難を認識して、コミンテルンの指令に従って、マリアテギの主張に基づいて結成された大衆党としての社会党ではなく、前衛的な共産党に改編すべしとの主張が強まった。

第一回ラテンアメリカ共産党会議開催後の同年七月にはコミンテルン第一〇回執行委員会総会が開催され、コミンテルンの路線が更に左傾化したことから、PSPに対する批判は更に強まった。このため、PSP内に、コミンテルンからの圧力を前に、コミンテルンの枠外で社会主義運動を継続することの困難さに関する認識が強まった結果、マリアテギは徐々に孤立化していった。マリアテギの孤立感は、一九二九年一一月末に官憲の家宅捜索が再度行われたこともあり更に深まった。このため、一九三〇年三月にマリアテギは、ペルーを脱出してブエノス・アイレスへの移転を決意した。この時点で、マリアテギはPSPのコミンテルンへの正式加盟を受け入れつつも、共産党への改編にはまだ同意していなかったと言われる。

一九三〇年三月一日、PSPは二月にソ連より帰国したラビネスを迎えて中央委員会会合を開催した。この会合において、マリアテギに代わる新書記長の選考が行われラビネスが選出された。また、三月四日の会合では、「PSPは階級党であり、他の階級の政治勢力や政治組織との融合を意味するあらゆる傾向を拒否する。綱領と行動の中でプロレタリアートの独立性を放棄する政治的日和見主義を非難する。（中略）PSPは、国内情勢の中で、現実が革命的な小ブルとの協定及び同盟を課していることを認め、PSPがこれらの革命的な性格を有する同盟の一部を成すことはできるが、あらゆる場合において、プロレタリアートは批判、情宣、組織に関する自由を確保しなければならない」とする決議を採択した。この会合後、三月一六日にPSPのプロレタリア化に反対するカスティージョ等の中央委員四名がPSPを離脱した。

この直後の三月二〇日頃より、マリアテギの病状が急激に悪化し、四月九日には一時回復したものの、四月一一日には再び悪化し、四月一六日死亡した。マリアテギの死亡後、コミンテルン南米書記局より『ペルーの共産主義者の同志たちへ』と題する文書が到着した。この文書は、「プロレタリアート党の結成に反対し、小ブルのヘゲモニーの下に様々な社会諸階級を結集する政治組織を結成するというアプラの混乱させるイデオロギーを前に、同盟者に対する労働者階級の政治的、組織的な独立とヘゲモニーを確立する必要性が益々理解され、共産党を結成する上での障害が排除された」との「好ましき状況」が生じているとして、共産党の結成を再度訴えた。この文書は、五月二〇日にリマ近郊のチョシーカ町で開催されたPSP中央委員会会合の討議に付され、PSPのPCPへの改編決議がマルティネス・デ・ラ・トーレを除く全員の同意で採択された。PCPの初代書記長には、ラビネスがとどまった（注14）。

三月一日の中央委員会会合から五月二〇日の同会合までの経緯については、党内で正式に文書で公表されることがなかったために、五月末に書記局通報が巡覧された。この通報の中で漸く、ラビネスの新書記長への選出、反帝同盟結成の決定、コミンテルン加盟の決定、カスティージョ他の離党、PSPからPCPへの改編等の諸点が明記された。

7．論争点の整理

マリアテギとコミンテルンの間の論争は、前述の通り、直接には行われず、第一回ラテンアメリカ共産主義者会議においてPSP代表とコミンテルン代表の間で行われた議論の記録、及び同会議後にコミンテルン南米書記局からＰＳＰに送付された書簡が参考になるにすぎない。同会議における議論の要約は南米書記局の機関誌である『南米通信』に掲載されたが、この要約はマルティネス・デ・ラ・トーレの『ペルーの社会史に関するマルクス主義的解釈のための諸点』に採録された。

たとえマリアテギが直接に論争したのではなく、ＰＳＰ代表がコミンテルン代表と議論したのであり、またその議論の詳細が把握できないという限界はあるにせよ、現存する資料を検討すれば、両者の考え方の相違はある程度正確に把握しうる。ここでは、可能な範囲において、両者の論点を整理し、その意味を検証してみる。

両者の間には大衆党かプロレタリアート前衛党かという姿勢の相違が論争の契機となり、帝国主義に関する認識等も論争点となったが、その背景には、ラテンアメリカのような周辺部資本主義諸国における資本主義体制のあり方と、特にペルーのような前スペイン期に高度な先住民文明が栄えていた国における国民（民族）形成のあり方に関する問題意識の相違がある。この論争には一九二〇年代末という時期的な国際的、国内的な環境に規定された問題が存在することは否定できない。この点を視野に入れつつも、より大きな視点から、先住民を統合した国民（民族）形成の途上にある周辺部資本主義社会に関する問題意識という点から、姿勢の相違を整理してみることが、現在の時点からも重要性をもつ。

⑴周辺部資本主義諸国における帝国主義の役割に関する認識

コミンテルンの周辺部資本主義諸国に関する基本的な問題意識と、一九二八年から一九三〇年の時期の問題意識を、一九二〇年七月に開催された第二回大会においてレーニンが起草した「民族・植民地問題についてのテーゼ」、並びに「同補足テーゼ」と「同補足テーゼ原案」、及び一九二八年九月に開催された第六回大会において採択された「コミンテルン綱領」及び「植民地・半植民地における革命運動についてのテーゼ」から整理すると次の通りとなろう。

コミンテルンは、帝国主義は、植民地・半植民地において、旧社会体制内の支配層と結託するため、反動的な同盟者の存立の基礎となり、搾取の前資本制的形態を維持し固定化する傾向があると指摘する。また、資本主義の発展に関しては、家内工業や手工業を没落させ、商業ブルジョアジーの結びつくために、産業部門を縮小させる。このような立場から、第一回ラテンアメリカ共産主義者会議においては、帝国主義が後進資本主義国において資本主義的発展を促進する役割を果たすのかに関して、コミンテルン側より否定的な姿勢が示され、帝国主義が資本主義を促進するわけではなく、前資本制的な生産関係を温存する傾向があるとの視点から、ブルジョア民主主義的革命の必要性が主張された。

帝国主義が資本主義を促進するとの視点を指摘したのは、PSPよりも寧ろアプラ運動であった。アヤ・デ・ラ・トーレは、一九二八年四月に執筆を終了した『反帝国主義とアプラ』において、「ラテンアメリカにおいては帝国主義は資本主義の最初の段階である」と述べ、帝国主義がもたらす経済侵略を通した主権侵害等については告発したものの、資本主義の成長そのものには反対しない立場をとり、民族資本主義路線を標榜した。これに対し、マリアテギは、ペルーにおいては帝国主義が植民地時代的な封建的収奪を保持している大土地所有制と癒着しており、その下で民族ブルジョアジーと呼びうる階層が育っていないと論じ、コミンテルンと同様に、帝国主義が前資本制的な体制を温存する傾向を指摘していた。しかし他方で『帝国主義的視座』の中で、「資本主義発展の必然の運動は、封建制の利害や特権と対立することになる」と論じた。この点が、コミンテルン代表によって批判されることになった。

しかし、マリアテギは資本主義が進展する理論的可能性を指摘したのみであり、資本主義の進展を擁護したわけではなかった。『西洋の没落』に関する評論において、没落しつつあるのは西洋文明全体ではなく、資本主義であると論じているなど、資本主義及び資本主義に基づく経済発展を擁護してはいない。寧ろ、帝国主義の利害が大土地所有者層の封建的利害と一致していると見えるのは現象であって本質ではないとの点にあったと解するべきである。それ故に、資本主義を退嬰的な非人道的制度であると見るマリアテギは、「社会主義革命だけが真に帝国主義の進出を決定的に阻止できる」と主張したのである。

他方、マリアテギとPSPがブエノス・アイレス会議に提出した文書の中には、コミンテルン第六回大会で採択された『世界綱領』の中に取り入れられたブハーリン的な概念である「世界都市と世界農村」という世界システム的な捉えられ方に関する議論が見られなかった。しかし、一九二八年一〇月にPSPが結成された際に作成された『党綱領』には、「帝国主義は、資本・商品市場、および原料の貯蔵庫として搾取するこの半植民地民族に対し、民族主義化あるいは工業化のいかなる経済計画も認めようとせず、彼らに特化、単一生産を強制する。つまり、資本主義世界市場の諸要因により、国内生産が厳しく規定される」ことを指摘している。世界システム論としては不十分ながらも、帝国主義体制が、半植民地諸国（及び従属諸国）に工業化を許さず、資本主義世界市場の必要性に沿った生産への特化を強制している構造的要因を指摘していた。

マリアテギやPSPの、「資本主義化」に関する議論の中で注目すべきは、マルクスの世界史認識との関連である。マルクスの世界史認識には、『経済学批判要綱』において示された資本制的生産様式が前資本制的な生産様式を解体して資本主義化を促進するという「資本の文明化作用」という方向性と、晩年にロシアのミール共同体の問題に触れて開陳した前資本制的な共同体が社会主義の基礎になりうるとの二つの方向性が見られた。前者は、「イギリスのインド支配」の中で表現された、「無意識の道具」として、資本主義が世界を均質化してゆくことが、同時に資本主義を超える新しい世界の物質的諸条件を胚胎してゆくとのビジョンに連動してゆく。

マリアテギが展開した議論には、マルクスが示した二つの方向性がともに表現されている。一つは、帝国主義が資本主義化を促進するという「文明化作用」であり、もう一つは後述する資本主義段階の「飛び越え」論に関連する、マルクスが提示したミール共同体論に匹敵する先住民共同体の存在を社会主義の基礎に想定する議論である。

確かに、コミンテルンの代表が指摘した、帝国主義が現地の前資本制的な支配構造と癒着して、これを温存して利用していくという傾向も存在したが、コミンテルン代表が展開した図式化には、マルクスが提示したような世界史観は見られなかったと評価すべきであろう。特に、コミンテルン代表の主張には、資本制的生産様式が前資本制的生産様式と接合してゆくことで、前資本制的な支配構造に癒着してゆくとの面が強調され、資本主義化を促進してゆくとの「文明化の作用」に関する軽視が見られた。

マルクスの周辺部・非内発的資本主義諸国を見た視点がマリアテギにも現れていたとの事実は、極めて興味深い現象であり、マリアテギの思想を考える上で重要な要素であると思われる。

(2)資本主義段階「飛び越え」論

マリアテギは、資本主義の諸段階をすべて完遂するために資本主義的発展を重視するアヤ・デ・ラ・トーレとは異なり、資本主義の諸段階をすべて経ることなく、社会主義段階に達し、この社会主義段階においてブルジョア民主主義段階の一部の任務を達成することは可能であると論じた。マリアテギのこのような持論は、コミンテルンの姿勢の影響を受けたものと推定される。コミンテルンは、第二回大会で採択された『民族・植民地問題についてのテーゼ』の『補足テーゼ』の中で、ロイから提出された『補足テーゼ原案』にあった、「植民地の諸民族は、経済的・工業的に立ち遅れているから必ずブルジョア民主主義的段階を経過しなければならない、という想定は誤りである」との問題提起を考慮して、「後進諸国の大衆は、資本主義的発展をとおることなく、先進資本主義諸国の自覚したプロレタリアートによって導かれて、共産主義に到達することができるであろう」と明記していた。また、レーニンも同大会の民族・植民地問題小委員会における報告の中で、「資本主義的発展段階が後進民族にとって不可避だと考えるのはまちがいである。……後進諸国はソビエト制度へ移行し、資本主義的発展段階を飛び越えて、一定の発展段階を経て共産主義へ移行することができる、という命題を確立し、理論的に基礎づけなければならない」と論じた。

また、第六回大会で採択された『植民地・半植民地における革命運動についてのテーゼ』の中で、「ソ連邦ならびに帝国主義諸国内の革命的プロレタリアートとの同盟は、中国、インド、その他すべての植民地・半植民地諸国の勤労人民大衆に、資本主義制度が支配する段階を経過することなく、さらに資本主義的諸関係一般の発展段階を経過することなく、自立的で自由な経済的・文化的発展の展望を切り拓いている」、あるいは「後進的な植民地諸国にあっては、その非資本主義的発展の可能性、かなり発達した植民地諸国にあっては、他の諸国における勝利したプロレタリア独裁の支援による、民族民主革命からプロレタリア社会主義革命への転化の可能性が存在する」と述べていた。

マリアテギは、この第六回大会のテーゼを承知していた。マリアテギとの合意の下でペスセが執筆したとされる『ラテンアメリカにおける人種の問題』の第四章の中に、「コミンテルン第六回大会は、原初的な経済をもつ民族にとって、他の民族が通ってきた長期の進化の過程を経ることなく、直接、集産主義的経済の組織化から始められることを一度ならず示唆した」と述べられている。また、マリアテギが一九二九年頃に執筆したものと推定される雑誌『シエラ』編集部からの質問状に対する回答の中で、「社会主義の政治的到来は自由経済段階の完全かつ正確な完遂を前提とするものではない」と述べている。マリアテギの社会主義革命論の核心はここにあると思われる。

しかし、第三節において示した通り、第六回大会で採択された『世界綱領』の第四章第八節において革命の主な型が五類型に分類され、ラテンアメリカの場合には「アルゼンチン、ブラジル、その他の」と記述された「従属諸国」に分類され、ブルジョア民主主義革命から社会主義革命に転化するものと示された。『世界綱領』に関する議論の中でエクアドル代表のパレデスの主張によって、エクアドルを含むラテンアメリカ諸国が従属諸国に分類された以上、ペルーもこの類型に分類されていたものと理解される。しかし、マリアテギが言及しているのは、第五の類型にある「たとえばアフリカの諸部分」と分類されている諸国に関して『世界綱領』が示した「非資本主義的発展の道」であった。マリアテギが、先住民共同体の存在や共同体先住民における連帯精神や共同労働の習慣からペルーにおける非資本主義的発展の可能性を主張する時、根拠にしたコミンテルンの『世界綱領』の記述は必ずしもペルーを含むラテンアメリカ諸国を対象として論じられたものではなかった。マリアテギは、意図的にその辺りの問題を無視したのだろうか。おそらく、マリアテギは、ペルーにおける国民の半数以上を占める先住民農民の存在を考えれば、『世界綱領』に記述された類型である「従属諸国」という類型よりも、「もっと後進的な諸国」との類型に属するとの異論を提起したのだろう。しかし、その場合には、他の部分で指摘した帝国主義が資本主義化を進展させている側面と、この「もっと後進的な」側面との相互関係をいかに捉えるべきであるのか、説明していない。

マリアテギは、ペルーにおいて労働者階級は限定された存在にすぎず多数派を構成するにはほど遠いが、労働者階級のヘゲモニーの下で、都市底辺層や共同体精神を保持した先住民農民などの「サバルタン社会諸階級」が結束し、社会主義思想に共鳴した小ブル知識人をも同盟に加えれば革命は可能であると考えた。特に先住民共同体の存在もあるにはあったにせよ、先住民の間に保持されている連帯精神や協同労働の習慣が社会主義革命との合流を可能にすると考えたのである。この点が、「精神主義」とか「主意主義」と言われる所以である。

(3)大衆党か前衛党か

PSPとコミンテルンの間の党の社会構成に関する議論は、労働者階級が萌芽的な存在で社会的に多数派を占める構成要素ではない社会において、「プロレタリアートの前衛党」が大衆を指導しうるかどうかという問題を提起した。マリアテギが重視したのは、先住民農民と労働者階級の連帯であった。しかし、コミンテルン第六回大会において採択された『植民地・半植民地における革命運動についてのテーゼ』は、「特殊な労働者・農民党は、ある時期には革命的な性格をもつかもしれないが、それはいともたやすく普通の小ブルジョア的な党へと変質しうるものである。従って、そのような党を組織することは得策ではない。共産党は決してその組織を二つの階級の融合にもとづいてはならない」と述べていた。

しかし、はたして労働者階級が萌芽的にしか存在していない国において前衛的な共産党が結成されたとして十分な影響力を発揮できたのか。ペルーにおいては、一九二〇年代において労働者としての集団意識を形成していた労働者層は、鉱山労働者、鉄道労働者、繊維労働者等の極く一部に限られ、労働者としてよりも職人的な域を出ない場合もあった。そして、社会主義への志向を明確にしていった一九一八年から一九一九年の時期にはマリアテギは、第一章において示したように、ペルーにおける変革の主体を「労働者階級」との表現は用いず「大衆」と表現していた。この「大衆」にはまだ先住民農民はふくまれていなかったが、アンデス農村部から移動して都市に到着しつつも、まだ製造業など近代的な産業の発達が十分ではなかったために、半失業者的で、非雇用の職人的な仕事に従事している者をもふくんでおり、いわば都市底辺層、都市「サバルタン」という意味合いを有していた。その後、マリアテギはヨーロッパ経験を経てマルクス主義の理論的側面を体得し労働者における階級意識の形成に力点を置いた活動を行うが、他方で一九二四年一一月頃より先住民農民をも変革主体として、ペルー革命の主体の範囲を都市底辺層及び先住民農民に広げた。言わば、革命主体は「サバルタン社会諸階級」といいうるものに設定しなおしたのである。PSPはいわば、そのような「サバルタン社会諸階級」を指導する「労農党」的な党であったのである。

一九三〇年にPSPがPCPに改編されて以後のPCPの歴史、及びラテンアメリカにおけるその後の左翼運動の展開を見ても、共産党が左翼運動の中で指導的な役割を果たしたことはほとんどなかった。また、PSPとコミンテルンとの間で交わされた党に関する議論が、一九二八年から一九三〇年というコミンテルンが左翼的展開を強めた時期に強く規定された問題であった点も指摘しておくべきであろう。

(4) 国民（民族）形成の問題

これまで指摘したコミンテルンとの論争点は、言うなれば周辺部・非内発的資本主義社会の特質に関わる問題であった。そして、ペルーの場合には、スペイン人征服によって国民（民族）形成が複雑化し、しかも一九二〇年代当時は先住民が国民人口の70％近くを占めていたという問題が存在した。

PSPとコミンテルンの間の党の社会構成に関する議論は、労働者階級が萌芽的な存在で社会的に多数派を占める構成要素ではない社会において、「プロレタリアートの前衛党」が大衆を指導しうるかどうかという問題を提起した。マリアテギが重視したのは、先住民農民と労働者階級の連携であった。しかし、コミンテルン第六回大会において採択された『植民地・半植民地における革命運動についてのテーゼ』は、「特殊な労働者・農民党は、ある時期には革命的な性格をもつかもしれないが、それはいともたやすく普通の小ブルジョア的な党へと変質しうるものである。従って、そのような党を組織することは得策ではない。共産党は決してその組織を二つの階級の融合にもとづいてはならない」と述べていた。

ここに「国民（民族）」の概念に関する相違が見られるのではないか。コミンテルン代表の主張は、スターリンが一九一四年に書いた『マルクス主義と民族問題』の中で示された民族の概念に基づいていたと思われる。が、この概念は主に東欧の「民族問題」が中心的なテーマとなっていた時期に執筆されたものであり、従って「民族」の概念も、新大陸に形成された様々な移民を含む複数エスニック国家の特徴を踏まえていたものではない。他方、マリアテギやPSPの主張は、先住民社会の上に様々な地域からの移民が加わった複数エスニック国家における「国民（民族）」形成のあり方を提起した。明らかに、理論的枠組みの違いがあったと考えられる。

第一次世界大戦前の東欧における「民族問題」は、国民国家（ネイション・ステイト）形成を目指す「民族」自決が主要な問題点であったが、ラテンアメリカにおいては形式的な国境線がスペインからの独立で確定した後の、

「国民（民族）」形成が最優先の問題となっていた。コミンテルンの民族・植民地問題に関する認識は、第一次世界大戦前に形成されたヨーロッパにおけるマルクス主義における「民族問題」に関する問題意識の延長線上にあったため、植民地諸国においては政治的分離を含む「民族」自決を掲げたとしても、ラテンアメリカにおいるエスニシティの問題を論じる枠組みとしては必ずしも適切ではなかったのではないか。マリアテギが、エスニシティの問題を「民族問題（problema nacional）」とは表現せず、「人種の問題（problema de las razas）」と表現したのは、このような意味合いを認識していたためであったと考えられる。第一回ラテンアメリカ共産主義者会議において、青年共産主義インターナショナル代表のペテルスが、ＰＳＰは「民族問題」と人種問題を混同していると批判したが、それは混同であったのではなく、複数エスニック国家における事実認識を踏まえた議論であったのである。

8．結び

一九二〇年代末にマリアテギやＰＳＰとコミンテルンの間で交わされた論争を、現代から振り返ってどちらが正しかったかを判断したとしても、この論争がもった重要性を正しく評価することにはならない。重要なのは、何故そのような論争が生じたかであり、そして「開発途上国」と言われる、周辺部資本主義国の社会構造や社会構成の問題として、この論争から何を歴史的に学ぶかである。そして、この観点から、一九二〇年代のコミンテルンの、所謂「民族・植民地問題」に関する路線が、ヨーロッパ中心的な視点から形成され、ラテンアメリカ及びペルーの現実に即していなかったことを確認するとともに、それが事実認識において如何なる落差を生じさせていたのか、そしてそのことが周辺部資本主義国においてもつ意味を再考することが我々歴史研究者に課せられた課題である。

論争の中から我々が注目すべき諸点は次の通りである。

(イ)帝国主義は現地の政治的・経済的支配階層と如何なる関係を結ぶのか。帝国主義は前資本制的な生産関係を強化するのか、あるいは資本制的生産関係の発展を促進するのか。

(ロ)周辺部資本主義国における資本主義的発展とは如何なる発展であるのか。製造工業に基づく資本主義的発展は可能であるのか。

(ハ)社会主義闘争を担うのは労働者階級だけなのか。また、社会主義化とは生産手段の社会化だけを意味するのか。社会主義化をより広範な概念と捉えるなら、社会主義的変革を担う主体も労働者のみでなく更に広範な階層もなりうるのではないか。

(ニ)非西洋文明に基づくナショナルな文化が存在する国において、西洋文明を採り入れた文化的アイデンティティは如何に形成され、それが社会変革と如何に結合しうるのか。

これらの論争点が指摘する事態は、現在においても形を変えて存在している。例えば、グローバル化が進展する中で、(a)周辺部資本主義国は国際分業体制の中で輸出志向を強めるならば、工業産品輸出の可能性は小さく、一次産品輸出しか可能性はないのか、(b)グローバル化の世界においてナショナル・アイデンティティは如何に保持されうるのか、(c)グローバル化という環境の中で社会変革の主体となるのは如何なる階層であるのか。これらは正に現代において回答が求められている問題である。

一九二〇年代末にペルーを直接の議論の対象として、マリアテギやPSPを一方とし、コミンテルンを他方とした交わされた論争は、周辺部資本主義国が現在グローバル化が進展している中で直面している諸問題の淵源を論じていたものであり、グローバル化が現在に始まった現象ではないことを示していると言いうるのではないか。

第三部　思想論

第一章　ペルーの「国民」概念

1. はじめに

ペルーは五九のエスニック集団から構成されている。一九九〇年に生じたフジモリ大統領の選出という近年の現象を除けば、これまでペルー社会の中で非白人系の人々の大部分は、政治的、経済的、社会的に周縁に位置づけられ、伝統的支配階層から排除されてきた。このような国民形成の問題は、太平洋戦争（一八七九―八三年）における敗北を契機として、ゴンサレス・プラダ、ガルシア・カルデロン、リバ＝アグェーロのような思想家によって断片的に取り上げられてきたが、それをナショナル・アイデンティティ形成の視角から本格的に思索したペルーの思想家が、一九二〇年代に活躍したマリアテギである。

マリアテギは、ラテンアメリカ最大のマルクス主義思想家と呼ばれる思想家である。身体障害のために、実践家としては十分に活躍できず、ペルー社会党（ＰＳＰ）やペルー労働総同盟（ＣＧＴＰ）の創立者とはなったが、社会主義運動の指導者としてよりも、理論家として評価される。コミンテルンはＰＳＰを共産党に改編すべきと勧告したが、マリアテギはラテンアメリカ、特にペルーの特殊性から見て、ペルーの社会主義運動において必要なのは、前衛党ではなく、大衆党であると主張して、ＰＳＰの共産党への改編を拒否した。マリアテギの社会主義論は、インドのM・N・ロイや、ソ連のスルタン・ガリエフ等とともに非ヨーロッパ世界におけるマルクス主義思想として注目されている。

マリアテギの思想に関する本格的な研究が開始されたのは、ペルー人研究者及び外国人研究者を含めて、一九七〇年半ばから一九八〇年代初頭の期間であった。メセゲールの『ホセ・カルロス・マリアテギとその革命的思想』[Meseguer 1974]、ヘルマナーの『アヤ＝マリアテギ論争：改革か革命か』[Germaná 1977]、アルゼンティン人研究者アリコーの『マリアテギとラテンアメリカ・マルクス主義の起源』[Aricó 1978]、フロレス・ガリンドの『マリアテギの末期』[Flores Galindo 1980]、キハーノの『再会と議論：マリアテギへの序章』[Quijano 1981]が、マリアテギ研究における新時代の先駆的な研究成果として挙げうるだろう。

この時期に、マリアテギ研究において一九三〇年のマリアテギの死後に封印されてきたタブーが払拭された。タブーとは、マリアテギが結成したPSPが、マリアテギの死の直後にペルー共産党に改名の上で再編され、コミンテルンの国際路線に沿った方向性を採用して以来、強いられてきた理論的拘束であった。コミンテルンは、マリアテギが前衛党論を否定して大衆党論を採用し、また民族自決に基づくケチュア＝アイマラ共和国の建設に反対してあらゆる人種的諸要素を結集した統合ペルーの建設を主張したため、彼に小ブル急進主義とのレッテルを張り、その後はポピュリズムの一種に分類した（注15）。その後、一九六〇年にマリアテギの主要著作である『ペルーの現実解釈のための七試論』（以下、『七試論』）のロシア語訳が出版されたことで、タブーが解禁された。しかし、マリアテギ研究が本格化されるまでには更に十数年を要した。

一九七〇年代にマリアテギ研究の新時代が始まり、それまでの上記のような評価がマリアテギの思想の神髄を表わしていないことが明らかにされてきた。マリアテギの思想の特徴は、「全体性」と「共生」に特徴づけられる思想であり、ポストモダンへの方向性をも含む、問題提起性の強い刺激的な思想であることが徐々に明らかにされてきた。

「全体性」の思想とは、単に人々の肉体的、経済的状態の悪化のみを変革の対象とするのではなく、社会的、文化的状況の全体を主題とするとの視点である。換言するなら、社会変革の対象を、政治制度や経済制度のみでなく、社会的、文化的状況とそれに規定される個人の意識や日常生活にも及ぼすとの視点を有する思想である。このような、社会的、文化的状況とそれに規定される個人の意識や日常生活をも変革の前提条件とした故に、マリアテギの思想は、当時のコミンテルンの主流派に代表されるマルクス主義に比し、「精神主義」あるいは「主意主義」的な傾向を特徴としている。マリアテギの、この「精神主義」、「主意主義」の傾向については、一九二〇年代におけるヨーロッパ・マルクス主義の「主意主義」を代表するルカーチ、コルシュ、グラムシ等との類似性や、ソレル等からの影響が指摘されている。

他方、「共生」の思想とは、文化や価値観の多様性を認めようとする多元主義の思想である。このマリアテギの「共生」の思想が最もよく現われているのが、「国民（nación）」理念に関して執筆した一連の論稿である。マリアテギが、ペルーの「国民（民族）」の問題に関して執筆し始めたのは、一九二四年五月の右脚切断手術後の、同年一〇月三一日付『ムンディアル』誌のコラム欄「ペルーをペルー化しよう（Peruanicemos al Perú）」に「懐古主義と未来主義」と題する記事を掲載してからである。その後、断続的に『ムンディアル』誌のこのコラム欄や、一九二六年九月に創刊した『アマウタ』誌上に関連論稿を掲載した。マリアテギのナショナルな問題への関心は、一九二八年一一月に出版された『七試論』と、一九二九年六月にブエノス・アイレスにて開催された第一回ラテンアメリカ共産主義者会議に提出された『ラテンアメリカにおける人種の問題』（以下、『人種の問題』）に集大成された。

ペルーにおいては、一九五〇年代より本格化した山岳部農村からの国内移動を背景として、都市部に移動した先住民層及び先住民色の濃いメスティソ層が「チョロ化」し、更にペルー社会全体の「チョロ化」現象が生じた（注16）。そして、一部には「ペルーは文化的にはチョロの国である」との評価も生まれるに至っている。本稿は、マリアテギが上記の一連の論稿や『七試論』及び『人種の問題』において展開した「国民」の理念を整理し、それが「チョロ化」した現代のペルー、及びグローバル化が進展している現代社会において有する意味を再考しようとするものである。

なお、最後に付言すれば、本稿はマリアテギの「国民」概念を論じるものではなく、マリアテギがペルーの「国民」はどうあるべきかを論じた「理念」を扱うものである。第2節では近年のマリアテギ研究における「国民」問題に関する議論の方向性をまとめ、第3節ではマリアテギのペルーの「国民」理念を整理し、第4節ではペルーを構成する個々の人種的要素に対するマリアテギの見方を概括した上で、第5節ではマリアテギのインディヘニスモ論を再考する。そしてこれらの検証を踏まえて、マリアテギが示したペルーの「国民」に関する理念が共生・共存を目指すものであることを明らかにし、このような理念が有する現代的意味を探ってみる。

2. マリアテギ研究における「国民」問題

前述の通り、一九七〇年代末にマリアテギ研究の新時代が始まったものの、マリアテギの「国民」問題観に関する研究は遅々として進まなかった。その理由は、第一にマリアテギ研究が主にマルクス主義の立場に立つ研究者によって行われたが、マルクス主義にとって「国民(民族)」の問題は、階級や国家の問題との関連を整合的に論じられてこなかった一種の弱点であったからである。

マルクス主義における「民族」問題の議論は、一九一〇年代にオーストリア社会民主党のバウアーやレンナーの所説に対する批判としてレーニンやスターリンによって行われ、特にスターリンが一九一三年一月に執筆した『マルクス主義と民族問題』が原典とされてきた。スターリンは「民族(ナーツィヤ)」を、言語、地域、経済生活、及び心理状態の共通性という特徴がすべて同時に存在するものであると定義した。このスターリンの「民族」論は、ヨーロッパ周辺、特に東欧を対象としたものであり、アジア、アフリカやラテンアメリカを視野に入れていないという時代的制約に縛られたものであった。日本においても、このようなスターリンの「民族」論が再検討の対象にされ始めたのは、漸く一九七〇年代に入ってからであった。

ペルーにおいては、マリアテギ研究の進展が一九七〇年代の社会主義運動の高揚と相俟っていたため、その関心は社会主義運動の理論的必要性に起因する先住民問題、土地問題、労農同盟論、統一戦線論、大衆論等の実践的な側面に集中した。その後漸く一九八〇年代後半より、研究対象分野が多岐多様化し、国民形成の問題に関する議論が進展したのもこの時期であった。しかし、問題の重要性に比べれば必ずしも研究の量は多くない。この側面を扱った主な研究者は、ペルーではフロレス・ガリンド［Flores Galindo 1979, 1987］、フランコ［Franco 1980］、ヌヘント［Nugent 1987］、モントヤ［Montoya 1990］、キハーノ［Quijano 1993］、マンリケ［Manrique 1995］、ヘルマナー［Germaná 1995］、タピア［Tapia 1995］、フランスのフォルグ［Forgues 1994, 1995］である。

これらの研究者の議論を逐次要約することは避け、ここでは全体的な議論の方向性を指摘しておきたい。明白なことは、いずれの研究者においてもマリアテギの時代にはペルーの民族性あるいは「国民」の形成は終了していなかったとの認識があることである。その認識から出発して、マリアテギが民族性の形成は社会主義革命の中で達成されると論じたことを、一九八九年以後のソ連・東欧社会主義圏の解体後の時代に再考している。そして、マリアテギが主張した社会主義とは単に生産手段の社会化ではなく、国民の意識変革を通じた連帯性の確立であると社会主義の概念の拡大を図り、その視点からマリアテギが主張した社会主義の中での民族性あるいは「国民」の形成は実現されるとし、マリアテギの思想の有効性を主張している。

こうした研究の過程で、マリアテギの用語の使用法についても種々の事実が指摘されてきた。例えば、(イ)マリアテギが「ペルーの民族性は形成の途次にある」とは述べたものの、ペルーの「国民」が形成の途次にあるとは述べていないこと、(ロ)マリアテギが「エスニティ」と「人種」を現代とは逆の意味で使用していること、(ハ)マリアテギは「民族問題」との表現を用いていないこと等々である。

3. マリアテギの「国民」論

(1) 「国民」の問題

私見の限りでは、マリアテギは「国民国家（ネーション・ステイト：estado-nación）」の用語は用いていない。しかし、国家（estado）と国民（nación）は厳密に区別して使用している。

モントヤは、マリアテギが「国民」の問題に関して、「国民」と「民族性（nacionalidad）」の二つの用語を明確に区別して使用していると指摘している。モントヤの指摘はマリアテギの著作に基づいた事実であるが、この点に関して、マリアテギ研究者の間でも未だ十分な認識が確立されているとは言い難い（注17）。では、マリアテギは「国民」と「民族性」の用語を如何に区別して使用しているか。おそらく、この点を明らかにすることが、同時にマリアテギの「国民」理念を解明してゆく糸口になると思われる。

マリアテギは、「国民（民族）」という用語を使用してはいるものの、その概念に関して、明確な定義を示していない。たとえば一九二五年一一月二七日付『ムンディアル』紙上のコラム記事「政治的イデオロギーにおけるナショナリズムと前衛主義」において、「特定の歴史段階においては、民族という理念は自由の精神を具現したものとなりえる。民族の理念がすでに古ぼけてしまったヨーロッパでも、民族の理念が発生し誕生した時には、十分革命的なものであった。そして現在では、外国の帝国主義に搾取され、民族の解放のため戦っているすべての人民のなかで、民族の理念は革命的意味を堅持している」と述べ、特定の歴史段階においては、「民族」の理念は革命的意味をもちうると論じた。この記述から、マリアテギは、前述の通り、明確な「国民（民族）」の概念の定義を示したことはなかったものの、それらの概念はそもそも近代ヨーロッパに発生したものであるとの事実を認識していたこと、及び、現在においても民族解放のために戦っている人々の間では「民族」の理念は革命的意味を持っているとの見解を持っていたことが理解される。一九二七年三月一一日付『ムンディアル』誌に「インディヘニスモ論争」の関連で掲載した論稿においても、「これらの諸国民（筆者注：政治的、あるいは経済的な植民地諸国）において、民族の理念はその軌道を完遂していないし、歴史的使命は枯渇していない」と述べている［Mariátegui 1975A：221］。

次にマリアテギは、一九二七年一二月二日付同紙のコラム記事『ナショナルな伝統』において、「伝統主義は、国民を、クリオーリョとメスティソだけに限定し矮小化した。（中略）民族的な伝統は、インカイスモを再統合することによって拡充した(注18)。しかし、それを再統合したからといって、国民としてのわれわれの存在や個性のなかに強固に組み込まれてきた他の諸要因、価値規準がまったく無効になるわけではない」と述べ、ペルーの「国民」が既に存在していると述べたものと判断しうる表現を行っている。

マリアテギは、既に存在する「国民」の構成はクリオーリョとメスティソに限定されていたが、先住民的要素を再統合して拡充したナショナルな伝統に基づいた「国民」、しかしこれまでに「国民」に組み込まれてきた存在や価値規準を否定しない「国民」の形成を図るべきであると主張したのである。従って、先住民的要素が再統合されたナショナルな伝統こそ、国民形成の精神的、文化的な基軸になるべきものであった。このような基軸をマリアテギは「民族性」と呼んでいる。

また、マリアテギは『七試論』において、一八八八年にゴンサレス・プラダがリマ市のポリテアマ劇場で行った宣言の中で述べた、「太平洋とアンデスのはざまに広がる地域に住むクリオーリョや外国人の諸集団が真のペルーを形成しているのではない。民族は山脈の東側地帯に散在するインディオ大衆によって形成されている」との表現を引用している。このゴンサレス・プラダの表現は、先住民に対する心情的な共感を表明した極めて情緒的なものではあるが、マリアテギにとりゴンサレス・プラダの言葉は、将来のペルーの精神性を示すものとして重視されたものと考えられる。そして、マリアテギは、国民形成の基軸となる「民族性」の形成をはかることを急務と考えた。

なぜなら、マリアテギにとって、ペルーの社会が先住民の存在を考慮せず、先住民を排除することによって形成されてきたことが最大の原罪と考えられたからである。先住民問題、土地問題など当時のペルー社会が直面したあらゆる問題が、この原罪に由来すると考えられた（注19）。マリアテギは、ペルーの社会と経済が、先住民を無視して、先住民を排除して形成されたことを厳しく批判し、それゆえにペルーにはいまだ「民族性」が形成されていないと論じたのである。

(2) ペルアニダ

マリアテギが「民族性」に関して初めて言及したのは、一九二四年一一月二八日付の『ムンディアル』紙に掲載したコラム「国民的なものと外来のもの」においてであった。その中でマリアテギは、「ペルーはいまだに形成の途上にある民族性である」、「民族的な形成の過程をまだ達成していない」と述べている。また、その後一九二八年に出版した『七試論』においても、「独自の特徴をもつペルーの民族性がいまだ存在しないということを、明確に示している」、「われわれは固有の民族性を形成しつつある」と述べている。

マリアテギは、これらの文章において、明確にペルーの「民族性」の形成は完了しておらず、形成の途上にあると主張している。では何故にマリアテギは、ペルーの「国民」は既に存在していると述べたと判断される表現を行ったのか。マリアテギが述べようとしたことは、ペルーの「国民」は一八二一年のスペインからの独立によって、「民族性」の形成を経ずに国家建設が行われた結果生じた擬制的な「国民」であり、形式的には存在しているがそ創造の途上にあるペルーの概念こそが、ペルーの「民族性」なのであり、「ペルアニダ（Peruanidad）」であった（注20）。

同紙に掲載したコラム『民族的な伝統』において、「ペルーはいま創造の途上にある概念である」と述べているが、(民族)」形成は完了していないということであったのではないか。そしてマリアテギは、一九二七年一二月二日付れを規定すべき「民族性」の形成が完了していない、従って、形式的なものではなく、実質的な意味での「国民

「ペルアニダ」に関して述べたマリアテギの表現は、本来の「ペルアニダ」はスペイン人に征服・支配された四世紀の間に喪失し、それに代え新しい「ペルアニダ」がコスタに堆積されてきた、しかしこの新しい「ペルアニダ」に先住民的要素を加え、ひとたび「ペルアニダ」を失った人々に祖国を取り戻させねばならない、と要約できよう。従って、現代における「ペルアニダ」は、先住民の存在の上に、征服と植民地化によって付加された諸要素を融合したものを再び先住民的要素を重視して再編したものであるはずである。マリアテギは、この現代の「ペルアニダ」がいまだ形成の途上にあり、形成を完了していないと主張したのである。

このように、マリアテギにとって、ペルーの問題は「ペルアニダ」の形成、すなわちペルーの民族性形成の問題であった。そして、それは先住民を復権し、先住民を土台にペルーを形成することであった。マリアテギは、先住民問題の本質は「エスニック問題ではなく」、「土地問題であり（中略）封建制の解体の問題である」と主張したが、他方で「先住民問題は四〇〇万人のペルー人の問題である。（中略）民族性の問題である」、「ペルーの人口の五分の四を占める人々をペルーの民族性に同化させる問題である」と述べている。

ここで注意すべきは、マリアテギがペルーが抱える問題を「ペルーの問題（problema peruano）」という言葉で表現したが、「民族問題（problema nacional）」という言葉は使用していないことである。また、先住民に関連する問題を「先住民問題」という言葉を使用したが、これについても「民族問題」という表現は用いていない。周知の通り、当時コミンテルンにおいては第一次世界大戦前の民族問題とは、先に指摘したように、東欧における民

族問題であったが、第一次世界大戦後は植民地体制の矛盾の露呈化を通じて重要問題化し、世界革命を目指す共産主義運動の補完部分と位置付けられ、植民地大衆の民族解放闘争が重要なテーマとなっていた。一九二〇年七月にモスクワで開催されたコミンテルン第二回大会において、レーニンが起草した「民族・植民地についてのテーゼ」が採択され、植民地大衆の解放闘争が、全勤労大衆の同盟に一体化する部分として位置づけられた。

マリアテギもコミンテルンにおいて民族・植民地問題が重要なテーマとなっているとの事実を認識していたが、一九二九年六月にブエノス・アイレスで開催された第一回ラテンアメリカ共産主義者会議に提出した報告『ラテンアメリカにおける人種の問題』、『反帝国主義的視点』に見られるように、ラテンアメリカに関しては階級闘争を通じた人種問題の解決を重視し、民族自決論に基づく先住民国家の建設を否定した。先住民国家の建設は、結果的には先住民ブルジョア国家の創出をもたらすとして、これを斥けた。マリアテギの視野には、ラテンアメリカには、反帝国主義闘争としての民族解放闘争は重要ではあるものの、「国民」はまがりなりにも既に存在するために、その「国民」に「民族性」を与えることがより重視された。そのためには、特にペルーの場合には、「国民」の大部分を占める先住民を土台とした「民族性」を形成することが何よりも優先的な課題と考えられ、そのためには社会主義闘争に先住民を合流させる以外に方法はないと考えた。

いわば、このような課題は対外的な民族解放ではなく、帝国主義と癒着した国内支配層に対する国内的な解放闘争であると考えた故に、「民族問題」との表現が一切用いられなかったのではないか。ここにも、マリアテギが「国民」は既に形成されているとする姿勢が窺われる。要は、既に存在する「国民」に内実を与え、それを真のペルーの「国民」に変革することであると考えたのではなかったか。

そしてマリアテギは、先住民問題の解決は封建的な大土地支配体制の解体であると考え、先住民が持ち続ける「互恵」の精神や「共同労働」の習慣によって培われてきた「連帯」の思想が、労働者の社会主義を目指す階級闘争と合流すれば、資本主義の諸段階を完全に経ることなしに社会主義の段階に進みうると考えた。従来のマリアテギ研究においては、将来的な社会主義の基盤は、先住民共同体が共有地を媒介にした協同組合化を通じて形成しうるとの視点をマリアテギが示したことが注目されてきた。しかし、筆者はマリアテギがこのような可能性を示唆した点よりも、先住民の間で継承されてきた「互恵」の精神や「共同労働」の習慣にマリアテギが着目した点をより重視する。マリアテギが重視したのは、先住民共同体における共有地制度の存続もさることながら、「互恵」と「共同労働」に見られる先住民の精神性であった。マリアテギの思想の現代的な有効性として指摘されている点は正にこの点にある。他方、共有地制度はマリアテギが生きた一九三〇年までにおいてさえ、大部分が解体されつつあった。

以上の通り、マリアテギは、当時のペルーが直面する問題を「民族問題」との語を用いず、「先住民問題」との語に集約させ、先住民が置かれている社会的・経済的問題の解決を先住民の復権と位置づけ、これを通して先住民が「民族性」の土台となるような真のペルーの形成を目指したと考えられる。そして、マリアテギの死後70年を経た現代においても、ペルーの国民国家は未だ形成されていないと論じられている。

4. マリアテギの人種論

(1)人種問題への視角

それでは、マリアテギは「民族性」の形成に関して、ペルーを構成する種々の人種的諸要素をいかに捉えていたか。まず、人種問題に対する視角から検証する。マリアテギは、生物的な意味での「人種問題」と表現するとき、「人種の(“racial” あるいは “de las razas”)」との用語を使用せず、「エスニックな(étnico)」との用語を用いた。

「エスニック」なる用語が世界的に多用されるのは、ナチズムが政権を掌握して以後に「人種」の用語を避ける傾向が生じた後であり、特にフランスの人類学の影響であったと言われている。他方、マリアテギは、「エスニック」なる語を生物的な意味での人種に限定して使用している。例えば、「先住民問題がエスニック問題であるという考えは、論じるに値しない」、あるいは、「先住民問題はエスニック問題であるという規定は、帝国主義思想のもっとも古くさいレパートリーである」と述べている。

マリアテギは、「人種」問題とは生物学上の優劣の問題ではなく、社会学的に研究されるべき社会・経済的問題であると考え、このような視点から「人種」問題を考える際には、「人種の問題（problema de las razas）」と表現し、決して「人種的問題（problema racial）」との表現は用いていない。すなわち、「人種」集団を問題視するのではなく、その「人種」集団がおかれている社会・経済・文化的位置が問題視される場合が、マリアテギにとっての「人種の問題」なのである。これに対し、ダーウィニズム的な種の優劣の視座から論じられる場合を「エスニックな」視点と見たのである。このような「エスニック」なる用語の使用法は、当時のペルーにおいて、社会ダーウィニズムを批判する潮流によって行われたものであり、マリアテギにのみに見られたものではなかった。

このような用語の使用法は、現在における使用法から見れば全く逆である。現在は一般に、「エスニック」なる言葉に社会・文化的要素が付されている。しかし、二〇世紀初頭のペルーにおいては、マリアテギが示したような使用法が一般的であった。マリアテギが「人種（razas）」を多用したことをもって、人種差別主義者と決めつける議論もあるが、これは時代背景を踏まえない意見である。用語の使用の問題に関して重要な点は、マリアテギが「人種」問題を生物学的な観点からではなく、社会・経済・文化的な観点から捉えており、生物学的観点から捉える場合には明確に異なる用語を使用したという事実である。

(2)先住民論

マリアテギが先住民問題に関心を持った理由として三つの要因を挙げ得る。第一の要因は、幼年期の体験である。マリアテギは、リマ市の名門であるマリアテギ家の私生児として海岸部南部のモケグア県で母子家庭に出生、翌年には母親アマリアの都合でリマ市を経て母方の叔父が居住するリマ県チャンカイ郡ワチョ市に転居した。そこで一九〇二年まで過ごした。

チャンカイ郡には一八九〇年代から一九一〇年代にかけ、綿花生産に従事する大土地所有が拡大したため、住民の大半はアジア系（中国人、日本人）や黒人であった。これに対し、ワチョ市の人口構成は先住民が85パーセントに対し、アジア系が10パーセントであった。従って、マリアテギはワチョ市というコスタ（海岸部）の都市に住みながらも、先住民系が大部分を占める環境の中で幼年時代を過ごした。また、ワチョ市でマリアテギ一家が世話になった母方の実家が先住民色の濃いメスティソで先住民に極く近いということから、先住民に対する親近感を強めたと考えられる。

二番目の要因は、太平洋戦争における敗北から自国の「国民（民族）」形成の問題を根底的に再考すべしというゴンサレス・プラダに代表される知識人による問題提起がなされたことである。

三番目の要因は、一九世紀後半から二〇世紀初頭にシエラ（山岳部）の南北を席巻した先住民の反乱である。筆者が調査しただけでも、一八五〇年から一九三〇年までの八〇年間に、一八六七年のプーノ県においてブスタマンテが率いた反乱、一八八五年のアンカシュ県においてアトゥスパリアが率いた反乱、一九一五年のプーノ県においてルミ・マキが率いた反乱、一九二一年のクスコ県においてワルカが率いた反乱、一九二三年のアヤクチョ県においてロメロが率いた反乱など七五件の先住民反乱が発生している。反乱の原因は、羊毛生産が国際市場に取り込まれたことによるアレキパ等の商業資本や仲買人による先住民共有地の収奪と、大土地所有者の先住民に対する酷使にあった。このようなアンデス地域における先住民反乱の続発は、白人クリオーリョ層をはじめとする非先住民に大きな危機意識をもたらすとともに、先住民が置かれた環境に関する関心を高め、先住民を擁護するとともに、先住民をペルーの国民形成に統合すべしとする論調をクリオーリョ層の間に生じさせた。

マリアテギも幼年期に形成された先住民に対する親近感や時代精神の反映もあり、先住民に対して好意的な言及を行っている。マリアテギの先住民の特性に関する基本的姿勢は、人種優劣論からの先住民に対する劣等視を拒否し、先住民の文明と精神性を評価するものであった（注21）。特に、マリアテギが強調したのは、「劣った人種という考えは、白人西洋による拡張と征服の事業に奉仕した」という点、先住民劣等視は「白人西洋」による征服のイデオロギーであったという点である。

(3)メスティソ論

マンリケは、幼年期の一〇才までリマ県チャンカイ郡ワチョ市に住んでいた時期に、マリアテギは先住民に対して親近感を深めた一方で、メスティソであることへの自己否定、クリオーリョ文化に対する違和感、黒人やアジア系の人々に対する否定的な感情を強め、青年期になってもメスティソ、アジア系、黒人に対して偏見とも呼びうる感情を有していたと指摘している。（注22）。

マリアテギは、メスティソであることへの自己否定から、メスティソについては極めて否定的な感情を有していた。一九二八年に出版した『七試論』において、「インディオとメスティソの社会層に関する社会学的研究において大切なことは、メスティソが出身人種の資質や欠点を継承している度合いではなく、インディオよりも容易に白人の社会状態とか文明形態にむかって進化しうる能力である。（中略）メスティソは、工業的でダイナミックな都市的環境のもとで、みずからの習慣や活力や成果をもとにして、白人との間の距離を急速に克服し西洋文明と同化している」と述べ、メスティソが白人文明に容易に同化する傾向をシニカルなトーンで批判した。これはコスタにおいて見られた現象である。

マリアテギによれば、シエラにおいてはガルシアが「ヌエボ・インディオ」と呼んだ、先住民精神に同化したメスティソが生じていた(注23)。ガルシアは、メスティソ文化の形成に基づく「メスティソ＝新しいインディオ(ヌエボ・インディオ)」を主張した。この「ヌエボ・インディオ」は人種的には混血化しつつも、精神的には先住民の精神性に根を下ろし、他方で西欧的先進性をも兼ね備える存在である。また、ガルシアは先住民も新鮮な精神性を摂取して「ヌエボ・インディオ」に転化しうると主張した。すなわち、ガルシアの「ヌエボ・インディオ」には、先住民の精神性に同化したメスティソ(更には白人)と、新しい精神を摂取した先住民の二類型が存在する。マリアテギが言及しているのは、明らかに前者であった。

他方、先住民問題の解決は人種混血によって克服しうるとの主張が、二〇世紀初頭のペルー社会に絶大な影響力を持った実証主義的な進化論に基づいて行われた。これに対してマリアテギは人種間の優劣の存在を否定する立場から、「先住民問題はエスニック問題であるという規定は、帝国主義思想のもっとも古くさいレパートリーである。劣等な人種という考えは、白人西洋による拡張と征服の事業に奉仕した。先住人種と白人移住者を積極的にかけあわせることによって先住民の解放を期待するという考えには、反社会的な稚拙さがあり、メリノ種の羊の輸入業者だけが、その幼稚な頭で考えることである」と述べ、また、「ラテンアメリカのブルジョアジーとガモナル(注24)の大部分は、インディオ劣等説を熱心に支持している。彼らの考えでは先住民問題は、エスニック問題であり、それを解決するのは先住民と優れた外国人との交差であるという。しかし、封建制にもとづく経済は存続するかぎり、移民の移動とは相容れず、混血による変革を生み出すことはできない」と強く反論している。

更に、ラテンアメリカにおける人種問題がメキシコのバスコンセロスが提起した『宇宙人種(Raza Cósmica)』の概念を通じて克服しうるとの立場をも批判する(注25)。マリアテギにとっては、バスコンセロスの宇宙人種は生物学的な人種融合の結果生まれる融合人種の概念であり、しかも具体的な社会・経済的条件におかれている現在のメスティソの環境を考慮にいれたものではなかった。マリアテギが抱いたメスティソ化の概念は、人種融合の結果ではなく、文化的多様性の共存を意味するものであった。マリアテギが、このような文化的メスティソ論に到達するには、メスティソとしての自己否定という苦闘を経なければならなかった。

そもそもマリアテギのメスティソとしての自己否定は、前述の通り、幼年時代の環境の産物であり、周囲のメスティソに対する嫌悪が、白人クリオーリョ世界への憧憬と、それへの否定を通じて先住民世界に回帰し、その先住民世界をペルーの「民族性」の中で生かす方途として、文化的メスティソ化という概念に到達したものと考えられる。

既に引用したように、マリアテギは「国民」の問題に関して述べた部分で、「国民的なナショナルな伝統は、インカイスモを再統合することによって拡充した。しかし、それを再統合したからといって、国民としてのわれわれの存在や個性のなかに強固に組み込まれてきた他の諸要因、価値規準がまったく無効になるわけではない」と述べていたように、スペイン人の征服以後に到来した諸要素や彼らが有する価値観と、先住民の価値観の共存の中に国民のあり方を求めたし、今後創造される「ペルアニダ」にリマも無関係ではいられないとの表現をしている。このことからも、マリアテギは先住民を土台としながらも、多様な価値観の融合を目指したと理解される。

マリアテギは、「ペルーにおいては、環境の相違といくえにも交錯した人種の無数の結合が原因で、メスティソがつねにおなじ意味を持つとは限らない。混血は、スペイン人とインディオという二重性を解決するどころか、複雑なバリエーションを生み出す一現象であった」と述べているが、このような複雑なバリエーションの発生によって、文化的多様性が逆に徐々に文化的融合に向かうことに、マリアテギは将来的な人種問題の解決の方向性を見たのではないか。

⑷黒人論・中国人論

マリアテギは黒人と中国系に対して極めて否定的な見方をしている（注26）。マリアテギの黒人、及び中国系に対するこのような評価は、前述の通り幼年時代の環境が大きく影響していると思われる。ワチョ市の周辺に存在するチャンカイ郡の大農園には黒人や中国系の人々が多くエンガンチェと呼ばれる事実上の債務奴隷制度のような労働環境の中で働いていた。

マリアテギは本来、黒人に関して、スペイン人が黒人をもたらしたことではなく、奴隷制を持ち込んだことを批判している。黒人がペルーに到達したのは、ピサロの遠征時からであった。一五八〇年にはリマ市において二〇〇〇人の黒人奴隷の存在が記録されている。しかしマリアテギは、スペイン人が奴隷制を導入したことを批判した際、黒人を「劣等人種」と表現し、「インディオを退化させた」とまで言っており、自らが批判した人種優劣観に陥ってしまっている。マリアテギが黒人を批判する理由は、黒人が容易に白人支配層の側に立って先住民を敵視する傾向をたびたび示したことであった。これは正に、コスタの大農園において、農園主による分断支配の中で看取された傾向であった。

他方、中国系に関してマリアテギは、中国人移民がペルーの「民族性」の形成において貢献しうる可能性を過小評価した。彼は中国人移民が中国文明に由来する道徳的規範も、文化的・哲学的伝統をもペルーにもたらさなかった点を指摘し、「われわれは、西洋を通じて老子と孔子を知った」と述べ批判した。また、「中国人はペルーに、人種上の接ぎ木はしたが文化上の接ぎ木はしなかった。中国人移民は、ペルーに中国文明の本質的要素のいずれをももたらさなかった。おそらくそれは、祖国においてかれらが活動的で創造的な力を失っていたためであろう」、「中国人は衰弱しきった東洋の宿命論と無気力と欠点を子孫に注入したように見える。賭博は、風紀の紊乱と不道徳の原因であり、努力よりも天運を信用しやすい人民にとくに有害なものであるが、その最大の刺激を中国人移民から受けている」、「要するに中国人はかれらの道徳的規範も、文化的・哲学的伝統も、農夫・職人としての技能も、メスティソにたいして伝達していないのである。手のつけようのない言語、移民という身分、クリオーリョが移民にだいている昔からの侮蔑が、中国人の文化とその社会環境とのあいだに介在しているのである」と述べている。

中国人苦力がペルーに導入されたのは、非合法的には一八三一年からであったとされているが、合法的には一八四九年一一月に「中国法」が公布されて以後、急増した。一八四九年から一八七四年までに九万二〇〇〇人が到着し、当初はグアノ採集、その後砂糖生産、綿花生産、鉄道建設に従事した。一八七九―八三年に発生した太平洋戦争の際には、進駐してきたチリ軍を解放軍と見なして一部が従軍したこともあり、国民の間に反中国人感情が広がっていた。マリアテギもこのような反中国人感情の影響を受けていたものと考えられる。

(5)クリオーリョ論

マリアテギの人種論において、クリオーリョは現地生まれの白人を意味するのみでなく、非先住民系のすべてのペルーに生まれた者を指しているように思われる。しかしマリアテギは、クリオーリョはペルーの「民族性」を代表していないとして、「ペルー文学におけるクリオリスモは、ナショナリズムの精神をもった一つの潮流として隆盛をみることはできなかった。なによりもその理由は、いぜんとしてクリオーリョが民族性を代表していないことである」と述べている。更にマリアテギは、「クリオーリョの明確な定義はいまだない。今日まで〈クリオーリョ〉という言葉は、きわめて多様なメスティソの複合体を総称するために役立つ一用語でしかない。ペルーのクリオーリョは、たとえば、アルゼンチンのクリオーリョのなかに見出せる特徴に欠けている。アルゼンチン人は世界のどこにいても容易に識別できるが、ペルー人はそうではない。この対照性こそは、アルゼンチンの民族性が既に存在している一方で、独自の特徴をもつペルーの民族性がいまだ存在していないということを、明確に示しているものである。ペルーにおけるクリオーリョは一連の多様性を示している」と述べ、ペルーの「民族性」が形成途上にあるために、クリオーリョに関する明確な定義も存在しないと論じている。ここで重要なことは、マリアテギが「ペルーにおけるクリオーリョは一連の多様性を示している」と述べていることである。この「多様性」という言葉は、後述の通り、マリアテギの思想を理解する上で一種のキーワードとなる。

他方でマリアテギは、ペルーの歴史において、クリオーリョが植民地的精神に反発してゆくという肯定的な傾向を示していることを見逃さない。先住民に接近し、ペルーの発展のためには先住民を復権させ、ペルーの「民族性」の土台にしていかなければならないと主張するインディヘニスモに向かう方向性が、クリオーリョの中から生まれてきていたことを評価している（注27）。

このようなクリオーリョの中から植民地精神に反発してゆく者たちがマリアテギに代表される「新しい世代」を形成していったのである。他方、マリアテギはクリオーリョの中でも、リバ＝アグェーロやガルシア・カルデロンのようなアリエル派を植民地精神への回帰を目指す保守反動的な潮流として「知的ヘゲモニー」をめぐる闘争において主要な敵に据えた。アリエル派の精神潮流を覆す上で、重要な社会的機能を果たすとマリアテギが考えたのがインディヘニスモであった。

5. インディヘニスモ

インディヘニスモは、狭義には二〇世紀前半におけるナショナル・アイデンティティ模索の上で重要な影響を及ぼした文学・芸術運動であった。一九世紀後半からペルーに登場したインディヘニスモの文学・芸術潮流は、先住民層によってではなく、非先住民層によって創造されたものである。マット・デ・トゥルネルやゴンサレス・プラダが一九世紀の代表的なインディヘニスモの文学者である。その後、ロペス・アルブハル、バジェホ、アレグリア、アルゲダスなどの文学者が登場した。画家ではサボガルが代表的である。また広義には、文学・芸術運動に限定せず、スーレンやメイエルのように一九〇九年に「先住民擁護協会（Asociación Pro Indígena）」を設立して、先住民擁護運動を展開した法学者や哲学者等もインディヘニスタに含められる。

マリアテギが、インディヘニスモ論を本格的に展開したのは、サンチェスが行った問題提起を受けて、マリアテギがこれに反論するために執筆した一連の論稿においてであった。両者の論争はインディヘニスモ論争と言われている。この論争は、一九二七年一月にマリアテギが『ムンディアル』誌に三回にわたって「国民文学におけるインディヘニスモ」と題して掲載した論稿を契機に開始され、両者が中心となって、更に多くの識者が参加した。サンチェスがインディヘニスモを批判したのは、マリアテギはシエラとコスタ、白人と先住民という二項対立の図式を所与のものとして捉えそれを助長しているとする点などであった(注28)。これに対しマリアテギは、「自分の理想は植民地的なペルーではも、インカ的なペルーでもなく、統合ペルーである」と応えている。

インディヘニスモ論争においてレギア体制派のクスコ県選出のエスカランテ議員は、インディヘニスモがコスタの知識人層の産物であると批判したが、マリアテギも、インディヘニスモが基本的に非先住民層による文学運動であった点は十分に認識していた。しかし、それがクリオーリョをはじめとする非先住民層の意識の変革を示すものであり、ペルーの「民族性」形成を導く上で重要な要素となることを評価した(注29)。

このように、マリアテギはインディヘニスモ文学がコスタのメスティソやクリオーリョによって創造したものであることを認めつつも、しかしインディヘニスモによって体現された精神は、先住民が居住するシエラから発したものであると指摘し、「インディヘニスモは、コスタの人間の知識や感情から形成されたものとしてだけ現象してはいない。インディヘニスモのメッセージはなによりもシエラから到来する」と述べ、一九二七年にクスコに誕生した先住民復興運動である「レスルヒミエント（Resurgimiento）」を挙げて、その意義を高く評価した。

マリアテギにとって、インディヘニスモは単に文学潮流ではなく、新しい時代精神を代表するものであった。マリアテギは、「文学上のインディヘニスモが、新生ペルーの精神や意識を体現していることを理解するためには、若者のあいだで日ごとに同調者をえている思想的・社会的潮流との明白な一致と、密接な関連性に注目するだけで十分であろう」、「ペルーにおける〈インディヘニスモ〉は、ウルグァイにおける〈土着主義〉のように、本質的に文学的現象なのではない。その根源は別の歴史的土壌によって育まれた。正真正銘の〈インディヘニスモ〉は、たんなる〈エキゾチズム〉によって先住民のテーマを模索する人々と混同されるべきではない。かれらは、意識的であるなしにかかわらず、復興でも再興でもない、復権という政治的・経済的事業に協力しているからである」と述べている。

前出の通り、先住民要素を「民族性」の土台とすることは他の諸要素の排除を意味するものではないとして、スペイン出自の要素をも排除しないとの姿勢が表明されているのを見た。この点に関して、マリアテギは、「インディヘニスモの潮流が発展しても、ペルー文学の他の重要な要素の発展をおびやかし、麻痺させることはない。もちろん〈インディヘニスモ〉は、文学の舞台を独占したいとは望んでいない。他の運動や示威活動を排斥し、あるいは妨害するものではない。しかしこの潮流は、ペルーの社会経済発展のやむにやまれぬ要請に条件づけられた、新しい世代の精神的方向づけとの近似性と関連性によって、一時代のもっとも特徴的な色彩や傾向をあらわしているのである」と論じている。

ここでマリアテギが主張しているのは、文化や価値観の多様性の容認である。マリアテギはスペイン出自の要素に関してはペルーを活性化させうるとの積極的評価をしてはおらず、寧ろ過去への回帰であると見ているが、他方、現代の他のヨーロッパ文明との接触によって沈滞していた文明が再び活性化する可能性があることを示唆していた(注30)。

マリアテギが遺した蔵書のリストを作成したバンデンによれば、その中にはシュペングラーの『西洋の没落』が入っており、またマリアテギ自身も『西洋の没落』について論じている。マリアテギは西洋文明の衰退につき語ったものの、その西洋文明とは資本主義文明であり、社会主義の実現によってその衰退は克服しうると見たために、西洋文明が没落したという深刻な危機感は抱いていなかった。寧ろ、西洋文明と接触することが非西洋文明にとって刷新の契機となりうるとした。それ故に、インディヘニスモが社会主義と合流することによって、ヨーロッパ的要素をも否定しない「民族性」が形成できると主張したのである。

マリアテギにとってインディヘニスモは、先住民問題を解決してゆく上での媒体であり、インディヘニスモと社会主義の合流を主張したものの、それを社会主義者の立場から掲げたのである。マリアテギにとりインディヘニスモは、ペルーにおけるポストコロニアルの象徴であった植民地的精神を代表するアリエル派の知的ヘゲモニーに対して、ペルーの変革を目指す「新しい世代」によるヘゲモニー闘争の手段であった。しかし、マリアテギ自身がインディヘニスタであったことはなかった。マリアテギは、植民地精神に対する新しい知識人の意識形態としてインディヘニスモを評価し、それをペルー史の中にいかに位置づけるかという思想的作業を行ったに過ぎない。マリアテギが目指したのは、多元主義という意味での文化的メスティソ（融合）化であった。その意味では、晩年のアルゲダスと類似した志向性を有していたと言える。

6．結び：ポストモダンへの視角

マリアテギの思想、特に「国民」に関連する議論が現在的な有効性を有しているか否かを問う場合、マリアテギが展開した主張が一九二〇年代という時代に拘束されたものであったという点を無視することはできない。しかし、マリアテギの思想は時代的拘束の中にとどまるものではない。現在においても参考すべき点は種々ある。ここではそのうちの二点につき言及し、本稿の結びとしたい。

一番目は、マリアテギが自覚していたか否かに拘らず有していたところのポストモダンに向けた、文化の多様性あるいは多文化主義の容認という姿勢である。二番目はグローバル化プロセスの渦中における「国民」の捉えかたの問題である。

マリアテギは、サンチェスとの間で行ったインディヘニスモ論争において、「自分の理想は、植民地的なペルーでも、インカ的なペルーでもなく、統合ペルーである」と述べた。マリアテギが、「統合的」という語を用いたために、マリアテギの思想を「統合論」の域を出ないとの評価も行われている。しかし、筆者は、マリアテギ思想の特徴の一つは「共生・共存」の思想であると考える。マリアテギの「統合」の概念は、少数者の排除を含む統合論ではなく、寧ろ少数者の存在や価値観を受け入れる「共生・共存」の思想にも基づくものであると考える。その根拠は、前章までに示した通り、マリアテギが先住民、白人、すべての種類のクリオーリョ、メスティソ、黒人、ムラート、アジア系をも含むペルーの民族性の土台に先住民を据えようとしたことは、マリアテギがペルーに存在するあらゆる人種的諸要素の共存と共生を図ろうとしたものであるからである。従って、この姿勢を、特定のモデルへの統合を目指すような「統合論」と捉えることは誤りであろう。マリアテギが強調しようとしたのは、先住民系を土台としつつも、重なり合う複数の文化的要素の異種混淆的で相互浸透的なクリオーリョ性と、そのクリオーリョ性において混成的な雑種性を増す文化的メスティソ化の共存である。そして西洋文明の呪縛から脱却して、西洋の対立項として本質化するのではない仕方で、ペルーの将来的な「民族性」を想定した。いわばマリアテギはグローバル化の進展によって人種と文化の混成化が進み、文化とアイデンティティを個々に対応させてゆくのでは捉えられない事態が広がることを予見した。その視点はまだ国民国家を越えうるものではなかったが、姿勢そのものの中にはそれを越える視野を窺わせるものがあった。マリアテギはグローバル化という用語は用いていないが、『七試論』の末尾で、「普遍的な道、全世界的な道（caminos universales, ecuménicos)」との言葉で表現しているものが、グローバル化に伴う現象を捉えているように思われる。

　大戦間期に、現在われわれを取り込んでいるグローバル化に先立つ、前段階的なグローバル化の現象があったと指摘されるが、マリアテギもそのようなグローバル化の進展を一九二〇年代において認識していたふしがある。そして、マリアテギはこの「普遍的、全世界的な道」を通じて、「われわれは刻一刻われわれ自身に近づきつつある」と述べているが、この立場はグローバル化の中で、ナショナルな傾向が逆流として噴出するという現象の中で行われている自己探索の営為を先取りするものであったと言えよう。

　もとより、マリアテギの思想にも種々の矛盾点はあり、論理的整合性に欠ける面があることは否定できない。例えば、メスティソ、黒人、中国系に対する否定的な見方、あるいはアジアの諸国民やラテンアメリカの先住民は西洋文明と接触して再生しうるとの指摘は、西洋文明の比較優位を認める姿勢から脱却しておらず、一見多元主義と矛盾すると見える場合もある。また、先住民がプロレタリアートに転換することによって、社会主義に合流できるとの主張も統合論の域を出ないと言えなくもない。おそらく、このようなマリアテギの思想における限界は、ペルーという環境と一九二〇年代という時代的拘束の中で生まれたものであろう。このような問題点を確認しておくことは重要である。しかし、これらの矛盾に見える諸点に束縛されて、マリアテギの思想が有した歴史的な真価を見失ってはならないだろう。マリアテギの思想は、「統合」という言葉を用いることによって、「共生・共存」を論じていたことを確認しておかねばならない。そこには決して矛盾は存在しない。

　マリアテギは少数者の白人層が多数者の先住民層を統合するのではなく、多数者である先住民層が少数者である非先住民層を融合するという視点の逆転をはかるとともに、特権的集団と非抑圧集団とが同時に存在する社会においては、個別的な帰属関係や経験を捨象して一般的観点を採用するように要求することは、既存の特権をさらに補強することに寄与するだけであるという近代社会における政治力学の逆転をも図ろうとした。マリアテギにとり、この一般的観点とは少数者のものであったとして、これを多数者のものに置き換えるのではなく、多様性を認めてゆく方向で力の転換を図ろうとしたのである。

現在、ペルーにおいて先住民文化を維持して生きる先住民は少数者になり、多数者はチョロと呼ばれる先住民系を出自とするにも拘らず先住民系文化とも白人クリオーリョ文化とも異なる大衆文化を形成している人々である。ペルー社会は、マリアテギが活躍した一九二〇年代に比し変貌したが、文化的多様性の問題はより複雑になっており、マリアテギが示した多様性を認める方向性がより求められている。そして、そのような多様性を認める方向性が、グローバル化のプロセスにおいて固有の文化とされる概念そのものが重層的に複合化してゆく中で求められている。

近代をルネサンス、宗教改革、新大陸への到達によって開始されたと捉えるよりも、より狭義に国民国家の時代と捉えるならば、ポストモダンとは国民国家が超越されてゆく時代であり、それはグローバル化の進展によって、国境が超越され、トランスナショナルなネットワークが支配的となる時代である。そして、ポストモダンの時代とは、少数者の排除を含む統合論ではなく、文化や価値観の多様性や多元主義が尊重されなければ成立しない共生・共存の時代である。この意味において、マリアテギがポストモダンに向けて文化や価値観の多様性や多元主義を重視する姿勢を先駆的に示していたことを、今日評価しておくことが必要である。

そこにこそ、先住民が多数を占めるペルーの現実の分析に発して、現在から志向されるポストモダンの時代に向けた共生・共存論を展開したマリアテギの思想の現代的意義があると考えられる。マリアテギの思想の積極的な評価は、主に社会主義を志向する人々によって行われてきた場合が多いことは確かである。しかし、マリアテギの思想の現代的な意味は、マリアテギ自身がマルクス主義は手段であって目的ではないと述べていたことを十分に考慮し、寧ろマリアテギが目指したものを冷静に見極めることによってつかみ出しうるものと考えられる。マリアテギの政治的立場に拘泥する限り、その思想の幅と射程の長さを理解することはできないに違いない。

第二章　〈近代性〉への視角

1.　はじめに

多くの文明論に関する論評や論稿を残したマリアテギほどの知識人に、「近代」に関して直接に論じた著作が見られないことは奇異に感じられる。「近代的精神」「近代的法規」「近代哲学」「近代思想」等々の表現は随所に見られるが、それぞれに付した「近代」とは如何なる意味合いを有するものであるかについて定義を残していない。しかし、マリアテギの「近代」に関する捉え方を検証する方法はある。それは、「近代」を動機付けた諸要素をマリアテギはどのように分析したかを検証することである。本稿は、「近代」に関する代表的な理論的アプローチを整理して、そこから「近代」を動機づける諸要素を抽出し、それらに関するマリアテギの捉え方を検証することで、マリアテギが〈近代性〉を如何に理解していたかを分析する。

では、〈近代性〉を如何に捉えるべきか。富永健一は『近代化の理論』において、近代化は「ルネサンス、宗教改革、地理上の発見」によって開始したと述べ、近代化と産業化をどちらも部分概念として考えるのではなく、産業化をその一要素として含む総括概念として定義し、近代化の概念は、(イ)技術と経済の近代化、(ロ)政治の近代化、(ハ)社会の近代化、(ニ)文化の近代化の四領域からなると指摘している。そして、技術経済的側面は産業化（工業化）

と資本主義化、政治的側面は国民国家の成立と市民革命、社会的側面は家族制度の変化、機能集団の成立、都市化、公教育の普及と自由・平等・社会移動、文化的側面は科学革命、宗教改革、啓蒙主義が、それぞれ該当すると論じている。

一方、ギデンスは『近代とは如何なる時代か』において、〈近代性〉を示すダイナミズムの源泉として、〈時間と空間の分離〉、〈脱埋め込み〉、〈再帰的秩序化と再秩序化〉の三要素を挙げた。そして、これらのダイナミズムによって生じた〈近代〉の制度的特性として、〈資本主義〉、〈工業主義〉、〈国民国家の監視能力の強化〉、〈暴力手段の管理〉の四側面を挙げている。そして、近代の社会制度と伝統的な社会秩序とを区別する非連続性を特定する特徴として、〈変動の速さ〉、〈変動の広がり〉、〈近代的制度の本質〉を挙げ、その本質として、国民国家、無生物エネルギー源への生産の全面的依存、生産物と賃金労働の徹底した商品化や、先行した社会形態と見かけ上の連続性しかもたない社会形態の一例として〈都市〉を挙げている。さらに、ギデンスは〈脱埋め込み〉と〈再帰性〉という特性に明示されているように、〈近代性〉は本質的にグローバル化してゆく傾向があると指摘している。

本稿では、〈近代〉がグローバル化を伴うプロセスであることを視野に入れつつ、〈近代性〉を表わすメルクマールとして、「資本主義化」、「産業化（工業化）」、「国民国家の成立」、「都市化」という四つの相互に関連しあう現象を取り上げ、マリアテギがこれらの問題について如何なる考えを展開したかを検証する。但し、ペルーの「資本主義化」に関してマリアテギがどのように見ていたかについての詳細は、マリアテギにおける「経済的従属性」の概念につき論述する第三章において取り上げることとする。

2. マリアテギにおける〈近代性〉の問題

(1) 「近代」と西洋文明

前述のとおり、マリアテギは「近代」に関する定義を行った著作を残していない。「近代化」についても同様であり、「近代化」という語を用いることも極めて稀れであった(注31)。

しかしマリアテギは、西洋文明の現状、その中でラテンアメリカが置かれた環境、ペルーの伝統に関する捉えかた、ペルーの国民国家形成の現状、現代文明において都市が有する意味について論じている。これらの表現から、マリアテギが「近代性」を如何に捉えていたかを推論することは可能である。

まず、マリアテギが種々の著作の中で「近代」につき言及した際には、「近代」を「速度」、「進歩」というような概念を表象するものと受け取れる表現を行っている。例えば、「速度」との関連では次のような記述を残している。

「人間というものは、今世紀に想定されている速度というものよりもずっと緩慢に変化する。人間の形態変化は近代になって記録をやぶった。しかし近代とは、とりわけ動的文明として特徴づけられる西洋文明の独自的な一現象である。この文明が、時間の相対性についての探求に到達したということは、偶然ではない。」

このようにマリアテギは、二〇世紀を流れる時間の速度が、想定されていた速度を大幅に上回って、時代の流れが予想以上に速く進展しているとの印象を有していることを示した(注32)。マリアテギの近代における「速度」に注目する視点は、近代が始動させた〈変動の速さ〉に注目するギデンスの視点と重なる。ギデンスは「変動の速さは、おそらく科学技術の面で最も顕著であるとはいえ、他のすべての領域においても急激な変動を一様に見いだすことができる」と述べている。

こうした時間の流れは、他方で「進歩」を伴っているともマリアテギによって捉えられた。その「進歩」という観念は、機械文明との接触を媒介として、あたかも文明の相違を超越するかのように、驚異的に伝播していくと、マリアテギは述べている。

「ヨーロッパ文明の機構や規律は、自動的にメスティソの習慣や思考におしつけられる。自然の支配に天与の才をもつ驚異的機械文明と接触するや、たとえば進歩という観念は、伝染あるいは誘惑ともいうべき抵抗しがたい力となる。しかし、同化あるいは統合のこの過程は、産業文化のエネルギーがつよく作用する環境においてのみ、ただちに達成されるものである。」

このようにマリアテギは、科学と技術が有する大きな「文明化の作用」を重視する。そして、「西洋文明の科学や技術を、近代人が放棄できない卓越した成果だと考えられないのは、ロマン主義的ユートピア主義者だけである」と主張する。即ち、科学や技術には文明の相違を乗り越えて、伝播してゆく能力が伴っていると見る。それゆえに、マリアテギにはこれらの科学や技術を生み、これらをもたらす西洋文明を拒まない。寧ろ、西洋文明を受け入れることによってこそラテンアメリカの発展はありえると考えた。この意味合いにおいて、マリアテギは「近代」を西洋的企みとして把握しつつも、西洋文明が非西洋世界に「近代」、特に「進歩の観念」を伝播することによって、非西洋世界を西洋文明に取り込む普遍的性格を有するものであると見ていたと言えよう。

一九二八年一一月に出版した『ペルーの現実解釈のための七試論』(以下『七試論』)の序文において、マリアテギは「わたしはヨーロッパでおおいに学んだ。ヨーロッパ、あるいは西洋の科学と思想なしには、インドアメリカ(ラテンアメリカと同義語)の救済はないと信じる」と述べている。注目すべきは、科学のみでなく思想についても西洋から受け入れることなしにラテンアメリカの救済はないと主張している点である。この思想とは、マルクス主義であった。

マリアテギは、一九二四年一一月に雑誌『ムンディアル』の「ペルーをペルー化しよう」と題する連載コラムに掲載した「民族的なものと外来のもの」において次のように述べた。

「このペルー的なるものは、言葉巧みであるが、神話であり虚構である。わが国の民族主義者が考えるほど、ペルーの現実はヨーロッパから断絶しても独立してもいない。現代ペルーは西洋文明圏で行動している。神話化された民族の現実は、広い世界の現実の一部であり、断片でしかない。（中略）現代ペルーが価値をおくあらゆることは西洋文明に由来する。」

「ペルーはいまだに形成の途上にある民族である。活力を失った先住民のうえに西洋文明の地層が堆積してペルー民族がつくり出されている。（中略）自由の思想はペルーの大地から自然に生まれたものではない。その萌芽は外からやってきた。（中略）独立はヨーロッパ文化との同化を強めた。ペルーの発展は直接この同化の過程によってもたらされた。工業・機械システムなど進歩を体現するすべての物質的手段は外からやってきた。われわれがなしえたすべてのことは、ヨーロッパと米国から手に入れた。外国との接触が弱まると、国民の生活水準は引き下げられた。かくしてペルーは西洋文明の組織のなかに編入されることとなった。ペルー史を一瞥すれば、あらゆる外的要素がわれわれの民族形成に関係していることがわかる。反証するのであれ、証明するのであれ、ペルーの固有性について一方的に肯定することはできない。民族の政治思想について語ることもできない。」

マリアテギが主張していることは明白である。ペルーは西洋文明圏の中に存在しており、その発展をもたらす工業や機械などの進歩を体現するものは外来のものである。ペルーはこれらの西洋文明を起源とする工業や機械を受け入れ、同化して発展してきたと主張しているのである。後に、『七試論』においても次のように述べている。

「民族的現実を無視すべきではない。しかし同様に世界の現実も無視すべきではない。ペルーは共通の軌道に従う世界の一部である。進歩に対し適性をもつ民族は、つねに文明と時代の結果を受容する適性をもつ人々である。ペルー的価値の名のもとに、飛行機、ラジウム、植字機を外来のものとして排斥する人々をどのように考えればよいだろうか？？　同じことは新しい思想や新しい人間の行動様式が到来している状況のなかで行動する人間の場合についても考えねばならない。（中略）西洋化への傾斜は民族主義の降伏を意味するものではない。」

また、一九二八年一〇月に結成されたＰＳＰの『党綱領』には、「社会主義は、技術、科学、資本主義段階を前提とする」と記載されている。マリアテギにとって、西洋文明を受け入れること、特に科学や技術、更には思想を受け入れることは、必ずしもナショナリズムと両立しないことではない。これらによってナショナリズムを維持、強化することも可能であるとマリアテギは主張する。アプラ運動の創立者であるアヤ・デ・ラ・トーレがマリアテギを「欧化主義者」と批判するのも、このような主張を批判したのであろう。

(2)「同時代性」の意識

マリアテギが有していた、想定された以上の速度で展開する世界の中にペルーも取り込まれているとの意識は、「同時代性」と表現し得る意識によっても表されている。この意識は、ヨーロッパにおいて、現代という時代が全世界の人々を取り込んで、目まぐるしく前進していることを見聞した経験に発するものであるにちがいない。

マリアテギは一九二三年三月にヨーロッパから帰国したが、その三ヶ月後に人民大学で行った最初の講演の中で次のように述べた。

「このペルーもアメリカの他の国と同じように西洋文明の枠組みのなかで動いている。

アメリカの諸国は政治的にも独立国家でありたいと思いながらも、経済的には植民地国家であり、イギリス、米国またはフランスの資本主義の歯車に組み込まれている。そして、われわれの文化はヨーロッパ的であり、その制度のあり方もヨーロッパ的である。われわれがヨーロッパから模倣し導入したいわゆる民主的制度や文化は、まさにヨーロッパにおいて、明白な危機、全面的な危機を迎えている。とりわけ、資本主義文明は人類の生活を国際化させ、すべての人々が相互に緊密な関係をもたざるをえない物質的連関を作りだしてきた。国際主義は、いまやたんなる理念ではなく歴史的現実なのである。進歩によって人々の利害、思考、習慣は一体化し融合している。（中略）一世紀以上も前の時代には、人類の生活は現代ほど密接に連動せず、現在のような伝達手段は存在せず、諸国は今のように直接的で持続的な交流をもたなかった。」

マリアテギがこの講演の中で述べた、人類が「一体化し融合している」状況、「直接的で持続的な交流」を有している状況は、グローバリゼーションがもたらす「同時代性」と言える観念であろう。マリアテギはまた、一九二四年一〇月に雑誌『ムンディアル』に掲載した「ナショナリズムと国際主義」と題する論稿において次のように述べている。

「ケーブル、電波、新聞などを通じて、人類を興奮させる大きな出来事が、瞬時にして世界じゅうを駆け巡る。地域的な習性はしだいに衰退している。生活は画一性や統一性を帯びてくる。あらゆる巨大都市において、生活は同じ様式や同じ類型をとりはじめる。

（中略）この緊密な関係、この画一性は、西洋的なものだけに限られているとはいえない。ヨーロッパ文明は、徐々にではあるが、すべての民族、すべての人種を自らの勢力圏に引き寄せ、その習慣に染めつつある。ヨーロッパ文明は自らに拮抗し張り合う文明の存在を許せない威圧的な文明である。その本質的特性のひとつは拡張しようとする力である。」

マリアテギは、人類の生活が密接に連動し、伝達手段の発達によって世界中で生じた出来事が瞬時に伝えられるという科学と技術の進歩に伴って生じる「速度」がもたらす「同時代性」を介して、人類の生活が「画一性や統一性を帯びてくる」という「グローバル化」の一面が進んでいる事実を指摘していたのである（注33）。

3.『西洋の没落』と非西洋世界

(1)マリアテギと『西洋の没落』

これまでの記述では、マリアテギが科学と技術をもたらす西洋文明を全面的に受け入れ、それらを謳歌しているかのように受け取られる。しかし、はたしてそうであったのか。

マリアテギが、西洋文明の状況や近代の問題につき認識を深めるのは、一九一九年一一月から一九二三年二月までのヨーロッパ滞在中であった。当時のヨーロッパにおいては、一方にロシア革命やドイツ等における革命騒動などによって喚起された新しい時代を感じさせる予感、他方で大戦直後の厭戦観や倦怠感、一九世紀末からの世紀末思想の影響もあり、終末論的な雰囲気が風靡していた。

特に、一九一八年に出版されたシュペングラーの『西洋の没落』は、敗戦後の混乱と悲惨と絶望という状況の中にあったドイツのみならず、ヨーロッパ全体に大きな影響を及ぼした。『西洋の没落』には論証面での不備や独断があったことは事実であるが、二〇世紀が直面する思想的問題を暴き出して見せたという意味で衝撃を与えた。『西洋の没落』が衝撃を与えたことは、第一に西洋中心主義的世界史像を打破して相対主義的文化観を提起したこと、第二に相対化された西洋文明が没落期に入っているとの診断を下したことであった。シュペングラーが示した没落期とは、内面的・精神的なものを喪失した外面的・技術的なものが重視され、人間の創造力は外部に向かって涸渇し、質より量が尊ばれるような傾向が生じる段階である。

『西洋の没落』がもたらした衝撃をマリアテギも受けた。マリアテギは種々の論稿の中で、シュペングラーの名と

『西洋の没落』に言及して、ヨーロッパ文明の退廃傾向を指摘している。ヨーロッパ滞在中の一九二二年一二月に執筆した「文明の黄昏」において次のようにシュペングラーに言及している。

「現代ドイツのもっとも独創的で揺ぎない思想家の一人オスヴァルド・シュペングラーは、注目すべき本のなかで次のような命題を展開している。「人類の歴史でいちばん重要な現象は、諸文化が誕生し、繁栄し、衰退し、死滅することである」。（シュペングラーは文明ではなく文化といっている）（中略）相対主義の思想によって揺るがされ、われわれの文明においてその幻想が弱体化し始めているならわれわれの文明も終焉に近づいているにちがいない。それはまさにこの文明の没落の兆候の一つである。目立たないが重要な兆候である。この文明が依拠している哲学的概念の危機そのものを示すひとつの兆候である。他のもっと認知しやすい直接的な兆候は、経済の危機であり、政治の危機である。政治的、経済的にみて、ヨーロッパ社会は没落しつつある社会の観を呈している。」

しかし、この論稿の結びにおいてマリアテギは、「それゆえ〈ヨーロッパの終末〉は避けがたいと思われる。しかし、この文明は新しい文明の萌芽を宿している。そして、すべての文明と同じように、消滅する宿命をもつ。（中略）新しい社会が組織される前に、現行社会の破滅によって人類は暗黒と混沌の時代に突き落とされる。大戦前のヨーロッパの祝祭的光がウィーンで消滅してしまったように、やがてベルリンでも消えてしまうだろう。ミラノ、パリ、ロンドンでも消えるだろう。この文明の最後の光は、ニューヨークで消滅するだろう。自由の女神像が掲げる松明の光は、資本主義文明、つまり摩天楼、地下鉄、トラスト、銀行、キャバレー、ジャズバンドの文明が放つ最後の光となるであろう」と述べている。即ち、マリアテギにとって、没落しつつある西洋とは資本主義の西洋でしかなかった。後年、一九二四年四月に執筆した論稿「トロツキー」の中で、マリアテギはこの点を更に明快に述べている。

「シュペングラーは西洋の全面的な没落を予知する。シュペングラーの理論によると、社会主義は西洋文明の軌跡の一段階にほかならない。一方、トロツキーはブルジョア文化の危機、資本主義社会の没落を確認する。ブルジョア文化、ブルジョア社会は老衰し、疲弊したあげく姿を消し、新しい社会がその内部から現れる。先行する階級より起源においてはるかに広範であり、内容においてより活力に溢れている新しい支配階級の登場は、人類の精神的倫理的エネルギーを一新し、拡大する。」

マリアテギは、ヨーロッパを起源とする資本主義とそれを基盤とする文明は没落の危機にあり、ヨーロッパのブルジョア文化の退嬰・退廃がその表現であるとの認識を示しているが、他方で人類の将来には悲観的ではない。資本主義文明の後に新しい社会が建設されるとの望みを強く持っていた。そして、新しい社会を建設する可能性に連動することを訴えたのである。

(2)西洋文明と非西洋世界

マリアテギは没落しつつある西洋文明の動向を文明論の視点から如何に見ていたのか。マリアテギは、一九二七年一一月に雑誌『ムンディアル』に掲載した「東洋と西洋」と題する論稿の中で次のように述べている。「しかし今日、相対主義的、懐疑的となった西洋は、自らの没落を発見し、やがて訪れる衰退を予見し、東洋を探査し、よりよく理解する必要を感じている。西洋人は熱狂的で新鮮な好奇心に動かされ、アジアの習慣、歴史、宗教に強く魅せられた。多くの芸術家や思想家が、その思想や作品の着想や色彩を東洋から得た。(中略)東洋にはいま西洋思想が充満している。ヨーロッパのイデオロギーが、東洋の精神にふんだんに浸透している。東洋の古い大木である専制主義は、この浸透により瀕死状態にある。共和制の中国は伝統的な城壁を放棄する。ヨーロッパでは古びた民主主義思想も、アジアやアフリカでは蘇る。」

マリアテギは、西洋世界は自らの没落を予見し、その行先をよりよく知るために、既に衰退した東洋を探査するが、他方で東洋は西洋と接触することで活気づくと主張し、「人類史の重大で豊かなこの時期こそ、東洋精神の一端が西洋に、そして西洋精神の一端が東洋に移植されると思われる」と、その相互作用の機能につき論じた。

このような、西洋文明が非西洋世界にとって活性剤になるとの主張は、特に中国について論じた論稿において顕著に見られた。一九二四年一〇月に雑誌『バリエダデス』に掲載した論稿「中国革命」においてマリアテギは次のように述べている。

「西洋文明との最初の接触まで、歴史上の偉大な文明の一つである中国は、その行程の最後の点に到達していた。中国文明は涸渇しミイラ化し麻痺状態にある文明であった。宗教的であるよりも実践的であった中国の精神は、懐疑主義ににじんだ。西洋との最初の接触は、接触であるよりは衝撃であった。ヨーロッパ人は中国に、略奪と征服の残虐で強欲な野心で侵入した。中国人にとっては蛮人の侵入であった。（中略）しかし、西洋の侵略は中国に小銃や商品をもたらしただけではなく、機械、技術、その他の文明の道具をもたらした。中国に産業主義をもたらした。その影響で、中国の経済と精神は変化し始めた。」

また、一九二五年三月に発表した「孫逸仙」では次のように述べている。

「中国は本来のよりよい状態に戻るため、侵略という外部的圧力によってその伝統的な閉鎖性から脱出した。西洋との接触は実り豊かなものであった。西洋の科学や哲学は中国人の民族的感情を弱体化したり弛緩させたりはしなかった。それどころか、それを刷新し再活性化した。新しい理念の導入により、中国の古くさい麻薬中毒状態にあった精神が若返ったのである。」

その後、一九二八年一一月に出版した『七試論』では次のように述べている。

「日本、トルコ、かの中国などの東洋諸国の経験は、すでにいく時代をもへた土着社会が、どのようにしてみずからのあゆみによって、しかも短期間のうちに、近代文明への道を発見しえ、西洋諸国の教訓を自国言語に解釈しえたかを、われわれにしめしてくれるのである。」

これらの引用部分におけるマリアテギの主張には、幾つかの論点が含まれている。第一は西洋との接触が産業主義をもたらし、これが中国の経済と精神を変化させた、第二に西洋の科学や技術が中国の精神を刷新した、第三に西洋諸国の経験を自国言語に解釈することによって近代文明への道を発見した等々の点である。

マリアテギが如何に西洋文明がもたらす科学と技術が有する社会変革をもたらす力を信じているかがよく現れている。双方向性を有する通信手段の発達が民主主義の機能を変化させる可能性を現代人が指摘するのと同じように、一九二〇年代においてマリアテギは科学と技術の伝播がもたらす影響力の大きさを強調している。一見、実証主義の影響であるかのような印象を与えかねない姿勢である。あたかも、産業革命、技術革新、自由や民主主義に関する思想など、近代ヨーロッパを起源とする理性主義が非西洋世界においても有効であると述べているかのようである。資本主義的発展のすべての諸段階を通らずとも社会主義段階に到達できると述べたマリアテギが、何故に非西洋世界におけるヨーロッパ起源の理性主義が有する文明化作用を重視したのか。

それを解く鍵は、科学や技術の有する普遍性に関する観念であろう。換言すれば、先に触れた「グローバル化」に関する意識に近い「同時代性」の観念を、マリアテギがもっていたためであろう。『七試論』の結論部分において、マリアテギが「この不安定な流れのもとで新しい感情、新しい啓示が予見されている。非難されることがおおい、この普遍的で万国共通的な道を経て、われわれは刻一刻われわれ自身にちかづきつつあるのである」と述べている。

4. 伝統と国民国家の問題

(1) 伝統と伝統主義

マリアテギにおいては、中国論に代表される「衰退した東洋」というイメージは、西洋文明との接触で始まった活性化を通じて、東洋に新たな時代が始まったとの主張に変化した。この変化のパターンは、ペルーにおいて伝統に新たな要素が加えられることによって、伝統が現代的なものに変化すると見るマリアテギの視点に重なる。

マリアテギにとって、伝統は否定すべき対象ではなく、肯定すべきものである。否定すべきは「伝統主義」及び「伝統主義者」であった。「伝統主義」とは、スペイン植民地時代の遺産である封建制的精神性を継承する精神傾向である。

マリアテギは一九二七年一一月に雑誌『ムンディアル』に掲載した「伝統の異質性」と題する論稿の中で次のように述べている。

「伝統と伝統主義者を同一視してはならない。伝統主義は——哲学的教義について言及しているのではなく、保守主義に普遍に解消される政治的あるいは感情的態度に言及しているのだが——真に伝統の最大の敵である。」

そして、同年一二月に雑誌『ムンディアル』に掲載した論稿「国民的伝統」の中で次のように述べている。

「わが国の伝統主義者にとり、ペルーの伝統とは基本的に植民地的なものであり、リマの伝統でしかない。保守的な思考から、彼らは、この民族的なものを一片も有さないスペイン的でしかない伝統をわれわれに押しつけようとする。以前私は論文で次のように指摘したことがある。伝統主義者たちは、ペルーにおける伝統とペルーの封建階級の階級的・政治的利害は別のものであるとして、つねに切り離そうとしてきた。（中略）この伝統主義は、民族の構成者をクリオーリョとメスティソだけに限定し矮小化した。しかし、自らが数的に少数者であることを克服できなかったため、この伝統主義は長期間存続できなかった。」

伝統と伝統主義とを区別して、後者を否定したマリアテギは、ペルーの伝統に先住民の要素をつけ加える。

「インカの伝統の復権は、ロマン主義的な再興といった観念論的ユートピアではなく、ペルーの歴史と祖国を精神的に再統合するためのものであり、決して奇妙な民族主義的ユートピアではない。その意図、重要性から判断しても、きわめて革命的な再統合である。」

そして、独立後に到来した西欧的要素をもペルーの伝統につけ加える。「西洋文明の獲得した諸成果や植民地期や共和制期に起きた重要な変化の結果をわれわれは放棄することはできないと指摘したことがある。」

このようにマリアテギは、先住民要素、スペイン植民地的要素、西欧的要素をペルーの伝統と見るのである。「インカ主義を再統合することで、民族的伝統は拡充した。しかし、それを統合したからといって、民族としてのわれわれの存在や個性のなかに強固に組み込まれてきた他の諸要因、価値基準がまったく無効になるわけではない。民族的伝統について語る場合、われわれはどのような伝統について論じるのかあらかじめ明確にしておかねばならない。なぜなら、われわれは三層にも重なった伝統をもっているからである。そして、伝統はつねに理念的側面と経験的側面をもつ。前者は進歩や超越をもたらす酵母、推進力となる豊かな力を秘める。後者は本質的には伝統を内包するものではなく、伝統を反映するものである。しかも、伝統は不動のもので成長の止まったものと考えがちなわれわれの目の前で、伝統は絶えず成長するものである。西洋文明の獲得した諸成果や植民地期や共和制期に起きた重要な変化の結果をわれわれは放棄することはできないと指摘したことがある。」

そして、マリアテギは伝統主義の知的影響力がペルー社会に根強く存在しつづけているとして、その具体的な現れをプラドのような哲学者や、ガルシア・カルデロンやリバ＝アグエーロなどの〈アリエル派〉に見る。しかし、これらの伝統主義的な知識人も、単純に復古主義を掲げるのではなく、進歩的な偽装を施して現れている。それゆえにマリアテギは、「それは基本的には保守的実証主義とみなすことができる。多少とも理想主義的で進歩的なかれらの言辞は、伝統的思想を隠蔽している」と述べた(注34)。そして、この潮流を、文化的ヘゲモニー（マリアテギの言葉では「知的ヘゲモニー」）をめぐる闘いにおける主要敵とみなしたのである。

その際、マリアテギがこの伝統主義に対抗させようとしたのが、インディヘニスモであった。マリアテギはインディヘニスモが有するこのような機能を重視したのである。このインディヘニスモが伝統主義に対抗するものである以上、インディヘニスモには、先住民要素、スペイン植民地的要素、西欧的要素が内包されていると理解すべきである。一九二七年初頭に、マリアテギとサンチェスらとの間に行われた「インディヘニスモ論争」もこのような枠組みで再考しなければならないだろう。この論争において、マリアテギが「自分は統合ペルーを目指す」と述べた際の「統合」とは、統合に応じない部分を周縁化・排除するという、排除を伴う「統合」ではなく、「三要素」をはじめとする諸要素間の共生を重視し、価値観の多様性を尊重する精神を表すものであった。従って、マリアテギの姿勢は、多元的文化主義や価値観の多様性が尊重されるポストモダンに向けた方向性を示すものであった。

(2)国民国家の問題

マリアテギがペルーの伝統を見る視点は、「国民（民族）」や「国民国家」の問題を見る上での出発点であった。マリアテギは、国民国家という言葉を使用していない。「ネイション（民族・国民）」または国家（estado）である。国家という言葉を使用する際には、明確に国民を統治・支配する政治的制度を意味していた。他方、「ネイション」という言葉は、事実上、日本語における「民族」、「国民」、及び「国民国家」の三要素を包含した意味合いで使用している。例えば、次のような表現を行っている。

「一〇〇年前にわれわれはネイションとして独立したが、それは植民地以降、われわれに強制的に西洋の基準を押しつけてきた西洋の歴史のリズムによって生まれたものである。」

近代のメルクマールとなる要素として「国民国家」の成立があるが、マリアテギはこの問題をどのように見ていたか。マリアテギの「国民」理念については第一章で論じたが、ここでは、マリアテギの「国民（民族）」観の概略を整理する。

マリアテギのペルーに関する「国民（民族）」観は、それがまだ形成途上にあることである。即ち、マリアテギによれば、ペルーは一八二一年のスペインからの独立によって、政治的には独立し、国家が設立されたが、「国民

（民族）」の基盤となる「民族性」は形成されなかったのである。言わば、現代の概念に従えば、国民国家は成立していなかったのである。マリアテギは一九二四年一一月に雑誌『ムンディアル』に掲載した「民族的なものと外来のもの」、一九二四年一二月に掲載した「ペルーの第一の問題」、及び『七試論』において次の通り述べている。

「ペルーはいまだに形成の途上にある民族性である。活力を失った先住民のうえに西洋文明の地層が堆積してペルー民族がつくり出されている。」

「民族的な形成の過程をまだ達成していない。」

「先住民は形成途上にある民族性の基礎である。」

また、一九二八年一一月に出版した『七試論』においては次のとおり述べている。

「以前からたえずくりかえして、われわれは民族性を形成しつつということがあきらかにされている。（中略）独自の特徴をもつペルーの民族性はいまだ存在していない。」

ここでマリアテギは「民族性」という言葉を使用しているが、「民族性」とは民族を形成する核となる民族的アイデンティティの意であり、マリアテギはペルーの「民族性」を別の言葉では〈ペルアニダ〉と呼んでいる。

いずれにせよ、近代の成立を測るメルクマールである「国民国家」の形成に関して、マリアテギはその基盤となる「民族性」が、形成途上にあると見ていたのである。

5. 都市と近代

(1) 都市

工業化を、近代を特徴づける不可欠な要素と捉えるマリアテギは、「工業は近代的大都市形成のための主要素の一つである」と述べ、近代を体現するものとして都市を強調した。

一九二〇年にリマの人口について、マリアテギは一九二〇年に実施された国勢調査の結果を引用して二二万八七四〇人という数字を挙げている。この国勢調査の結果によれば、リマ生まれの者が62%、国内移民が31%、国外出身者が7%であった。その後、一九四〇年の国勢調査時にはリマの人口は六四万五一七二人に増加している。うち国内移民が34%、国外出身者は5%であった。リマの人口が急増するのは、農村から都市への人口移動が本格化する一九四〇年代から一九五〇年代であるが、一九二〇年代においても、緩慢ながらも人口増加が記録されている(注35)。しかし、一九二〇年代の都市化の特徴は、マリアテギが述べているように、人口増加よりも都市空間の拡大であった。

マリアテギは、都市の本質的要素は、自然的地理的要素、経済的要素、政治的要素の三つであるが、ペルーの首都であるリマの場合には、「その能力を全面的に保持しているのは第三の要素だけである」と述べ、都市としての機能を十分果たしていないと批判する。

また、リマが有する階級的性格に関して、一九二八年二月に雑誌『ムンディアル』に掲載した「カーニバルのモチーフ」の中のカーニバルに関して述べた部分において、マリアテギは、首都であるリマは一九世紀の独立後に貴族特権階級が支配する都市からヨーロッパ志向でブルジョア的で近代主義的な都市に変貌したと述べている。
「リマのカーニバルも、かつてはリマらしくムラート的要素にみちたお祭り騒ぎだった。しかし、都市の発展、産業の発展の時代まで生き残れなかった。その時代には、カーニバルに、ヨーロッパ化志向で近代主義的な趣味を押しつけざるをえなかった。この趣味は、成金、中間階級、社会的地位のある輩の趣味にほかならない。彼らにとっては、民衆の趣味など恥ずかしくて仕方なかった。貴族特権階級が支配していた都市では、カーニバルの期間、下町衆の掟が君臨することに対し、いかにも領主らしく寛容だった。しかし、ブルジョアの支配する都市では、民主化が進行するなかで、まさに逆説的だが民衆の特権を執拗に攻撃せねばならなかった。というのも、民主制における「デモス」とは古典古代においても、近代西欧においても、けっして民衆を意味しなかった。カーニバルという祭りはブルジョア化し、その民衆的特徴を喪失した。」

　しかし、マリアテギにとってリマの限界は、自然地理的要素、経済的要素の欠如に限られるものではない。工業の中心として立地しうる条件にも欠けている。マリアテギは『七試論』の中で述べている。
「もしリマが一大工業中心をうみだすのに必要な条件をもちあわせていたならば、一大都市に変貌するためのリマの素質についていかなる疑問も生じないだろう。しかしながら、まさに現実のしめすところによれば、リマにおける工業の可能性には限界がある。というのは、ペルーのように長年にわたって原料生産者としての役割にあまんじなければならなかった国では、一般に工業の可能性はかぎられているからである。そのうえ、他方においては、大工業中心の形成はそれ自身の法則のもとにおかれているからである。そしてこの法則は、ほとんど大都市形成とおなじ法則である。」

　従って、「工業中心体制は西洋文明に特徴的な現象」であり、「工業はブルジョアジーの力を、そしてのちにプロレタリアートの力を創出した」が、ペルーが原料生産者の位置に甘んじ、一次産品輸出に特化しているために、またリマが工業立地条件を十分に有さないために、労働者層の発生が限界づけられる。しかしながら、少数ながらも発生してきた労働者層は、ブルジョア化したリマに新しい性格を与える。その根拠としてマリアテギは、一九二四年一〇月に雑誌『ムンディアル』に掲載した論稿「都会と田舎」の中で、「革命的精神はつねに都市にある。この事実は歴史的にみてはっきりとした理由がある。資本主義が絶頂に達し、個人主義的秩序と社会主義的理念との闘いが現在繰り広げられている舞台は都市である」と述べている。

しかし、ここでマリアテギが言おうとしているのは、都市が革命を、農村が反革命を体現するということではない。この点につきマリアテギは同じ論稿の中で次のように述べている。

「都市と田舎を区別しうるのは、革命か反動かということではない。なによりも、両者の機能の差に起因する心性と精神の差である。社会の全体像のなかで、都市は頂点であり、田舎は平地である。都市こそ文明の本拠地である。文明が洗練されていくと、都市と農村の人間の精神的、心理的距離はますます広がる。都市の人間は急いで生きる(速度は都市の生み出した近代的な概念である)。」

即ち、都市が農村と共生し、相互に支えあう関係を築きあげれば、資本主義の衰退とともに都市も衰退すると予想する必要はない。マリアテギは、「人間を強制と連帯に適応させることができる都市は死滅しない。都市は、農村の豊かな活力によって養われつづけるだろう」と述べている。

ペルーの特殊性を考慮すれば、もう一つ重要な問題がある。これはペルーのナショナル・アイデンティティ形成において都市が如何なる位置を占めるのかという問題である。マリアテギが主張するように、先住民を土台として新しいペルーの「民族性」が形成されるのであれば、一九二〇年代当時には先住民の大多数が農民として農村に居住していたことを考えれば、都市であるリマはこの新しい「民族性」の形成プロセスの枠外に位置するのかどうか。この点につきマリアテギは『七試論』において次のように述べている。

「工業中心体制の最初の核がつくられたリマはまた、民族の歴史的過程とまったく同じく、マルクス主義の最初の声がつぶやかれ発せられたところでもあった。(中略)リマは土着の過去に根をはっていない。リマは征服の落とし子である。しかし、心情的あるいは精神的に、たんにスペイン的でなく多少コスモポリタン的になってから、また時代の思想や感情に敏感になり始めてから、リマは植民地主義とスペイン主義のみの本拠でも故郷でもなくなってきた。新しいペルアニダは、今後創造さるべきものである。その歴史的礎石は原住民でなければならない。おそらくその主軸は、沿岸部の粘土のうえよりも、アンデスの岩のうえにすえつけられるであろう。それはさておき、この創造的な仕事に、新生のリマ、熱情に燃えるリマは無縁ではなく、また無縁ではいられないことであろう。」(『七試論』)

しかし、何故に「リマも無縁ではいられない」のであろう。幾つかの理由が考えられる。一つは、リマの労働者がアンデス農村地域の出身者であり、「民族性」の土台となる先住民農民と物理的及び概念的に血縁関係にあることである。二つ目は地方の中間階層出身者でリマに到来した知識人の中から、アンデス地域の知識人とともにインディヘニスモを推進する知識人層が形成されてきており、彼らの動向の中に「新しい感情、新しい啓示が予見される」からである。ペルーの真の「国民(民族)」の形成において、リマが不可欠な要素となりつつあったことが、マリアテギによって認識されていたのである。これは、一九五〇年代以後に本格化する、リマの「チョロ化」、ペルー社会の「チョロ化」を検証する上で重要な視覚となる。それ故に、ペルーにおける近代を都市と絡めて論じ、都市に「国民(民族)」形成における不可欠な要素を指摘したマリアテギの視覚は、その後のペルー社会が歩むプロセスを予見していたと言って過言ではない。

(2) 近代化の主体

前述の通り、マリアテギにとって近代を表現する最も具体的な事象は都市であった。まして、マリアテギは「工業は近代的大都市形成のための主要素の一つである」と述べたが、他方で「ペルーのように長年にわたって原料生産者としての役割にあまんじなければならなかった国では、一般に工業の可能性は限られている」と述べた。

マリアテギは、工業発展の可能性が限られていると指摘すると同時に、またペルーにおいてはブルジョア民主主義革命を担える資本家階層は出現せず、資本主義化は外国資本と癒着した一部の封建的な大土地所有層が「不完全に変容」した「偽装」的なブルジョアジーが担ったが、そのため彼らは精神的にも封建主義的残滓を残していたと論じている。この点がマリアテギの「現代ペルー論」の核心に相当すると思われる部分であり、マリアテギは『七試論』においても、次のように繰り返し、この論点に触れている。

「もしふるい支配階級の不完全な変容としてではなく、新しい活力と生命力にみちた階級が出現していたならば、この移行過程はもっと組織的で確実に前進していたであろうことはまちがいはない。」

「地主階級は、国内経済を支配する資本家的ブルジョアジーへと移行するにはいたらなかった。鉱業・貿易・輸送は外国資本の手中にある。ラティフンディスタたちは、ワタ・サトウキビ生産において、外国資本の仲介者としてはたらくことで満足してきた。この経済体制は、国の発展にとって最大のくびきとなっている、半封建的組織を農業のなかに保持している。」

「ペルーには、共和国樹立以降の一〇〇年間、真のブルジョア階級、すなわち、真の資本家階級は存在しなかった。封建的な旧支配階級は、共和国のブルジョアジーに偽装してその地位を維持した。独立革命のイデオロギーの論理的帰結として、やむなく着手した農地解放策は、小土地所有の発展をもたらさなかった。旧地主階層はその支配力を維持した。」

「ペルーにおいては、これをみずからの経済的利益と政治的法学的教義に結びつけて適用すべきブルジョア階級が存在しなかった。にもかかわらず共和国は、歴史の流れであり必然であったので、自由主義的ブルジョア的原理にもとづいて構築されざるをえなかった。(中略)地主貴族層は、法制上の特権は喪失していたにせよ、事実上その地位を維持していた。したがって、依然としてペルーの支配階級を形成していた。革命は、現実に新しい一階級を権力の座につけたわけではなかった。商人＝都市専門職業ブルジョアジーは、統治をおこなうにあまりに脆弱すぎた。」

「ペルーにおいては、強固で機能的な国家を組織するにたるブルジョア階級が欠如していた。」

「独立革命がペルーにおける農地問題を提起し企図することを阻害した二要因、すなわち都市ブルジョアジーの極端な未成熟と、エチェベリアが規定したような先住民の周縁的状況は、そののちも、なんらかの形で共和国の諸政府がより平等で公正な土地配分をめざす政策を推進することを阻止した。（中略）軍人カウディーリョ支配体制期を通じて、都市有産市民（デモス）のかわりにラティフンディスタ貴族層が強化された。外国人の手中にある商業と金融は、強力な都市ブルジョアジーの出現を経済面においてさまたげた。（中略）外国人が大部分をしめる商業資本は、隠然とあるいは公然と政治権力を維持しているこの貴族層と関係し、むすびつかざるをえなかった。このようにして地主貴族層ならびにその同盟者は、財政政策とグアノおよび硝石の開発からの受益者となった。その経済的役割のおかげでこの階層は、植民地的および貴族的な偏見や悪癖を残しながらも、ペルーにおいてブルジョア階級の機能をはたした。このようにして結局は、このカテゴリーに属する都市ブルジョアジー（専門職業層および商人）は文民派支配体制（シビリスモ）に吸収されることになったのである。」

「ペルーは副王制のもとで真の貴族制をもたなかったのと全く同様に、共和国のもとでも真のブルジョアジーをもたなかった。」

そして、マリアテギは旧支配階層が変容したペルーのブルジョアジーにはブルジョア民主主義革命の任務を果たす能力がないと見て、この任務をプロレタリア社会主義革命が実現すべきものと主張する。

「ペルー経済の解放は、世界の反帝闘争と連帯するプロレタリア大衆の行動だけがなしうる。ただプロレタリアの行動だけが、まずブルジョア民主主義革命の任務を推進し、しかるのちにそれを実現できる。ブルジョア体制は、ブルジョア民主主義革命を発展させ、実現する力をもたない。」

「ペルーにおける社会主義の目的は、拍子をとる歴史的リズムに沿って、理論的には一定の資本主義的な任務を実現することを一部にもつ。」

ブルジョア民主主義的な思想を実現し、工業化を達成することが「近代化」の重要な契機であるのであれば、マリアテギの分析では、当時のペルーにおいては「近代化」を行う主体が形成されていない。そして、本来ブルジョア民主主義革命の任務を遂行すべきである階層が脆弱であると判断することから、マリアテギは労働者の指導の下に先住民農民などが加わった社会主義運動がこの任務を担うことを提起したのである。この労働者と先住民農民などからなる集団は、それまでのペルー社会においては従属的で副次的な地位を強いられきた底辺層の人々即ち「サバルタン諸階級」からなっていた。

6. 結び

前述の通り、マリアテギは「近代」や「近代性」に関して理論的に明確な定義づけを行ったわけでもない。しかし、今日二〇世紀末の社会学的研究において「近代」や「近代性」を特徴づけると提起されている諸テーマについて断片的ながらも行った記述を通して、マリアテギが有していた「近代」観を間接的に推論することは可能である。本稿で行ったマリアテギの「近代」観を推論する検証の結果、マリアテギは「速度」「同時代性」「都市」「国民国家」「科学・技術」というような概念を通じて、近代の特徴を捉えていたことが理解される。

「近代」を特徴づける科学や技術を重視し、都市に注目したマリアテギは、先住民や先住民共同体の存在を重視するマリアテギと、一見別人であるかのような印象を与える。しかし、マリアテギにおいては、これら二つの領域はペルーの社会主義社会の設立を通した「国民（民族）」形成という一点において連動している。それは、労働者をはじめとする都市部の底辺層とアンデス農村部に居住する先住民農民というサバルタン諸集団の連携を、ペルー社

て表される。会党（ＰＳＰ）の指導の下に統一して国民的な革命の主体へと形成してゆくとのマリアテギが提起した道筋によっ

マリアテギは西洋文明の「衰退」を指摘しながらも、「没落」しつつあるのは「資本主義的」な西洋文明であり、西洋文明自体は「再生」に向かっているとして、その「再生」の契機をマルクス主義に求めた。また、思想（マルクス主義）だけでなく、西洋文明がもたらした科学・技術を受け入れ、これらによって世界の一体化が進みつつあるとの認識を示した。従って、マリアテギは、「近代」を特徴づける諸側面のうち「資本主義」を否定しながらも、「科学・技術」「工業化」を肯定的に受け入れたのである。そして、近代化が都市において急激な速度で進行しているとして、都市労働者の意識化に期待しつつも、世界資本主義中枢との関係によって製造業の発展が阻害されているという周辺部資本主義国の実情から都市労働者層の増加は限定されているとの認識と、国民の大半は先住民農民であるとの現実から、都市労働者を接点としてこれに先住民農民を加えた革命主体の形成を提起したのであった。そして、先住民農民が都市労働者の社会主義の実現に向けた運動と連動しうる根拠として、先住民共同体に存続する連帯精神や協同労働の習慣という「社会主義的」な基盤を強調した。このような「意識」、「精神」を重視したところに、マリアテギの思想の「主意主義的」、あるいは「精神主義的」な特徴が顕著に看取される。「近代性」の問題は、また同時に、一九一九年一一月から一九二三年二月までの三年四ヶ月に及んだヨーロッパ滞在経験が、如何にマリアテギに近代や西洋文明の諸側面に関する知識と認識を深めさせ、マリアテギの思想形成に欠くことができない要素となったかを雄弁に物語るものである。

第三章　〈経済的従属性〉への視角

1.　はじめに

世界資本主義中枢における資本主義と周辺部との相互関係をめぐる問題は、世界資本主義システムの分析において重要なファクターである。この関係を論じた先駆的な理論としてローザ・ルクセンブルグの『資本蓄積論』がある。『資本蓄積論』にて展開された理論の解釈につき米谷匡史は極めて興味深い指摘を行っている。米谷は、ルクセンブルグは「資本主義が非資本主義的なものを食い尽くしていくことによって世界が均質化され、その時点で資本主義はそれ以上の蓄積や成長が不可能になって死滅し、そこから社会主義が生まれるのだという展望を持っていた」が、『資本蓄積論』の結びでは必ずしもそうは述べておらず、「資本主義は、非資本主義的なものを解体して世界を均質化してしまう、しかし他方で、非資本主義的な環境なしには蓄積も成長もできないという両面を押さえて、（中略）純粋な資本主義が世界を均質に覆い尽くすことはありえない」ことを理論的に語ったと述べている。そして、「資本主義的なものと非資本主義的なものが接合し、交錯しながら、中心＝周辺への分割・階層化がなされるメカニズム」を分析することで、「現実の世界システムが抱える矛盾を構造的に分析してゆく道が開かれるのではないか」と問題提起している（注36）。

世界資本主義中枢と周辺部を分析する視角として一九六〇年代後半に従属論が台頭した。従属論は、理論的には極めて刺激的な問題提起を行って、ウォーラーステインの世界資本主義システム論の形成に影響を与えるなどのポジティブな足跡を残した。しかし、一九八〇年代以降にアジアNIES諸国が相対的な経済発展を遂げ中枢国に浮上したことから、周辺部資本主義諸国は世界資本主義中枢部との関係の下に「低開発」が構造化されたとする従属論の有効性が疑問視されるに至った。特に、従属論が対外的な経済的従属性から脱却するために内向的開発を掲げて輸入代替工業化を目指す路線を提起したが、一九八〇年代以降に輸出経済志向を有する経済モデルを強いるネオリベラリズムが支配的な傾向となるに及んで、従属論を否定する見解が強まった。

しかし、従属論の有効性は、アジアNIES諸国が遂げた相対的な経済的発展によって、はたして否定されたのであろうか。一般的にはそのような評価が行われている。もとより従属論が理論である以上、永遠に有効な理論など存在しないが故に、従属論も時代的制約に規定された多くの欠陥をもつことは否定できない。また、資本主義に関する規定が定義上の問題を有することは事実である。しかし、経済的に従属的な関係を強いられた周辺部資本主義諸国が如何なる従属性を強いられ、それから脱出するにはどのような発展モデルを採ればよいかを検討する上では、大きな貢献を行ったと評価すべきではなかろうか。「国際資本のイデオローグによって盗用された」としても、当該国の低開発からの脱却（真の意味での「脱却」であるかどうかは別として）に貢献するのであれば、その意義を認めるべきであろう。

周知のとおり、フランクが当初提示した「資本主義的低開発」のテーゼは、経済余剰の収奪／領有、「中枢／衛星」間の分極化、「低開発の発展」の連続性の三点に要約できよう。

フランク・テーゼに対してはその後多くの批判がなされた。特に伝統的マルクス主義からは、資本主義を「余剰移転」から規定するのではなく、「資本─労働」関係から規定すべしとのウォーラーステインの世界資本主義システム論をも射程に入れた批判が行われた。他方、従属論を前向きに補強する批判としては、エマニュエルらによって不等価交換論が、またラクラウやレイによって接合論が提起された。

筆者は、周辺部・非内発的資本主義諸国における経済的従属性を分析する視角として従属論が提起した方法論は、周辺部・非内発的資本主義諸国の低開発性が存在する限り、世界システム論と同様に、その原型においてではなくとも、その発展形態において、経済的従属性や低開発性を分析する視角として評価すべきであると考える。特に、「資本主義は非資本主義なしには蓄積も成長できない」という視角に発する接合論は、世界資本主義システム論を補強してゆく上で不可欠な視点である。

本稿は、周辺・非内発的資本主義諸国における経済的従属性の問題を重視する視点は、一九六〇年代後半以降に活発化した従属論に先立って、一九二〇年代に活躍したペルーの思想家であるマリアテギによって提示されていたことを示すとともに、マリアテギがペルーの経済的従属性に関して如何なる指摘を行っていたかを検証するものである。この作業は、マリアテギが二〇世紀初頭において周辺部から世界資本主義との関係をいかに把握していたかを知る上で重要であると考える。また、この作業を通じて、マリアテギが経済的従属性に規定された当時のペルー社会において如何なる革命観を有していたかを整理してみる。

2. 一九二九年ブエノス・アイレス共産主義者会議における論争点

マリアテギが如何に当時のペルーにおける経済的従属性を捉えていたかを検証する上で出発点としうるのは、一九二九年六月にブエノス・アイレスで開催された第一回ラテンアメリカ共産主義者会議において、マリアテギ及びペルー社会党（PSP）とコミンテルンとの間で行われた論争である。

ブエノス・アイレスにはマリアテギは出席せず、PSPを代表してポルトカリェーロとペスセが出席した。コミンテルン側からはウンベルト＝ドローズ、青年共産主義インターナショナルからはペテルス、コミンテルン南米書記局からはコドビージャが出席した。マリアテギ及びPSPはこの会議のために『ペルーに関する報告』『階級的行動の前史と発展』『反帝国主義的視座』『ラテンアメリカにおける人種問題』の四文書を提出した。『ペルーに関する報告』についてはテキストが現存していない。残りの三文書の中でPSPが表明した姿勢がコミンテルンに批判され、論争となった。

論争点はペルーとチリとの間に生じていたタクナ・アリカ帰属問題を除いて、周辺部資本主義諸国における帝国主義の役割、党の性格と形態、国民（民族）形成の問題の三点であった。また、論争点となったわけではなかったが、マリアテギとPSPが提起した資本主義段階「飛び越え」論も重要なテーマであった。ここでは、上記の三つの論争点を要約しておく。

(イ)周辺部資本主義諸国における帝国主義の役割

コミンテルンは、帝国主義は植民地・半植民地において、旧社会体制内の支配層と結託するため、反動的な同盟者の存立の基礎となり、搾取の前資本制的形態を維持し固定化する傾向があると指摘する。また、資本主義の発展に関しては、家内工業や手工業を没落させ、商業ブルジョアジーと結びつくために、産業部門を縮小させる。このような立場から、第一回ラテンアメリカ共産主義者会議においては、帝国主義が後進資本主義国において資本主義的発展を促進する役割を果たすのかに関して、コミンテルン側より否定的な姿勢が示され、帝国主義が資本主義を促進するわけではなく、前資本制的な生産関係を温存する傾向があるとの視点から、ブルジョア民主主義的革命の必要性が主張された。

これに対し、マリアテギは、ペルーにおいては帝国主義が植民地時代的な封建的収奪を保持している大土地所有制と癒着しており、その下で民族ブルジョアジーと呼びうる階層が育っていないと論じ、コミンテルンと同様に、帝国主義が前資本制的な体制を温存する傾向を指摘していた。しかし、他方で『帝国主義的視座』の中で、「資本主義発展の必然の運動は、封建制の利害や特権と対立することになる」と論じた。

(ロ)党の性格と形態

PSPとコミンテルンの間の党の社会構成に関する議論は、労働者階級が萌芽的な存在で社会的に多数派を占める構成要素ではない社会において、「プロレタリアートの前衛党」が大衆を指導しうるかどうかという問題を提起した。マリアテギが重視したのは、先住民農民と労働者階級の連帯であった。しかし、コミンテルン第六回大会において採択された『植民地・半植民地における革命運動についてのテーゼ』は、「特殊な労働者・農民党は、ある時期には革命的な性格をもつかもしれないが、それはいともたやすく普通の小ブルジョア的な問うへと変質しうるものである。従って、そのような党を組織するこては得策ではない。共産党は決してその組織を二つの階級の融合にもとづいてはならない」と述べていた。

(ハ)国民(民族)形成の問題

PSPとコミンテルンの間の党の社会構成に関する議論は、労働者階級が萌芽的な存在で社会的に多数派を占める構成要素ではない社会において、「プロレタリアートの前衛党」が大衆を指導しうるかどうかという問題を提起した。マリアテギが重視したのは、先住民農民と労働者階級の連帯であった。しかし、コミンテルン第六回大会において採択された『植民地・半植民地における革命運動についてのテーゼ』は、「特殊な労働者・農民党は、ある時期には革命的な性格をもつかもしれないが、それはいともたやすく普通の小ブルジョア的な問うへと変質しうるものである。従って、そのような党を組織するこては得策ではない。共産党は決してその組織を二つの階級の融合にもとづいてはならない」と述べていた。

これらの論争点と資本主義段階「飛び越え」論は、周辺部資本主義諸国における経済的従属性を分析する上で重要な論点である。第三部以下では、これらの諸点を踏まえながら、マリアテギが展開したペルーの経済的従属性に関する分析と主張を整理する。

3. ペルー資本主義の性格規定

マリアテギは、ペルー経済の性格につき「世界的観点からすれば」「一種の植民地経済」であり、この状態から脱していないと論じた。この「植民地経済」は、征服によってつくり出されたが、独立後も植民地化プロセスは終了していない。そして、一九二〇年代当時のペルーは、この植民地経済の第二期にあり、「封建的経済がブルジョア経済に転化してゆく段階」にある。そして、このような状態を「半封建的」「半植民地的」とも表現した。「植民地経済」の特徴は、「自国の経済成長に必要な要素と関係を、西洋の資本と産業との交易に求め」、西洋資本主義諸国に対して「生産物と地下資源」を輸出する一方、これら諸国から「織物、機械、工業製品」を輸入することにあった。そして、その経済活動は世界資本主義中枢の「市場の利益と必要に従属している」と論じた。

マリアテギは、『七試論』において述べている。

「根底から植民地的である植民地経済の過程は、いまだにおわっていない。つぎに、第二期の概要をみていくことにしよう。それは、封建的経済がしだいにブルジョア的経済に転化していく段階である。しかし、世界的規模からすれば、それは、いぜんとして植民地経済である。（中略）征服が、われわれの植民地経済の形成過程を全面的につくりだしたのにたいして、独立は、この過程によって規定され支配されつつ、出現する。」「これら諸国は独立するとすぐ、独立革命をうごかしたのと同じ必然性にみちびかれた、自国の経済成長に必要な要素と関係を、西洋の資本と産業との交易にもとめた。西洋資本主義諸国にたいし、その土地の生産物や地下資源を送り始めた。そして、西洋資本主義諸国から織物、機械、それにおおくの工業製品をうけとることになった。こうして、南アメリカと西洋文明のあいだの持続的で緊密な関係が成立した。」

「ペルー経済は一種の植民地経済であり、その運動と発展は、ロンドンおよびニューヨークの市場の利益と必要に従属している。これらの市場は、ペルーをみずからの製造工場にとっての原料貯蔵庫および製品市場とみなしている。」

このように、ペルー経済を世界資本主義中枢に「従属」した「植民地経済」と捉えたマリアテギは、ペルーには「形式的な資本主義」は既に確立されていると見た。では、何故ゆえにペルーの資本主義は「形式的」であるのか、それは「実質的」なものではないのか。マリアテギは「形式的」なる言葉を使用したのは、ペルーにおいては「初期的で凡庸なブルジョアジーが」「封建制の一掃」を実現する上で無能であるために、封建制が一掃されていない状態を指摘するためであった。

マリアテギによれば、ペルーのブルジョアジーは一九世紀半ばにグアノと硝石の取得のためにイギリス資本が商業資本と銀行資本を確立した際に、これらの資源採掘を通じて不当な利得を得た階層から出現した、これらの階層は「その起源と構造において、主として植民地時代のエンコメンデロ及び地主の子孫たちからなる貴族階級と、こんぜん一体をなしていた」のである。これらの階層は、イギリス資本に対して「仲介者」的な役割を果たしたにすぎず、産業資本家として機能したわけではなかった。これによって、ペルーで勃興した資本主義の性格が特徴づけられた。

マリアテギは、グアノや硝石という天然資源に依存する経済が、科学の進歩によって取り残される危険性を認識しており、次のように述べていた。

「自然資源は、外国帝国主義の貪欲と攻撃、あるいは科学の発明によりたえず工業部門で生産される代替物の影響によって、その有用性の減少にさらされていたが、このグアノと硝石の喪失は、こうした単一自然資源の保有にほぼ全面的に依存し基礎づけられた経済繁栄の危険性を、悲劇的にわれわれのまえにあきらかにした。」

その後、ペルー経済は国際農産品市場に取り込まれ、外国資本の下で砂糖生産や綿花生産に従事する大土地所有制が拡大した。この時期に国内銀行が成立したが、これらは「外国資本と巨大地主の利害に従属し、せまい範囲で活動した」にすぎなかった。そして、国内地主層は融資取得のために抵当化した土地を奪われて、土地は輸出商社の直接経営に移り、中小地主層の没落と土地集中のプロセスが進行した。

マリアテギは、この時期にペルーのコスタ（海岸部）に拡大した砂糖生産や綿花生産における比較生産優位を支えた経済要因を、労働コストの低さに見た。次のように述べている。

「政治経済システムとしての資本主義が、ラテンアメリカでは封建的障壁から解放された経済を樹立できないのは明らかである。先住民が劣等であるという偏見が、資本主義による先住民労働の最大限の搾取を可能とする。多くの利潤をもたらすこれほどの搾取の利点を放棄しようとはしない。農業における賃労働の確立と機械の採用は、大農地の封建的性格を消し去るものではない。単に農民大衆の搾取システムをつくり出すにすぎない。」

「ペルー糖業はいかなる時期においても、技術的に世界市場で他の国と競争できる状況にはなかったし、消費市場との距離が高い運賃となって、輸出を圧迫していた。しかしこうした悪条件は、安い労働力によって埋め合わされた。（中略）外国資本主義は、これらの農民大衆をほしいままに搾取するため、封建階級を利用している。」

ここで、一九二九年六月にブエノス・アイレスで開催された第一回ラテンアメリカ共産主義者会議において表面化したコミンテルンとの論争点が重要になる。論争の焦点は、前述の通り、「帝国主義」が資本主義化を促進するのか、あるいは前資本制的支配を維持させてしまうのかという点であった。

共産主義者会議においてマリアテギが起草しPSPが提出した『反帝国主義的視座』において、マリアテギはコスタにおける砂糖・綿花農園の例をあげ、「帝国主義」が結果的に大土地所有の資本主義化を促進している事実を指摘した。

「ラテンアメリカ諸国では、帝国主義的資本主義の利害が地主階級の封建・半封建的利害と一致するというのは、必然的で不可避のことであろうか。反封建闘争は反帝闘争と必然的で完全に一体化するのか。たしかに帝国主義的資本主義は、封建階級を政治支配階級と捉え、彼らの権力を利用している。しかし、両者の経済利害は同一ではない。実践においてあからさまな民族主義への衝動が和らげられるなら、プチブルはそのもっとも扇動的な部分を含めて、帝国主義的資本主義と密接な同盟を結ぶことができる。(中略)むしろ、封建制の残滓が資本主義経済の展開に組み込まれるにつれ、封建制を一掃しようとする動きは、帝国主義投資や技術によって促進される資本主義成長の要請と一致する。つまり大農園が消滅し、代わりにブルジョア的扇動が土地所有の「民主化」と呼ぶものにもとづく農業経済が創出され、また旧貴族がブルジョアジーとより強力で勢力のあるプチブルにとって代わられること——このことは社会秩序の維持にはより有効である——以上のどれも帝国主義の利害に反するものではない。ペルーにおいては、レギア政権は大半の大地主とガモナルに支持されているため、実際には彼らの利害に対して弱気だが、デマゴギーに訴えて封建制度とその特権に反対し、旧寡頭支配層を非難し、農業ペオンを小所有者に変える土地の分配を推し進めてもなんら不都合はない。(中略)レギア政治はあえて大所有地に手をつけようとはしない。しかし資本主義発展の必然の運動——潅漑工事、新しい鉱山の開発など——は、封建制の利害や特権と対立することになる。

これに対してコミンテルン代表は、このようなマリアテギの認識を批判して、「帝国主義」が前資本制的関係を維持し、場合によっては強化しているとして、それを打破するためのブルジョア民主主義的任務の重要性を指摘した。

マリアテギは何故に「帝国主義」の資本主義化機能を強調したのか。マリアテギが強調していたのは、米国資本が英国資本にとってかわり、農業部門に機械化を促進させていたレギア政権期における資本主義化促進の一面であった。「資本主義発展の必然の運動は、封建制の利害や特権と対立することになる」と。しかし、その論点をもって、マリアテギが「帝国主義」がもたらす現地の前資本制的関係を維持・強化する機能を軽視したとみることはできない。何故なら、マリアテギがペルー経済が資本主義化のプロセスを歩んでいると見つつも、依然として「封建制が一掃」されていないために「植民地経済」というべき段階にあると規定したことが、既に「帝国主義」が前資本制的関係を維持させるとの事実を認識していることを示していた。しかし、マリアテギは、そのように「帝国主義」が前資本制的関係を維持するものであるにせよ、資本主義的要素が徐々に浸透してゆくことも予想していたのである。マリアテギは述べている。

「この数年、海外市場におけるペルー羊毛価格の上昇が契機となって、南部の農牧アシエンダの工業化が進展した。各農園は、外国から種畜を輸入し、また質的量的に羊毛の生産を改良するために近代技術を導入した。また、仲買商人の束縛を断ち、農場に付属する製粉場や小工場などを設置した。山岳部では、これ以外には地域向けの砂糖、糖蜜、火酒を生産する工業用施設やその原料栽培がみられるだけである。」

ここで注意しておかなければならない点は、マリアテギがこのような近代技術の導入や工業化を通じて資本主義的要素が浸透している事実を指摘しながらも、生産関係における資本主義化については触れていない点である。マリアテギは、マルクスが指摘した「資本の近代化作用」という側面を指摘していたのである。

なお、先に、マリアテギはペルー経済が「植民地経済」であり、「半封建的」「半植民地的」であると表現していると述べた。「植民地経済」という表現は、一九二六年一〇月に発行された『アマウタ』第二号に掲載され、後に一九二八年一一月に出版された『七試論』に採録された「ペルーの経済的進化の概要」において使用されているが、他方「半封建」「半植民地」という表現は、一九二八年一〇月に公表された『社会党綱領』、同年一一月に出版された『七試論』、および一九二九年六月に開催されたブエノス・アイレスでのラテンアメリカ共産主義者会議に提出された『反帝国主義的視座』において使用されているという点に注目すべきである。「半封建的」「半植民地的」という表現は、マリアテギを中心としたペルーの社会主義者の運動がコミンテルンとの接触を強めて以後に使用され始めた。

4. 封建制存続の問題

マリアテギは、封建制の存続の問題に関してこれを疾病に喩え、「独立後に、この疾病を克服しえた国が発展しえた国であり、いまだに克服しえない国が遅れた国である」と述べ、、封建制の存続がその国が発展する上での最大の阻害要因であると論じている。

マリアテギは、封建的遺制には二つの表現形態があり、それらはラティフンディオと呼ばれた大土地所有制と隷農であると述べている。マリアテギにとり、「資本主義は一つの都市現象」であり、「都市の発展のためには、農民の自由な活動という栄養が必要である」と考えられた。しかし、農民が封建的な大土地所有の下に隷農として拘束されている限り、都市の発展を促進することができないと主張したのである。そして、隷農からの解放には、封建的な大土地所有制の解体が必要であると論じた。

そもそもペルーにおいて、何故に封建的な大土地所有制の解体が独立を通じて達成されなかったのか。マリアテギはこの問題に対する回答を出すことに努めた。マリアテギが引き出した回答は、独立は形式的にはブルジョア憲法の制定を通じてブルジョア民主主義制度を樹立したものの、真のブルジョア資本家階級が発生せず、旧支配層がブルジョアジーに偽装して支配を維持し、大土地所有はむしろ強化されたためであった。マリアテギは述べている。「ペルーにおいては、これをみずからの経済的利益と政治的法学的教義に結びつけて適用すべきブルジョア階級が存在しなかった。にもかかわらず共和国は、歴史の流れであり必然であったので、自由主義的ブルジョア的原理にもとづいて構築されざるをえなかった。農地所有にかんすることにおいてのみ、革命の現実的帰結は、大地主の利害という限界を打破することができなかったのである。（中略）地主貴族層は、法制上の特権は喪失していたにせよ、事実上その地位を維持していた。したがって、依然としてペルーの支配階級を形成していた。革命は、現実に新しい一階級を権力の座につけたわけではなかった。商人＝都市専門職業ブルジョアジーは、統治をおこなうにあまりに脆弱すぎた。それゆえ、隷農制の廃止は空疎な宣言におわった。革命がラティフンディオに手をふれることができなかったからである。」

ここでマリアテギが取り上げたのは、コスタにおける「地主階級は国内経済を支配する資本家的ブルジョアジーに移行するにはいたらなかった」と呼ばれた砂糖・綿花生産に従事する大土地所有の地主層であった。他方、シエラにおいては、「もっとも野蛮で専制的な封建制度が残存して」いた。そこでは「土地の支配権はガモナルの手におちており、先住人種の運命は極端な没落と無知の底に沈んでいる」と表現されたような状況が存在した。

そしてマリアテギは、独立が農地問題を解決することを阻害した要因として、ブルジョア階級の未成熟と並んで、もう一つの要因として「先住民の周縁的状況」を指摘したのである。先住民農民が社会的な周縁部に置かれて阻害・排除・無化されていたために農地解放も実現されなかった。しかし、こうした状況に変化が生じ始めた。先住民農民における変化につきマリアテギは一九二六年一二月に次の通り述べている。

「先住民問題は、いまや、数年前の基準で考えることはできない。（中略）先住民の復権という言葉が論争の全面を占めるようになって以降、あらゆる問題はまったく違う新しい概念に基づいて提起されている。」

こうしてマリアテギは、封建制の存続と先住民の周縁化・隷属状態が悪循環のように存在する状況を提示し、これを打ち破る力を先住民自身の中に求めたのである。そして、先住民農民が都市労働者との連携を深めることに期待した。そして、マリアテギはその連携の基盤を、後述するように、先住民共同体に生き続ける連帯の精神や協同労働の習慣によって培われてきた社会主義的精神に求めたのである。

5. 従属性の特質

マリアテギは、世界資本主義中枢への従属に規定された「植民地経済」の特徴として、資本主義の外来性、工業化の阻止、輸出農産物生産への特化と食料生産の放棄、高度の対外債務の蓄積を挙げている。

資本主義の外来性とは、資本主義が国内的要因に根ざして内発的に発生せず、外部からの移植によって開始することである。従って、この種の資本主義が開始する諸国においては、内発的な資本主義の発展を経過した諸国において見られたような、封建制を解体して資本主義が勃興するというプロセスを経ずに、封建制等の前資本制的な生産様式をも並存させた形で資本主義が開始される。この点につきマリアテギは次のように述べている。

「グアノと硝石の収益は、当時まで所有が貴族的封建的性格を帯びていたペルーにおいて、商業資本と銀行資本の強固な第一歩をきずいた。」

つまり、イギリス資本がグアノと硝石の確保のために、ペルーに投資を開始したことから、ペルーの資本主義は開始したのである。マリアテギは「銀行資本」という用語を使用しているが、正確には「高利貸資本」であろう。

工業化の阻止についてマリアテギは、「ペルーのように長年にわたって原料生産者としての役割にあまんじなければならなかった国では、一般に工業の可能性はかぎられている」、また「資本・商品市場、および原料の貯蔵庫として搾取するこの半植民地民族に対し、帝国主義は民族主義化あるいは工業化のいかなる経済計画も認めようとせず、彼らに特化、単一生産を強制する」と述べている。しかし、「長年にわたって原料生産者としての役割にあまんじなければならなかった国」が何故に工業化の可能性が限られているかに関する理論的説明はしていない。

他方、輸出農産物生産への特化と食料生産の放棄については、更に次のように述べている。

「国内で消費される農畜産物の大部分は、シエラの盆地や平野でつくられている。コスタの農場における食糧の耕作は、ワタとサトウキビのブーム期間中に公布された法令が示す最小義務さえ、したまわっていた。このブームは、地主たちに食糧耕作のほぼ全面的な放棄をうながして、生活物資の値上がりに重大な影響をもたらした。」

「コスタの優良地ではワタとサトウキビの栽培がおこなわれている。それはまさに、これらの作物のみに適合しているからではなく、現時点ではイギリス人およびヤンキー商人がこれしか輸入しないからである。（中略）ワタまたはサトウキビ・アシエンダにおいてはたいてい、農村住民自身にたいする供給に必要な量すら、食糧作物は栽培されていない。小土地所有農または小借地農ですら、国民経済の本来の必要物をまったく考慮しようとしないこの風潮によって、ワタ栽培へとかりたてられているのが現状である。」

「もし国内消費の必要物が国内産業生産によって充足されているのなら、この現象はこれほど人為的ではないだろう。しかし、事実はそうではない。国土は、その住民が生存に必要とするだけのものすら生産していない。ペルーの輸入の最大項目は〈食糧・香辛料〉である。すなわち、それは一九二四年には三六二万二三五ポンドにのぼる。輸入総額一八〇〇万ポンドにたいするこの数字（20・1％）はペルー経済の一問題点を指摘している。（中略）全輸入品目のなかで最大のものは小麦および小麦粉であり、一九二四年には一二〇〇万ソル（＝一二〇万ポンド）をこえている。」

対外債務問題については、特にレギア政権下における公共事業計画の実施に伴う対外債務の増額につき述べ、この時期に最大債権国がイギリスから米国に転じたと指摘している。

「ペルーの対外信用の回復は、ふたたび国家に、公共事業計画の実施を借款にたよる道を歩ませた。この活動においても米国は、イギリスにとってかわった。過剰な金をかかえたニューヨーク市場は、最良の条件を提供した。ヤンキー銀行家は、ラテンアメリカ諸国家にたいする借款に資本を向けることの実効性を直接調査した。そして、これらの投資が、もっぱら米国の商工業に利益をもたらすように配慮されていることはもちろんである。」

マリアテギに拠れば、こうして「植民地経済」を強いられた諸国は、工業化への可能性を奪われ、食料生産も放棄させられて、世界資本主義中枢が必要とする輸出産品生産への特化、対外債務を通じた外国金融資本への従属を強いられたのである。これが、マリアテギが指摘した周辺部・非内発的資本主義諸国に見られる従属性である。

6. 先住民共同体と資本主義段階「飛び越え」論

周辺部・非内発資本主義諸国の中でも、ペルーは過去に先住民文明が栄え、先住民共同体の伝統を有する特殊な条件をもつ国である。特に、先住民共同体の存在は、ペルーの社会・経済システムに複雑な様相を与えている。

マリアテギは、先住民共同体の存在がペルー社会に特殊な性格を与えており、それがペルーの社会主義化の中で活かしうる可能性につき言及した。しかし、共同体における土地の共有制が社会主義制度の中で再生しうるとの意味あいよりも、共同体に存続している精神的な要素、および協同労働の習慣を重視した。

「基本的にはつぎのことが、ペルーの農地問題を特徴づけている、明確で具体的な要因であると考えられるからである。それは、共同体、すなわち先住民の農業と生活における社会主義的な実践的要素の残存である。」

「共有財産と共同作業の紐帯を失った家族の集合体である先住民村落においては、いぜんとして、共産主義的精神の経験的表現である協同や連帯の習慣がなおも頑強かつ、根強く残っている。〈共同体〉はこの精神に相応しており、この精神の肉体なのである。土地の収奪と分配が〈共同体〉を一掃するかに思われるとき、先住民社会主義はつねに共同体を再生し、維持し、補強する方法をみいだした。共同作業および共同所有は、個人労働間の協力にとってかわられた。」

マリアテギが強調しているのは、「社会主義的な実践的要素の残存」であり、「共産主義的精神の経験的表現である協同や連帯の習慣」である。この点は十分注視しておくべきである。あたかもマリアテギが共同体における土地の共有制がいまだ根強く存続し、それが社会主義制度の中で活用できる可能性につき提起したかのように誤解されている面がある。しかし、上記の文章から見ればマリアテギの提起は明白であろう。それ故にマリアテギは次のように述べたのである。

「集団的耕作が支配的な地域では、農業の集団的経営を発展させる。しかし先住民族の自由な再生や先住民がもつ生来の力と精神の創造的発現を促進するこの解決策は、けっしてインカ社会主義の再興や復活というロマンチックで反歴史的な傾向を意味するものではない。インカ社会主義は完全に過ぎ去った歴史的状況に照応したもので、そこには完全に科学的な生産技術に利用できる要素として、先住民農民の協力と社会主義の習慣が残されているだけである。」

他方、マリアテギはこのような先住民共同体における連帯精神や習慣は、先住民の協同組合化に活用できるとして、共同体が協同組合に転化しうる可能性を提起して、次のように述べている。

「じじつ〈共同体〉は、鉄道の開通によって商業網と幹線輸送路にむすびつけられたとき、自然発生的に一種の協同組合に転化するにいたった。」

「共同体」はほんの少しの努力で協同組合に移行しうる。」

「先住民共同体は生産及び消費の協同組合に転換するための可能な限り多くの道徳的及び物質的適合性を集めている。」

先住民共同体の実情や、協同組合化への可能性について論じる上でマリアテギが参考にしたのは、主にカストロ・ポソが一九二四年に出版した『わが先住民共同体』と、その後一九三六年に出版される『アイユーから社会主義協同組合へ』の中に集大成された協同組合化に関する諸論稿であった(注37)。しかし、注意すべきは、マリアテギは一部の先住民共同体に存続する共有地制度を協同組合化の基礎にできると提起しているのではなく、あくまで先住民共同体の構成員の間に全般的に保持されている連帯精神と協同労働の習慣を基礎にできると提起している点である。即ち、「集団的耕作が支配的な地域では、農業の集団的経営に発展させる」と提起されたのである。この「集団的耕作」という言葉に、互恵・連帯の精神と、協同労働の習慣が示唆されている。この点は、現代においてもモントーヤの社会主義プロジェクトの主軸をなして、引き継がれている（注38）。

マリアテギは、外国資本の到来によって資本主義が開始されたというペルーにおける資本主義の非内発的性格、これに発する労働者の数的限界、および先住民共同体における連帯精神や協同労働の習慣の存続などの諸条件から、コミンテルンの理論にも基づいて、資本主義段階の「飛び越え」論を提起した。この「飛び越え」論が始めて見られるのは、一九二九年初頭に執筆したものと推定される「ラ・シエラ」誌からの質問状に対する回答であった。「社会主義の政治的到来は、普遍的な行程に沿った自由経済段階の完全かつ正確な完遂を前提としない。他の部分で既に述べたが、ペルーにおける社会主義の目的は、拍子をとる歴史的リズムに沿って、理論的には一定の資本主義的な任務を実現することを一部にもつ」。

次に、一九二九年六月にブエノス・アイレスで開催開催された第一回ラテンアメリカ共産主義者会議に提出した「ラテンアメリカにおける人種問題」の中で次のように述べた。

「コミンテルン第六回大会は、原初的な経済をもつ民族にとって、他の民族が通ってきた長期の進化の過程を経ることなく、直接、集産主義的経済の組織化から始められることを一度ならず示唆した。具体的な社会構造と集産主義的精神のなかに存続する原始農業共産主義が、プロレタリア階級の指導の下に、マルクス主義的共産主義に裏打ちされた集産主義社会のもっとも強固な基礎に移行していくうえで、「後進的」民族ではインカの先住民ほどではないにしても、きわめて有利な条件を備えていると、われわれは確信している。」

マリアテギはこの引用文の中で、「飛び越え」論の根拠をコミンテルン第六回大会に求めている。第六回大会において採択された文書のうち、「飛び越え」論が依拠しうる文書は、ともに一九二八年九月一日に採択された『植民地・半植民地における革命運動についてのテーゼ』と『世界綱領』の二文書である。

コミンテルンは、第二回大会で採択された『民族・民主問題についてのテーゼ』の『補足テーゼ』の中で、M・N・ロイから提出された『補足テーゼ原案』にあった、「植民地の諸民族は、経済的・工業的に立ち遅れているから必ずブルジョア民主主義的段階を経過しなければならない、という想定は誤りである」との問題提起を考慮して、「後進諸国の大衆は、資本主義的発展をとおることなく、先進資本主義諸国の自覚したプロレタリアートによって導かれて、共産主義に到達することができるであろう」と明記していた。また、レーニンも同大会の民族・植民地問題小委員会における報告の中で、「資本主義的発展段階が後進民族にとって不可避だと考えるのはまちがいである。(中略)後進諸国はソヴィエト制度へ移行し、資本主義的発展段階を飛び越えて、一定の発展段階を経て共産主義へ移行することができる、という命題を確立し、理論的に基礎づけなければならない」と述べた。

第六回大会において採択された『植民地・半植民地における革命運動についてのテーゼ』の中では、「ソ連邦ならびに帝国主義諸国内の革命的プロレタリアートとの同盟は、中国、インド、その他すべての植民地・半植民地諸国の勤労人民大衆に、資本主義制度が支配する段階を経過することなく、さらに資本主義的諸関係一般の発展段階を経過することなく、自立的で自由な経済的・文化的発展の展望を切り拓いている」、「後進的な植民地諸国にあっては、その非資本主義的発展の可能性、かなり発達した植民地諸国にあっては、他の諸国における勝利したプロレタリア独裁の支援による、民族民主革命からプロレタリア社会主義革命への転化の可能性が存在する」と論じられていた。

また、同大会で採択された『世界綱領』においては、第四章第八節において革命の主な型が五類型に分類され、ラテンアメリカの場合には「アルゼンチン、ブラジル、その他の」と記述された「従属諸国」に分類され、ブルジョア民主主義革命から社会主義革命に転化するものとされた。マリアテギが言及しているのは、第五の類型である「たとえばアフリカの諸地方」と分類されている諸国に関して『世界綱領』が示した「非資本主義的発展の道」であった。原文は次の通りである。

「さらにもっと後進的な諸国（たとえばアフリカの諸地方）においては、実質的にはいかなる工業賃労働者も存在せず、人口の多数は種族制度のなかで生活しており、しかも古い氏族社会の痕跡がいまだに残っており、実際には民族ブルジョアジーはほとんど存在しておらず、外国帝国主義がまずもって土地の武装征服者・占有者として出現しているこれらの国々においては、民族解放闘争こそ中心的課題である。ここでは、勝利した民族蜂起は、もし十分に強力な援助がプロレタリア独裁の国々から与えられるならば、資本主義的段階を経ることなしに、社会主義への道を切り拓くことができる。」

明らかにペルーは、コミンテルンの『綱領』に記載された「実質的にはいかなる工業賃労働者も存在せず、人口の多数は種族制度のなかで生活しており、しかも古い氏族社会の痕跡がいまだに残っており、実際には民族ブルジョアジーはほとんど存在しておらず、外国帝国主義がまずもって土地の武装征服者・占有者として出現しているこれらの国々」には相当しない。また、民族蜂起が資本主義的段階を経ることなしに社会主義へ進むためには「十分に強力な援助がプロレタリア独裁の国々から与えられるならば」との仮定が付されている。しかし、マリアテギの「飛び越え」論に関する言及にはこのような仮定が付されていない。

これらの事実を考慮すれば、マリアテギが提起した「飛び越え」論は、コミンテルン第六回大会において採択された文書に依拠しているようにみせかけつつも、これに触発されてマリアテギが独自に提起した可能性であるように思われる。少なくとも、コミンテルン第二回大会において採択された『民族・植民地問題についてのテーゼ』に関する言及を行ってはいない。マリアテギが「飛び越え」論を提起するにあたって依拠したのは、先住民共同体における連帯精神や協同労働の習慣に見られる先住民の伝統的な精神や習慣であった。先住民が保持している連帯精神と協同労働の習慣に表現される社会主義的な精神性が、都市労働者の社会主義運動と連動することで、社会主義革命が実行されると、マリアテギは主張した。ここにマリアテギの思想が独創性であると言われる所以があり、またマリアテギのマルクス主義思想が「精神主義」あるいは「主意主義」と呼ばれる所以がある。

そしてマリアテギは、労働者が先導する行動のみが、ブルジョア民主主義革命の諸任務を完遂できないブルジョアジーに代わって、その諸任務を実現できると主張した。

「ペルー経済の解放は、世界の反帝闘争と連帯するプロレタリア大衆の行動だけがなしうる。ただプロレタリアの行動だけが、まずブルジョア民主主義革命の任務を推進し、しかるのちにそれを実現できる。ブルジョア体制は、ブルジョア民主主義革命を発展させ、実現する力をもたない。」

7. 結び

マリアテギは、一九二〇年代のペルー経済につき、植民地経済の第二期にあり、封建的経済がブルジョア的経済に転化してゆく段階であり、半封建的・半植民地的状態にあると規定した。半封建的・半植民地的状態とは、封建制がまだ一掃されておらず、経済的に植民地状態にあることを表現するものである。マリアテギが分析した経済的従属性を表現する現象は次の諸点にあった。
(イ)帝国主義は前資本制的関係（封建制）を維持し、場合によっては強化するが、他方で資本主義化を促進している。
(ロ)ペルー資本主義はグアノと硝石採掘のための商業資本・銀行資本の確立から開始した。
(ハ)資本主義的経済に移行している砂糖生産・綿花生産の大土地所有は、低賃金による比較生産優位に支えられている。
(ニ)ペルーは原料生産に特化しているため、工業化の可能性を限定されている。

(ホ)国際市場への統合が近代技術の導入を促進している。
(ヘ)農地解放の遅れの原因はブルジョア階級の未成熟と先住民農民の周縁化状態にある。
(ト)輸出農産物生産に特化した結果、食料生産が放棄されている。
(チ)公共事業計画を通じて米国に対する対外債務が急増している。
(リ)ブルジョア民主主義任務を完遂できる階級が未成熟であるため、この任務は社会主義革命のプロセスにおいて達成される。社会主義革命に向けて先住民農民が保持している連帯精神や協同労働の習慣が有益である。

マリアテギが分析したペルーの経済的従属性とその経済・社会の特徴は前記の通りであった。これらの中で、現代に行われてきた周辺資本主義論争との関連で注目されるのは、接合論との関連で(イ)、不等価交換との関連で(ハ)である。

接合論との関連については、マリアテギは封建制が存続している事実を指摘しているが、帝国主義支配が封建制の維持を必要としているとの見方は示していない。寧ろ、近代技術が導入されることによって工業化(産業化)が進み、資本が文明化作用をもたらしている点に注目している。従って、接合論としての分析視角はその片鱗がみられたにせよ、十分に展開されていなかったと評価できよう。

低労働コストについては、輸出農産物生産における労働コストの低さが比較生産優位を支えているとの指摘は、国際間の賃金格差から「不等価交換」論を展開したエマニュエルの立論を彷彿させるものである。これは、マリアテギが国際等価交換のもとでの不等労働量交換に基づいた国際搾取を指摘したものであり、世界資本主義中枢と周辺部との間の経済的収奪が如何なる形態で行われているかについて分析する大枠の理論的枠組みを有していたことを示すものである。しかし、マリアテギは不等価交換の問題を指摘することで、不等価交換の問題に専一的に固執するのではなく、周辺部の近代化を制限し、周辺部に不利な交換条件を強いる世界資本主義中枢から発する〈従属/階層化〉の関係を指摘したのだと考えられる。

またマリアテギは、食料生産の放棄、工業化の可能性の限定、対外債務増額を通じた従属性の深化等、周辺部資本主義諸国が強いられていた従属性の特徴を断片的ながらも指摘していた。

当時一九二〇年代における周辺資本主義論としては、ブハーリンが一九二八年に開催されたコミンテルン第六回大会で採択された『綱領』の草案の中で「世界都市と世界農村」との概念を用いて周辺資本主義論の片鱗を示した経緯があった。しかし、これも最終的には採用されずに終わり、その直後にブハーリンが失脚したため、「世界都市と世界農村」という概念も失われてしまった。従って、一九二〇年代にはまだ、先進資本主義と周辺部資本主義との間の関係について本格的な議論が展開されてしなかった。このような時期に、断片的ながらも周辺部資本主義の特徴を理論的に究明する努力が正に周辺部から展開され始めていたことは注目すべきであり、マリアテギの思想が有するもう一つの現代的な意義がここに見られるのである。

第四章　〈共生〉と〈全体性〉の思想

1．はじめに

筆者はマリアテギの思想について執筆したこれまでの諸論稿において、マリアテギの思想は〈全体性〉と〈共生〉を表現する思想であると述べ、その際〈全体性〉と〈共生〉という言葉が意味するところを、次のように論じた。

〈全体性〉の思想とは、単に人々の肉体的、経済的状態の悪化のみを変革の対象とするのではなく、社会的、文化的状況の全体を主題とするとの視点である。換言するなら、社会変革の対象を、政治制度や経済制度のみでなく、社会的、文化的状況とそれに規定される個人の意識や日常生活にも及ぼすとの視点を有する思想である。このような、社会的、文化的状況とそれに規定される個人の意識や日常生活をも変革の前提条件とした故に、マリアテギの思想は「精神主義」あるいは「主意主義」的な傾向を特徴としていると言われる。他方、〈共生〉の思想とは、文化や価値観の多様性を認めようとする多元主義の思想である。このマリアテギの「共生」の思想が最もよく現われているのが、「国民（民族）」理念に関して執筆した一連の論稿である。

本稿は、このマリアテギの思想を〈全体性〉と〈共生〉の思想と筆者が論じた理由に関して、更に詳細に検証し、マリアテギの思想が現代に有する意味を明らかにすることを目指す。

2.〈全体性〉の問題

(1)〈全体性〉の視角

近代社会は、社会空間の大規模な転換を伴っている。近代以前の社会には、人間の実践的な活動によって編成され、身体と結びついた有機的空間が存在した。近代社会は、身体と空間との間に維持されてきた関係の〈全体性〉を解体し、その結果空間との結びつきを失った身体は、機能的に部分に分解され、断片化される。そして、主観性と客観性の統一としての〈全体性〉を失う。

マリアテギの研究者であるフォルグは、マリアテギの思想を「総合思考的で全体思考的な思想」と形容している。マリアテギは、一九二八年一一月に出版した『七試論』において、「人の精神は不可分である。わたしはこの宿命をくやみはしない。逆に、総合性と凝集性（邦訳では「全体性」）の必要としてこれをみとめる。」と述べ、〈凝集性〉という言葉を使っている。この凝縮性という言葉は、その意味を考慮すれば邦訳『七試論』に見られるように〈全体性〉と訳しても誤りではない。マリアテギのこの引用部分から理解される〈凝集性（全体性）〉の意味は、「人の精神は不可分である」との表現に表されており、主観性と客観性の一致を意味していると考えられる。

〈全体性〉という概念は、もともとヘーゲルの概念であり、客観的必然性と主観的自由の一致を錯定する概念であった。しかし、一八八三年のマルクスの死後、実証主義や進化論などの一九世紀末の諸思想の影響下に、弁証法的唯物論が経済還元論や経済決定論に矮小化されてきたことに対する批判から発して復活されるようになった。特に、エンゲルスを含めて、第二インターナショナルの指導者層に見られた、革命が社会進歩に伴って一つの自然的な出来事として到来するとの信仰に見られる、マルクス主義の進化論的歪曲に対する反発として、人間の意識とそれに基づく実践を重視する立場から生じた。

更に、第二の要素としては、ロシア革命の成功後、一九一九年から一九二三年末にかけてヨーロッパを覆った怒濤のごとき革命の運動が敗北したことを原因として、革命は経済的危機だけで起こるのではなく、更なる要素がなければならないとの認識がヨーロッパ諸国のマルクス主義者の間で共通して持たれるようになったことが挙げられる。一九二四年に結成された評議会共産主義者グループの組織である「共産主義労働者インターナショナル（KAI）」の設立に参加したゴルターは『同志レーニンへの公開状』の中で次のように述べていた。「ドイツ、ハンガリー、ババリア、オーストリア、ポーランドそしてバルカンの例は、危機と困窮だけでは不十分であることを教えている。当地には最もひどい経済的危機がある――しかるに革命はやってきていない。更なる別の要因――革命を現実のものにする、それがなければ革命を破産させる――があるにちがいない。この要因こそ大衆の精神なのである。」

このような問題意識は、前述のマルクス主義に対する実証主義や進化論の影響を批判する潮流に広く見られ、エンゲルス『反デューリング論』や『自然弁証法』、プレハーノフ『史的一元論』、レーニンの『唯物論と経験批判論』に対する批判を主軸に形成されてきた。一九二二年五月下旬にドイツのチューリンゲン州のイルメナウで開催された「第一回共産主義者会議」には、ルカーチ、コルシュ、福本和夫、ゾルゲ、ヴィットフォーゲル等が出席して、コルシュがほぼ完成していた『マルクス主義と哲学』がテーマとして議論され、この会合が契機となって後にフランクフルト学派の形成を見るフランクフルトのゲーテ大学に社会研究所が設置された。

一九二三年にルカーチが『歴史と階級意識』を、コルシュが『マルクス主義と哲学』を出版した背景には、革命情勢の後退と弁証法的唯物論の危機に関する共通した問題意識があったと考えられる。イルメナウの会合には出席していなかったが、後述の通り、当時のグラムシにも同じような問題意識が見られた（注39）。

マリアテギは、一九一九年一一月にヨーロッパに到着し、一九二二年五月六日までイタリアに滞在した。その後、パリを経由して、ドイツ南部、チョッコスロバキア、ハンガリーを訪問して、八月にベルリンに到着している。イルマナウの会合が開催された時期に、マリアテギはミュンヘンに滞在していた。マリアテギによるドイツ及び中欧諸国訪問は、あきらかにこれら諸国におけるソヴィエト共和国建設に向けた労働者大衆による闘いの軌跡をたどることにあった。従ってマリアテギには、ロシア革命に鼓舞された世界的な運動の広がりに刺激されながらも、何故にロシア以外では労働者大衆の闘いが敗北したのかというヨーロッパのマルクス主義者と問題意識を共有するようになっていたと考えられる。この問題意識が、その後のマリアテギの思想の進化に向けて重要な要素となったのではないか。

周知の通り、ルカーチは『歴史と階級意識』の中で、いまだマルクスが初期に展開した疎外論に関する著作が公表されていない時期に、物象化論を展開して階級意識の問題を論じたが、その中心軸として〈全体性〉の概念を提起した。

「マルクス主義をブルジョア的な科学から決定的に区別する点は、歴史の説明において経済的な動因の支配を認めるところにではなく、全体性という観点をもつところにある。全体性というカテゴリー、すなわち部分に対する全体の全面的、決定的な支配ということ、これこそマルクスがヘーゲルから受け継ぎ、根本的に作りかえてまったく新しい学問の基礎とした方法の本質にほかならない。（中略）全体性というカテゴリーの支配こそが、学問における革命的な原理の担い手なのである。」

ルカーチは、マルクス主義が第二インターナショナルによって科学主義に降伏し、客観的真理や自然法則の名のもとに、個々の事実を重視して歴史過程の全体性への視点を喪失したことを批判した。そして、ルカーチは全体からの部分の分離は物象化の結果であるが、階級意識はさまざまな諸契機の全体性の理解を意味すると考えた。

そしてルカーチは、社会生活を統合された全体、すなわち一つの〈全体性〉と見なし、マルクス主義は日常の諸現象の深層を掘り起こして全体としての社会システムの質に関わるものを見極めねばならないと考える。更に、その上で、人間自身は彼らが創造者である社会の全体の中で、自分たちの日常の生活を生産する、統一され、統合された総体的な存在であると見なされる。

マルクスの『ドイツ・イデオロギー』が初めて公表された一九三二年に『初期マルクス研究』を出版したマルクーゼは、その中で次のように述べた。

「まどうことなく人間の本質をみつめることこそ、ラディカルな革命を基礎づけるさいの仮借ない推進力となる。資本主義の事実状況のなかでは、単に経済的あるいは政治的危機ばかりでなく、人間存在の破局こそが問題になっているのだということ——このような洞察によれば、単なる経済的あるいは政治的改良はすべて最初から失敗を宣告され、全面的革命によって事実上の状態を終局的に止揚することがどうしても必要となる。」

このような視点は、コルシュが一九二三年に出版した『マルクス主義と哲学』の中においても共有されている。コルシュは次のように論じた。

「今日なお多数のマルクス主義理論家たちは、マルクスやエンゲルスが鋭く指摘した唯一の唯物論的な、したがって科学的な方法を、社会的現実全体の精神的部面にも一貫して適用するのではなく、すべていわゆる精神的事実の現実性の意味をまったく否定し、それを抽象的かつ非弁証法的に解釈している。かれらは社会的および政治的生活過程と並んで精神的生活過程をも、つまり、(経済、政治、法律などの)広義の社会的な存在および生成と並んでさまざまな形態の社会意識をも、社会的現実全体の観念的(「イデオロギー的」)であるが、現実的な構成要素とは捉えていない。」

「マルクスとエンゲルスの唯物論は、抽象的・自然主義的ではなく弁証法的な、したがって唯一の科学的方法である。弁証法的唯物論では、科学以前及び科学以外の意識から科学的意識にいたるまですべて、自然的世界さらには歴史的・社会的世界にもはや独立して対立するのではなく、それらは「精神的観念的ではあるが」、この自然的及び歴史的・社会的世界の実在的・現実的部分としてまさしくこの世界の内にある。」

コルシュが強調したのは、一九一八—一九年のドイツ革命の高揚期に革命運動が挫折した一因は、運動の主体的意識が客観的な歴史的状況の要請よりも立ち遅れてところにあったのであり、従ってマルクス主義の強化のためには、マルクス主義の哲学的（主体的・行動的）側面に意義を与え、マルクスが精神の領域に与えた役割をあらためて認識しなければならないとの論点であった。

ルカーチ、コルシュ、マルクーゼの主張を要約するなら、〈全体性〉の思想とは、単に人間の肉体的、経済的な状態の悪化だけではなく、彼らの社会的、文化的な状況の全体が主題とされる、即ち、社会変革の対象が政治制度や経済制度だけでなく、個人の意識や日常生活まで及ぶということである。そして個人の意識や生活様式における基本的な変化が、革命的な社会変革の結果ではなく、その要件であると主張される。従って、社会の経済的分析だけでなく、政治メカニズム、文化状況等々も、経済分析と並んで重視されねばならないとの結論が出される。

また、〈全体性〉の思想からは、社会の〈全体性〉のみでなく、人間存在の〈全体性〉も重視され、人間は生産過程の中での位置によって定義されるのみでなく、無数の社会的コンテクストから構成される全体的な存在であると見なされる。それ故に、労働者としてのみでなく、あらゆる社会的存在としての状況から変革を模索する動きが生じるのであり、これを労働関係という一面に還元して論じることはできないとの結論も出される。この視点から、個々の集団の中には、その文化、歴史、人間性さえもが奪われているという人間存在としての問題が提起され、現代においてはこのような認識を背景として種々の社会運動や市民運動が発生してきている。これらの種々の自律的な政治・社会・文化的な運動を結集する限り、社会主義は新しい多元主義的なモデルを模索してゆかざるをえない。

マリアテギが、先住民問題を取り上げた背景にも、人間として周縁化され、疎外され、無化されてきた先住民の歴史に対する認識があったと考えられる。特に、ペルーにおいては、プロレタリアートは萌芽的にしか発生しておらず、大衆の大多数は社会的に周縁化されてきた先住民農民であった。マリアテギは『七試論』において、先住民問題の解決は「行政機構や、法制度、宗教組織、あるいは人種の複合や混血、文化的及び道徳的条件に求めず」、「社会経済問題として取り上げ」、「先住民問題とは土地問題である」と論じた。しかし、マリアテギの論難は土地問題を通底し、その背景に非人間的な搾取システムと、先住民を周縁化、無化してきた支配構造が存在してきたと指摘する。そして、マリアテギは、スペイン人の到来当時一〇〇〇万人から一五〇〇万人の人口を擁したインカ帝国は「なににもまして大虐殺」を意味した征服の後も、副王体制によって課せられた過酷な搾取システムにより、先住民は封建制的な隷農に近い存在におとしめられ、非人間的な存在とされてきたと告発した。マリアテギによれば、このような先住民問題の解決は、「社会的解決でなければならず、その実行者は先住民自身でなければならない」とされる。そして、「先住民身にも新しい自覚の兆候が見られはじめた」と論じた。こうして、先住民をめぐる客観的な環境に主観的意識が合致し始めたのであり、マリアテギはこのような新しい状況を的確に把握していたと言える。

(2) 自然発生性の問題

マリアテギの先住民自身による先住民問題の社会的解決の必要性に関する自覚の高まりに関する記述には、先住民の意識が社会主義運動を開始したマリアテギらの知識人の動向に影響されている面を考慮に入れるべきである。しかし、「自覚」を強調していることを考えれば、自然発生性を重視しているとの印象が持たれる。このような自然発生性を重視する傾向は、マリアテギの労働運動に対する対する姿勢にも見られた。

マリアテギは、一九二八年四月から五月にアプラ運動のアヤ・デ・ラ・トーレがアプラ運動を一国的なナショナリズム政党に転換しようと画策した時点で、初めて社会主義運動を指導する党の問題を実際的な問題として取り上げた。ポルトカリェーロによれば、ペルー社会党（ＰＳＰ）はマリアテギの提案によって一九二八年九月に設立準備会合が開催された。すなわち、アヤ・デ・ラ・トーレラによって一国的なナショナリスト政党の結成が提案される以前には、マリアテギ及びその周辺の社会主義者の間には党を結成すべしとの動きはあまり見られず、寧ろ時期尚早との見方が支配的であった。

マリアテギがこの時期に重視したのは労働運動の組織化と、それを通じた労働者の階級意識の高揚であった。一九二九年五月にはマリアテギの呼びかけが実を結んでペルー労働総連盟（CGTP）が結成された。しかし、マリアテギが重視したのは前衛党に指導されたた労働運動ではなく、労働者の階級意識の覚醒を促進するための労働者自身による組織化であった。その背景として二つの要素を指摘しうる。「労働者評議会」の概念とサンディカリズムとの関係である。

マリアテギは、一九二〇年のイタリア滞在期間中に、前年からグラムシ等によって開始されていたトリノなど北部都市における労働者による「工場評議会」設立と、労働者による工場占拠闘争に立ち会ってきた。そして、この「工場評議会」をスペイン語に翻訳して、労働者による自然発生的な運動としてソヴィエトと同様の概念で捉えていた。

他方、マリアテギは一九二三年の帰国後、当時労働運動の主流派をなしていたアナルコ・サンディカリズムの影響下にあった労働者の政治的意識を覚醒させることを重視し、人民大学における講義に参加していったが、ソレルからの影響もあり、自律的な組合運動という意味でのサンディカリズム自体を否定することはなかった。寧ろ、マリアテギは、ペルーにおいては「工場評議会」を労働組合とは並行的に結成するのではなく、労働組合を「工場評議会」として想定していたと見られる。いずれにせよマリアテギが重視したのは、党の役割以上に、労働者自身による自然発生的な組織化と運動の中から階級意識が形成されることであった。（注40）

そして、党論においては、一九二八年一〇月のPSP結成後においても、レーニンが『何をなすべきか』において提示したような職業的革命家からなるカードルを主軸に結成される、エリート前衛に指導された党を描いてはいなかった。PSPの綱領には、「資本主義は帝国主義段階にある。（中略）この時期におけるマルクス主義的社会主義の実践は、マルクス・レーニン主義である。マルクス・レーニン主義は帝国主義・独占段階の革命方式である。PSPは闘争方式としてこれを採用する」と、また、「PSPはプロレタリアートの前衛であり、階級の理想実現のための闘いで指導的任務を担う政治勢力である」とし、PSPが掲げる要求は「プロレタリアートと中間階級の意識分子によって積極的に支持されなければならない」と規定されている。しかし、筆者は、ここで注意すべきは、「マルクス・レーニン主義」との言葉が使用されていても、「レーニン主義」という言葉が単独では使用されていない事実である。

「レーニン主義」という言葉が一般化するのは、レーニン死去の三ヶ月後の一九二四年四月から五月に、スターリンがソ連共産党機関紙『プラウダ』に『レーニン主義の基礎』を連載して、「レーニン主義は、独占資本主義（帝国主義）の時代、帝国主義戦争とプロレタリア革命の時代におけるマルクス主義である」と定義してから普及した。同年六月に開催されたコミンテルン第五回大会においては、自然発生性を強調するルクセンブルグ主義者や評議会共産主義者を排除して、「目的意識性」と「民主主義的中央集権制」が強調されて、「ボルシェヴィキ化とはレーニン主義の一般的原則を、当該国の与えられた具体的状況に適用することである」と既定され、各国共産党の「ボルシェヴィキ化」が指示された。また、コミンテルン議長であったジノヴィエフによって、コルシュやルカーチが批判されたのも、この第五回大会の「執行委員会の活動に関する報告」においてであった。その意味で、コミンテルン第五回大会は、その後の国際的な共産主義運動の分岐点になったと言える。

コミンテルンにおいてスターリンによって定義された「レーニン主義」と、PSP綱領に現れる「マルクス・レーニン主義」は同一のものではない。少なくとも、明確に厳密な意味での「レーニン主義」をPSPが採用したことを示すものではない。当時のペルーにおいては、アナルコ・サンジカリズムの影響が漸く下降線をたどり、マルクス主義への傾斜が開始していたが、プロレタリアートの先導的部分が大量に形成され、「レーニン主義」や「ボルシェヴィキ化」が議論されるような環境にはなかった。

一九二八年九月にマリアテギが『アマウタ』第一七号から連載を開始した『マルクス主義の擁護』も、社会進化論や経済決定論を否定して、「マルクス主義の精神化」を提起したソレルの姿勢の延長線上で、意識や精神を重視したものであった。その意味から、マリアテギは、大衆の意識を覚醒させ、彼らを社会過程の主体として復権する上で自然発生性の重視し、党の役割はその主体形成を指導するものと考えられはしても、前衛党が大衆の化身となって革命の主体となることは構想されたことはなかった。

しかしマリアテギは、大衆が如何なる哲学的な基礎に基づいて、例えばルカーチが展開したような物象化の克服を通じて階級意識を獲得するというような理論は展開せず、大衆が主体として革命に参加してゆく契機として、ソレルに依拠して、ベルグソンの提起した「神話」を強調した。

このように、確かにマリアテギは階級意識が如何に形成されてゆくかについての認識論的な哲学的基礎に基づく理論は展開しなかったが、経済的状況だけが革命を導くとの経済決定論的な俗説を否定するとの問題意識は、コルシュやルカーチと同様に共通に見られた。その意味では、大衆が如何に意識を獲得して革命主体となりえるかを、経済決定論の批判を通じて模索したと言える。

(3)『マルクス主義の防衛』

マリアテギが、第二インターナショナルに見られる社会進化論、経済決定論、資本主義自動崩壊論を批判して、人間の精神／意識面を重視する視点から執筆し、〈全体性〉の視角を最も顕著に表した著作は、一九二八年九月から一九二九年六月まで、雑誌『アマウタ』に連載された『マルクス主義の防衛』である。『マルクス主義の防衛』については、第二部第三章においても取り上げたが、ここではその特徴を要約しておきたい。

第二部第三章においても記した通り、『マルクス主義の防衛』はベルギーのド・マンが出版した『マルクス主義を越えて』に対する反論として執筆された一連の論稿からなる。しかしマリアテギは『マルクス主義の防衛』に、『マルクス主義を越えて』に対する反論として以上の、マルクス主義に関する彼の考え方を明示する目的をもたせたと考えられる

ド・マンはその著作『マルクス主義を越えて』において、社会民主主義の潮流が社会進化論を採ることを、精神主義的な脱マルクス主義の立場から批判した。これに対してマリアテギは、社会民主主義による社会主義の社会進化論的解釈を否定する上ではド・マンを評価しつつも、ド・マンがその批判をマルクス主義を放棄することから行ったことを「敗北主義」であると批判した。

そしてマリアテギは、ド・マンは感情や革命的なパッションを無視していると批判して、マルクス主義を「精神化」することによってこれを刷新する方向性を提起して、ソレルを援用して「マルクス主義の精神化が必要である」と論じた。マリアテギはソレルに関して次のように論じている。

「マルクス主義の、マルクスの著作の継続と刷新という意味での真の修正は、理論と実践において、(ド・マンとは異なる) 他のカテゴリーの革命的知識人たちによって実現された。ジョルジュ・ソレルは、マルクスの本質的な部分と形式的な部分を分離する研究の中で、今世紀最初の二〇年間において、社会主義の進化論的で議会主義的な堕落に対して組合の階級的意味合いの反動という意味で、マルクスの活性的で革命的な概念に回帰し、新しい知的で組織的な現実への挿入を代表した。ソレルを通じて、マルクス主義はマルクス以後の哲学潮流の本質的な諸要素と獲得物を吸収した。その時代の社会主義の合理主義的で実証主義的な基盤を克服して、ソレルは(中略)歴史主義や進化論で哲学的に満足した政党や議員の知的かつ精神的なブルジョア化から離別して革命的任務を再確立した。宗教運動の経験を社会主義運動に適用する革命的神話の理論は、心理学的、社会学的な現実主義で深く膨らまされた革命の哲学的基礎を確立した。同時に、ド・マンに明らかに見られる現代的な相対化論の結論に先んじた。(中略) ソレルは社会民主主義的な議会主義の時代におけるマルクスの最も力強い継承者である。」

マリアテギにおけるソレルの影響は、『マルクス主義の防衛』の連載開始に先立って、既に一九二五年一月一六日付けの『エル・ムンディアル』に掲載した論稿『人間と神話』の中に見られた。この中で、マリアテギは次のように述べている。

「プロレタリアートは一つの神話を持っている、それは社会革命である。（中略）革命家の力は、その科学にあるのではなく、その信念、そのパッション、その意思にある。それは宗教的な、神秘的な、精神的な力であり、即ち神話の力である。」

マリアテギは、第二インターナショナルに見られる社会進化論や経済決定論と、他方でド・マンに代表される、これらを否定する観念論や精神主義の双方を止揚して、精神的要素の重要性をも踏まえる唯物論のあり方を模索したのである。マリアテギは、「マルクス主義の唯物論は、現代における、あらゆる道徳的、精神的、哲学的な上昇を包摂する。」と述べている。

このようにマリアテギは、第二インターナショナルに体現される社会民主主義は、「マルクス主義を諸現象の純粋に経済的な説明に専断的に還元する」ものであると批判する一方で、最終的な分析要素として経済的側面を踏まえることを重視しつつも、更に生産者としての労働者の精神的な世界の分析をも重視するのである。そして、特に労働自体が労働者を高揚させる側面を重視して、これを社会主義の倫理的機能として捉えた。これに対して、社会民主主義は社会進化論に転落して経済的側面や物質的条件を重視して、人間の主体的な側面を軽視していると見られた。それ故に、マリアテギは「意思」や「パッション」を重視し、社会変革に向かう中で生産者として道徳を形成する上での労働組合の役割を重視した。

そしてマリアテギは、労働者は組合への組織化を通じて生産者としての道徳を形成し、これを向上させ、将来的な社会主義の建設に向け、社会主義に倫理的機能を持たせることになると考えた。マリアテギは、この「社会主義の倫理的機能は、（中略）反資本主義闘争のプロセス自体によって生産者の道徳の創造の中で模索されなければならない」、あるいは「社会主義の倫理は階級闘争の中で形成される。」と述べている。第二インターナショナルはこのような社会主義の主意主義的な側面は十分理解しておらず、また一般的にも「社会主義の主意主義的な性格は、決定論的な根底よりもあまり理解されていない」と論じた。

こうしてマリアテギは、マルクス主義の思想を人間の精神状況を生産関係と生産諸力という物質的諸条件に還元するのみでなく、経済的分析を行う一方で、物質的諸条件の下で展開される生産者の道徳創造の中で形成される倫理的機能の視角からも分析する必要性を提起したのである。ここに、〈全体性〉の視角を持ったマリアテギの思想の真髄が見られるのである。

3. グラムシ思想との類似性

(1) 実践面での姿勢の類似性

国が直面する政治的、経済的、社会的な諸問題の原因を歴史の中に見極めようとするマリアテギの姿勢は、イタリア滞在中にクローチェやゴベッティから受けた影響に由来すると考えられる。この姿勢は、マリアテギと同じくクローチェから歴史的思考法を学んだと言われるグラムシの姿勢に類似する。

第二部第二章「ヨーロッパ体験」で述べた通り、マリアテギの研究者であるルイリョンによれば、マリアテギはイタリア滞在中に、一九二〇年七月頃にトリノを訪問し『オルディネ・ヌオーヴォ』事務所に訪ねた際、及び一九二一年一月のイタリア社会党のリヴォルノ大会においてそれぞれグラムシと会見した趣きである。グラムシの側にもマリアテギの側にも、会見についての記録は残されていない。ルイリョンが根拠としているのは、マリアテギに同行したファルコンと、マキャベロの証言である。

しかし、マリアテギとグラムシの類似性は歴史的思考法のみに限られない。マリアテギとグラムシとの間の類似性は、社会主義運動の実践面と、理論的な分析方法の二分野に分けて考察できよう。社会主義運動の実践面における類似性は、第二部第二章にて前述した通り、(イ)自然発生性と「労働者評議会」運動の重視、(ロ)労農同盟の重視とこの姿勢を背景とした一九二八年から一九二九年頃のコミンテルンの路線との不和、の二点を指摘しうる。

(イ)については一九一九年から一九二〇年の工場評議会運動を指導したグラムシと、イタリア滞在中にこれを見聞して、工場評議会運動を「ソヴィエト」の具現化と考えて、ペルーにおける労働運動の方向性を策定したマリアテギの間に見られる類似性である。但し、グラムシの場合には、獄中で市民社会論やヘゲモニー論を展開してゆく過程で、工場評議会運動の経験を相対化していった点に留意すべきであろう。

(ロ)については、一方に一九二八年七月一七日から九月一日まで開催されたコミンテルン第六回大会、及び一九二九年七月三日から一七日まで開催された第一〇回執行委員会会合において、ソ連共産党及びコミンテルンにおける対トロツキー、対合同左翼反対派、対ブハーリン派との抗争に勝利したスターリンの指導の下で第三期理論や社会ファシズム論を打ち出して左翼転換をはかり、その結果社会民主主義系との統一戦線や労農同盟が放棄されたことに対する、獄中にいたグラムシの姿勢がある。グラムシは、資本主義の強靭な構造から考えて長期にわたる持久戦を展望し、新しい資本主義の再編とそのもとでの反ファシズム闘争における民主主義秩序の回復とその中間局面の必要性を考えて、ファシズムに代わるプロレタリア独裁ではなく、反ファシズム勢力の合意に基づく民主主義議会制度としての憲法制定会議を掲げるべきと提案して獄中で孤立した。他方、マリアテギは一九二九年六月にブエノス・アイレスで開催された第一回ラテンアメリカ共産主義者会合において、大衆党の組織形態を有するＰＳＰのあり方が労農党であるとしてコミンテルン代表から批判され、共産党への改変を強いられる中で、ＰＳＰ内で孤立していった。

(2)分析方法の類似性

理論的な分析方法の類似性としては、(a)全体性の重視、(b)先進資本主義国と後進資本主義国の区分、(c)「ヘゲモニー」の概念、(d)南部問題と先住民問題を見る視角、の四点を指摘しうる。

(a)グラムシは第一節にて前述した〈全体性〉の視点を共有していた。グラムシの革命観は「全体的な」革命観である。グラムシの「全体的な」視点において重要なのは、グラムシがマルクスとエンゲルスを分離したことであり、資本論に関する分析もエンゲルスが完成した第三部をマクルスが執筆した第一部と区分している事実である。グラムシは革命を、プロレタリアートによる政治権力の暴力的な(あるいは段階的な)奪取だけでなく、人間の生活と文化のあらゆる分野の変革をも含む新しい文明を創り出す能力までを含めたものと考えた。グラムシは歴史的考察を通じて、二〇世紀を産み出した歴史過程を、特に国民的(民族的)環境の観点から総合的に考え直し、ブルジョア国家を産み出した諸力を分析し、資本主義をそのあらゆる位相において分析し、また歴史理論や芸術までも分析した。このような分析をグラムシが行ったのは、グラムシにとって革命的意識の獲得とは、文化の新しい概念の獲得を意味したからであり、人間の外部の革命だけではなく、その内部の革命を準備すること、これこそ共産主義者が成し遂げなければならぬことだった。換言すれば、「主体的な革命」とは、階級関係における革命にとどまらず、人間それ自体における革命、つまり、思考や生活の様式、他者との関係のあり方における革命を意味するものだった。すなわち、人間の社会における役割の革命と並んで、その文化における革命を意味するものだった。

後述するグラムシのヘゲモニー概念も経済主義批判とそれを克服する上で発展させられたものであった。グラムシにとり、「経済主義の致命的な誤りは、一種の経済決定論に陥って、土台と上部構造の正確な理解を妨げ、情勢と歴史発展のダイナミズムをとらえることができないことである。経済主義は、イデイオロギーと政治の自律性および国家の性質を理解できず、支配階級のヘゲモニーに挑戦することができない」ものであった。グラムシは一九三〇―三二年に記述した『獄中ノートⅣ』において、経済主義批判のためにヘゲモニー概念を発展させる必要があると強調している。

マリアテギもこれに似た視点から、『七試論』において公共教育、文学、宗教問題、地域主義の問題を論じる中で、革命を政治権力の奪取に還元することなく、社会全体の変革を意味するとの姿勢を表明している。

(b)他方、マリアテギは、ペルーが置かれている経済的環境を「植民地経済」と捉え、経済従属性を分析する視点を示した。これに対しグラムシは『獄中ノート』において、西欧において一九一九年から一九二三年の革命攻勢期に革命勢力が敗北した原因を考察する中から、西欧とロシアを区別して、西欧を「西方」、ロシアを「東方」と捉えて、市民社会が相対的に成熟している西欧においては「機動戦」ではなく、「塹壕戦」が主要な闘争形態になると論じた。この議論の前提には、国家をレーニンの『国家論』のように、階級支配の道具とのみ見るのではなく、政治社会と市民社会の総体からなると見て、市民社会におけるヘゲモニーの行使を通じた合意の確保によって支配階級は支配を貫徹すると分析した視点が存在した。グラムシ論が進展した一九七〇年代末以降のラテンアメリカにおいては、ラテンアメリカはグラムシの概念に拠れば「西方」に属するとして、「塹壕戦」の適用を主張する論調が支配的である(注41)。ヨーロッパ・マルクス主義の潮流の中では、コルシュやルカーチには周辺部資本主義に関する分析は見られず、グラムシは稀有な例外であった。

(c)「塹壕戦」の概念を形成した際にグラムシは、同時に「文化的ヘゲモニー」の概念を提起した。他方、マリアテギも「ヘゲモニー」の概念を使用している。例えば、『七試論』には次のような記述が見られる。

「独立革命はこの階級のヘゲモニーを打破しなかったので、いまだわれわれはこの階級の支配から解放されていない。封建制度の根幹は手つかずのままである。この存続は、たとえば、ペルーの資本主義的発展の遅れの原因なのである。」

「〈未来派〉を僭称する世代は、時期的には、大学の教授法と精神の刷新に着手する世代でなければならなかった。

（中略）ペルー文学に関する論文のなかで植民地主義精神をみずから標榜しているリバ＝アグェロに指導され、この学生世代は保守的伝統主義的方向にみちびかれた。他方、この大学世代は、その出自と縁故からゴンサレス・プラダ派の文学運動には反対し、とりわけ地方で自然発生的に流行した急進的文学が攻撃した文民派支配体制の知的ヘゲモニーを再建する使命をもって登場したのである。」

概念的には、マリアテギの「知的ヘゲモニー」の概念も、グラムシの「文化的ヘゲモニー」の概念に類似したものであり、イデオロギーの社会的性格とその機能を重視した概念である。しかし、重要な相違点は、グラムシの場合には、国家を政治社会と市民社会の総体と捉え、このような理論的枠組みの中で、市民社会における支配階級あるいは支配ブロックによる文化的ヘゲモニーの行使を論じたのに対し、マリアテギには総合的な「国家／市民社会論」は見られない。単に、没落しつつある植民地精神を有する封建制的な大土地所有階層が、社会的支配を維持するために行使する思想的強制力との意味合いで「ヘゲモニー」という語を使用している。『七試論』の別の個所で次のような表現が見られる。

「独立革命後の軍人カウディーリョ時代に類似した時代が過ぎたのち、ラティフンディオ階級は政治的支配を回復したが、以前のような知的支配は回復できなかった。」

マリアテギはここで、「政治的支配」と「知的支配」を明確に区別しているが、この文章における表現から判断すれば、マリアテギは「知的ヘゲモニー」を「知的支配」と同義語で使用した可能性がある。もしそうであるなら、「支配」と「ヘゲモニー」を区別したグラムシとの相違性は明らかである。その原因としては、マリアテギはグラムシとは異なって、「ヘゲモニー」という語を使用したが、確固とした「ヘゲモニー論」を構築していなかったことが挙げられよう。

(d)グラムシの南部問題を見る視角と、マリアテギが先住民問題を見る視角を比較してみる。グラムシの南部問題を見る視角を知る上で重要な論稿は、一九二六年九月に執筆した「南部問題に関する若干の主題」である。この中でグラムシは次のように主張した。南部においては「農民は知識人を通して大地主に結びついて」おり、「全体として北部資本主義と大銀行の仲介者や監視人の代行をする巨大な農業ブロックをつくりあげる」。この「ブロックの唯一の目的は現状を維持することである」が、この「農業ブロックの上に知識人ブロックが機能しており」、これが北部の工業ブロックと南部の農業ブロックを接着する役割りを果たすとともに、「実際に農業ブロックの亀裂が過度に危険になったり地すべりを起こすのを防ぐのに、これまで役立ってきた」。しかし、プロレタリアートはこの知識人ブロックを解体して南部農民を「自治的かつ独立的な組織にまとめ上げて」農業ブロックを破壊しなければならない。

グラムシは北部の資本家と労働者、南部の大地主と貧農がそれぞれ知識人にとって仲介され、更に知識人ブロックが北部の資本家と南部の大地主の同盟を成立させる機能を果たしていると図式化したのである。「南部問題」に関する若干の主題」を執筆した時点では、グラムシはその後の獄中時代に完成させる「文化的ヘゲモニー」の概念を使用してはいなかった。しかし、グラムシが示した図式から、知識人ブロックが果たしていた「文化的ヘゲモニー」を行使する役割が想定されていたことが推定される。

他方、マアリアテギは、シエラ（山岳部）には封建制的な大土地所有の下に先住民共同体に居住する先住民農民が支配下におかれ、コスタ（沿岸部）では資本主義的な商業資本に結合した大土地所有層が半封建的な労働システムで農業労働者を束縛し、産業労働者層は都市部に萌芽的に存在するのみであると描写した。そして、コスタとシエラの大土地所有層が同盟して植民地的精神性を維持し、先住民農民、農業労働者、都市産業労働者を排除した政治支配システムを設立してペルーを支配している。この支配システムの中で伝統主義と識別される知識人集団が、新しい精神性を代表する知識人の潮流とヘゲモニーを競っていると分析した。

グラムシが知識人の役割として評価したのが『自由主義革命』を主宰し、その後ファシストの脅威のために亡命しパリで客死したゴベッティであり、マリアテギが評価したのはインディヘニスモの潮流に属する文学者たちであった。

イタリアとペルーは異なる社会構造を有している故に、当然ながら支配システムは同一ではない。しかし、国内にイタリアの場合には南部、ペルーの場合にはシエラという後進地域とも言うべき後背地が存在し、大地主層が「ヘゲモニー」の行使を通じて政治・経済的な支配システムに荷担しているとの構図には共通性が見られ、知識人集団の機能がそれぞれの支配システムの維持と解体に大きな役割を占めているとの図式には類似性が感じられる。要は、社会構造の問題を歴史的に解釈し、「全体的」に社会問題を捉え直すというグラムシとマリアテギに共通する方法論的な視角が、分析結果の類似性をもたらしたものである。

4. 〈共生〉の思想

〈共生〉の思想とは、文化や価値観の多様性を認めようとする多元主義の思想である。近代は、グローバル化の事実上の開始という歴史の流れと並行しながらも、逆にこのプロセスに逆行した西欧諸国における領域支配に向けたナショナルな動きを国民国家の成立という形での具体化した。しかし、「国民（民族）」を基盤とする国民国家は、国民統合の形成及びその堅持という名の下に、統合を拒否あるいは統合の対象外とされたエスニック集団を初めとする少数集団（単に量的な意味での少数集団のみでなく、質的に少数集団として扱われる集団を含め）を排除し、周縁化／無化してきた。すなわち、国民国家とは、統合と排除という両面をともに生み出す近代における社会統合の形態である。

〈共生〉の思想とは、このような国民国家が有する社会統合の機能の中で「周縁化／疎外／排除／無化」の対象とされてきた少数集団を復権し、彼らの存在を法的・物理的に保証するとともに、彼らが有する固有の文化や価値観を尊重し、文化的多元主義と価値観の多様性の尊重を共存原理とした社会を築こうとする思想傾向を表す。

マリアテギにおける〈共生〉の思想が最もよく現われているのは、「国民（民族）」理念に関して執筆した一連の論稿である。マリアテギが、ペルーの国民（民族）の問題に関して執筆し始めたのは、一九二四年五月の右脚切断手術後の、同年一〇月三一日付『ムンディアル』誌のコラム欄「ペルーをペルー化しよう（Peruanicemos al Perú）」に「懐古主義と未来主義」と題する記事を掲載してからである。その後、断続的に『ムンディアル』誌のこのコラム欄や、一九二六年九月に創刊した『アマウタ』誌上に関連論稿を掲載した。マリアテギのナショナルな問題への関心は、一九二八年一一月に出版された『七試論』と、一九二九年六月にブエノス・アイレスにて開催された第一回ラテンアメリカ共産主義者会議に提出された『ラテンアメリカにおける人種の問題』に集大成された。

これらの国民（民族）問題に関して執筆した論稿や文書においてマリアテギは、先住民を土台としたペルーの民族性形成を提起し、クリオーリョに代表されるスペイン系白人、メスティソ、黒人、中国系をも含めた多元的な「国民（民族）」理念を提示した。一九二七年一月から四月に、マリアテギ、サンチェス、エスカランテを中心として行われた「インディヘニスモ論争」において、マリアテギはサンチェスに対する反論として執筆した同年三月一一日付け『ムンディアル』誌に掲載した「ルイス・アルベルト・サンチェスへの回答」において、「自分は統合的ペルーを理想とする」と述べたことから、一部の研究者はマリアテギを統合論者であると分類している。

しかし、マリアテギのナショナルな問題に関する著作を総合的に読み返すと、マリアテギは「統合的ペルー」を主張することで、如何なるエスニック集団の存在を否定せず、寧ろペルー領土内に生存するすべてのエスニック集団の存在を尊重した「融合的」な民族性の形成を模索していたことが理解される。確かに、マリアテギには、幼年期にリマ県チャンカイ郡ワチョ市という黒人や中国人系の底辺層が居住する地域で過ごしたことから形成された、黒人や中国人系の文化的役割に対する過小評価や、みずからの出自であるメスティソに対する自己否定的な意識を有していたことは否定し難い。しかし、先住民と同様にこれらの諸集団を植民地主義や前資本制的な社会関係の下で周縁化されている階層として、その権利を擁護した。そして、これらの諸集団を「サバルタン」的な社会諸集団として捉え、社会主義運動を軸として革命主体として国民に形成することを提起した。

このような〈共生〉を重視する姿勢は、伝統と伝統主義を区別する際にも明確に現れる。マリアテギにとり伝統主義とは植民地精神の存続を図ろうとする保守的な精神的潮流であり、他方でペルーの伝統とは、先住民文化、スペイン系文化、黒人系文化、中国人系文化等、歴史的過程を通じてペルーに到来したあらゆるエスニック諸要素に由来する文化を意味する。いかなる文化的要素をも排除せず、すべての文化的諸要素を国民的伝統と見る視点に、〈共生〉の思想が特徴的に現れている。

グローバル化の進展に伴って、再びエスニックな問題を背景とする地域紛争の頻発が見られる今日、価値観や文化の多様性の尊重に基づいた新しい共存の原理を人類は必要としている。このような中で、マリアテギの思想は、その議論の対象がペルー一国のエスニック諸集団の問題やラテンアメリカの人種問題に限られていたとはいえ、複数エスニック社会において、文化的多様性を前提とした社会原理を示したという意味で、先駆的な思想であったと言える。

5. 結び

本稿は、〈全体性〉と〈共生〉という視点からマリアテギの思想の特徴をまとめ直したものである。主に、グラムシ、ルカーチ、コルシュなど一九二〇年代のヨーロッパ・マルクス主義の思想家との対比からとりまとめた。

マリアテギの思想は、グローバル化が進む現在、消費生活の極限化や、インターネットや携帯電話などのモバイル通信機器の普及等々によって大きく変化しつつある現代という時代を、その根底から分析し、将来的なペースペクティヴを構想してゆく上で、マリアテギが提示した〈全体性〉という視角は大きな有効性を有すると思われる。特に、大衆の意識化、社会変革の射程を政治・経済面に限定せず文化やイデオロギーの批判や更には個人の意識や精神にまで拡大すること、政治指導集団特に政党のあり方の本質面からの検討等々、現代人が引き継ぐべき論点が多く見られる。

また文化的多元主義や価値観の多様性を尊重する新しい時代の思想的基礎を考える上で、マリアテギが示したエスニック集団の複数性を前提とした「国民（民族）」形成の理念は、グローバル化が進展する中で、民族問題やエスニック問題を背景とする地域紛争が多発している現状を乗り越える理念を示したものとして注目に値する。

本文中においても示したが、マリアテギが展開した思想は、ルカーチやコルシュが展開した〈全体性〉に基づく哲学的考察や、グラムシが獄中で形成していった〈市民社会論〉などに比較して、理論的な展開が十分に見られないという欠陥があることが否定できない。しかし、これらのヨーロッパの思想家たちと異なって、マリアテギがペルーという、先進資本主義への従属を強いられた周辺部資本主義国の、そしてかつて先住民社会が栄えた地域の思想家であることを考慮すれば、これまで示される機会が少なかったこれら周辺部の人々の声や考え方を知り、改めて全世界的な支配システムのあり方を考える上で貴重であると言える。

マリアテギの思想を特徴づける〈全体性〉と〈共生〉という視角は、現代世界を考える上で、今後なくてはならない視角になると思われるが、マリアテギが示したこれらの視角の断片を、更に拡大し、肥沃化して、現代社会や今後予想される近未来に関する分析方法として確立されてゆて行くことが望まれる。

終章

ラテンアメリカは、コロンブスのアメリカ到着以降の五〇〇余年の間に、世界資本主義システムに取り込まれ、外因性の近代化によって技術を受け入れる一方で、経済的な従属状態を悪化させている。そして、近年におけるラテンアメリカの特徴は、グローバル化の進展の下で経済的苦境を強めてきた、歴史プロセスの中で社会的に「周縁化／疎外／排除／無化」されてきた先住民などの「サバルタン」諸集団による異議申し立てが頻繁に行われるようになったことである。メキシコのEZLN（サパティスタ民族解放戦線）、エクアドル、グアテマラ、ボリヴィアの先住民運動、更にはブラジルのアマゾン上流地域の先住民等々が、その人間としての存在、その固有の文化や価値観の尊重を求めて意識を高めている。もはや、近代を特徴付けた国民国家の枠内では解決不可能なまでに、従属的な周縁化された地位を強いられ、「周縁化／疎外／排除／無化」を強いられてきた「サバルタン」の人々の動向が、トランスナショナルな市民運動のネットワークの拡大や躍動化と連動して拡大してきている。

一世紀前の一九世紀末から二〇世紀初頭の時期に、現代に先立つような現象が生じていた。古典派の自由主義経済論に基づき、先進資本主義諸国の帝国主義化の波に乗って、世界市場の統合が進んだ。しかし、周辺部資本主義諸国では寡頭支配層とその利害を代弁するこれと癒着した現地政府が、比較生産優位に基づいて一次産品輸出を基盤とする経済発展モデルを採用した結果、前資本制的な労働形態を維持・強化しつつも資本主義的な経営形態を採用した大土地所有が拡大し、中小自営農、小商人、職人層が没落させた。しかし、これらの没落した諸階層を吸収すべき都市産業が萌芽状態にあったため、資本の本源的蓄積も進行せず、農村と都市の双方に構造的な貧困問題を発生させていた。

マリアテギはこのような時代に生まれ、活躍した思想家であった。そのため、その視線は周辺部資本主義諸国に特有な、西欧諸国と異なる「国民（民族）」形成の問題、近代化、そして経済的従属化の問題などに鋭い視線を注いで、問題点を分析した。しかも、その分析のために用いた方法論は、筆者が〈全体性〉と〈共生〉の思想と形容したような、今日でも有効とされるほどの時間的及び空間的な拘束を突き破る鋭さを持ったものであった。

マリアテギが示した、政治的・経済的側面のみでなく、社会的・文化的側面や、更には個人の精神・意識を重視し、しかもそれらを連関させる分析方法は現在においても有効性を見直すべきものである。周辺部における「サバルタン」諸集団の異議申し立てが多発し、民族・エスニック問題を背景とする既存の国民国家からなる国際社会の枠を突き崩すような動きが強まり、また「資本—労働」関係を軸とした社会関係が希薄化して社会諸集団の間での価値観や志向性の多様化が顕著となってきている現在、われわれは既存の民主主義観、国民統合論、国際社会メカニズムを再検討すべき段階に達していると言って過言ではない。共通の価値観が社会統合の媒体たりえなくなり、差異化された価値観が多元的市民社会における社会統合の新しい絆になってきている。

このような状況の中で模索されてきているのが、〈共生〉や〈共存〉の思想である。マリアテギが複数のエスニック集団から構成された国であるペルーを事例として示した、複数エスニック集団から構成される「国民（民族）」形成のために示した理念を支える精神は、国民国家の枠組みを超えて、〈共生〉を原理とした新しい時代に向けて歩み始めねばならないわれわれにとって、大きな指針となるものである。

本書に掲載した九本の論文は、いずれも一九九九年四月から執筆し始めたものである。マリアテギの思想には、この九本の論文ではカバーしきれなかった、フォーディズム論、芸術論、チャプリン論、東洋論、メキシコ革命論、イタリア・ファシズム論、トロツキー論等々多くの論点が残されている。これらのテーマについても、今後とも少しずつ丹念に解いてゆきたいと考えている。本書に関する読者諸兄のご批判、コメントをお待ちする。

本書の出版にあたっては、原田金一郎氏の翻訳で一九八八年に出版された『ペルーの現実解釈のための七試論』

と、辻豊治氏と小林致広氏の共訳で一九九九年に出版された『インディアスと西洋の狭間で』をふんだんに利用させていただいた。ここに改めてマリアテギ研究の先輩諸氏にお礼を申し上げる。

注

【1】マリアテギの思想と、グラムシ、ルカーチ、コルシュの思想との類似性に関して最も早く指摘したのは、グラムシについてはイタリア人研究者のメリス［Meris 1967］であり、ルカーチ及びコルシュについてはアルゼンチン人研究者ポサダ［Posada 1968］である。マリアテギの思想と三者の思想については、近年の成果ではフロレス・ガリンドの晩年の論稿［Flores Galindo 1987］が示唆に富む。しかし、いずれも類似性の指摘にとどまっており、理論的な比較検討は国際的にもまだ十分に行われていないのが実情である。

【2】マリアテギにおけるソレルの影響は、一九七〇年にフランス人研究者のパリ（Robert Paris）が一九七〇年七月に"APORTES"誌第17号に発表した論文『マリアテギのマルクス主義』の中で先駆的に言及した［Paris 1978 : 119-144］。その後、一九七一年一〇月の同誌第22号にビジャベルデ（Luis Villaverde Alcala-Galiano）が『マリアテギのソレル主義』を掲載して、パリの指摘を更に誇張してマリアテギをソレル主義の系譜に位置づけた。他方、フォルグはソレルの影響を受けたマリアテギの思想を、フランスのジョレスの思想との類似性において論じている［Forgues 1995 : 203-225］。なお、ヘルマナはマリアテギにおけるソレルの影響の大きさを認めつつも、「神話」の強調についてはソレルを介してはいるが、その起源はベルグソンにあると指摘している［Germaná 1995 : 173］。

【3】マリアテギは一九一五年頃より先住民問題への関心を示し始めた。［Meseguer 1974 : 43.］そして、一九一七年一月には一九一五年にプノーノ県において発生したルミ・マキが指導した先住民反乱に関する好意的なコメントを、同年四月にはシエラで頻繁に発生している先住民反乱の中には千年王国的なインカ復活願望が存在することを、それぞれ［エル・ティンポ］紙で担当していたコラム「声（Voces）」において指摘していた。［*El Tiempo*, Lima, 17 enero 1917 and *El Tiempo*, Lima, 25 abril 1917 in Mariátegui 1994 :, Tomo II, 2826 and 2902.］

【4】マリアテギは一九一九年七月二四日付け『ラ・ラソン』第67号に掲載した「リマ選出の下院議員」においてマウルトゥアについて次のように論じている。

「ビクトル・M・マウルトゥアはペルーの政治絵巻の中では近代的な人物である。広範なイデオロギーを有する政治家である。科学的な研究蓄積のある教師である。祖国に十分尽くした市民である。

マウルトゥアはペルーにおいて極めて大衆的な人物でありえた。その改革志向的で革命的な精神は常に闘争において大衆の側に彼を押しやった。マウルトゥアはクリオーヨ的な偏見に満ちた偽善的で臆病な議会の中で、誇りをもって社会主義への信条を宣言した最初のペルー人の政治家である。しかし、マウルトゥアは大衆との直接的で恒久的な接触をもつ機会をもたなかった。政権時代には急進的であったマヌエル・ゴンサレス・プラダのグループに属し、国民連盟の役職にあった。その後、国民連盟の解体後、個人的な活動を法律研究に注ぎ、それを通じて得た関係からシビリスモに入った。シビリスモは彼の能力を議会でも政府でもなく外交活動に用いた。そしてマウルトゥアは出国してから一九一四年に帰るまで帰国しなかった。帰国した際には、大方の人々にとって見知らぬ人物になっていた。マウルトゥアは孤立し孤独で大衆から孤絶しており、そのような適切でない環境の下では大衆的な政治家になろうとは考えなかった。自信もなかった。また、野望もなかった。

ジャーナリズム、議会、政府におけるマウルトゥアの四年間の軌跡はその才能と教養を示すものであった。マウルトゥアは大学に、議会に、そしてジャーナリズムに優れた人物であるという跡を残した。そして、あらゆる瞬間に国民的な諸問題に関する議論の質を上げるという傾向を特徴づけた。小さく見せるという傾向を拒否した。その思想は決して地平の高さで飛ぶことはなかった。常に現在と未来に関してパノラマ的なビジョンを有していた。」

また、『七試論』の中で次のように述べている。

「しかし、『コロニダ』の経験をおえて、これに参加した、とりわけもっとも若い作家たちは、新しい政治的潮流に興味をもちはじめた。雑誌『エスパーニャ』のウナムノ、アタキスタイン、アロマルその他の作家による政治文学の権威に、この方向転換の根拠をもとめなければならない。（中略）あるいは、ほとんどだれもみとめようとはしないが、なんにんかのペルー知識人の社会主義的志向に影響をあたえたビクトル・M・マウルトゥアの思想の示唆にも、その根拠をもとめなければならない。」

【5】レギア政権下でマリアテギ本家から下院議員二名が選出されていた。マリアテギはこれら本家のメンバーとは没交渉であったが、本家側はマリアテギが反体制運動の指導者であることを憂慮していたと言われる。

【6】マリアテギが使用している「ネーション（スペイン語 nación）」の訳語については、マリアテギが国家と「ネーション」を明確に区別した上で「国民」あるいは「民族」を表現する用語として使用していること、及びマリアテギの著作においては大半の場合に「民族」よりも「国民」と訳すことが適切と判断されることから、「民族解放」など「民族」と訳す方が適切と考えられる場合を除き「国民」と訳出した。この場合の、「国民」と「民族」の区別については、単数の（あるいは複数の）エスニック集団が民族を形成し、この民族の主体とした国民国家を形成した時点で、民族は国民に転化するものと考える。なお、「ナショナリティー（スペイン語 nacionalidad）」については、民族形成の機軸になる属性であるとの観点から「民族性」と表記した。

【7】「サバルタン」はグラムシの『獄中ノート』第5章から取り出された概念であり、「従属的・副次的（存在）」または「下層の

人々」を意味する［崎山 2000：82-83］。崎山論文にはグラムシの「サバルタン」に関する記述が次のように記載されている。

「方法的基準。支配階級の歴史的統一は国家において起こるものだが、その歴史は本質的に国家及び国家集団の歴史である。だが、その統一の形態が形式的とばかりはいえない固有の重要性をもっているからといって、その統一が単に法的・政治的なものにすぎないと考えるべきではない。歴史的統一とは、本質的に、具体的事実を媒介とする国家もしくは政治社会と〈市民社会〉との有機的関係の結果である。サバルタン諸階級は、いわば、みずからが〈国家〉になれきれないかぎり、統合されるものでも、統合可能なものでもない。その歴史は、したがって、市民社会の歴史の、そしてそれを媒介とする国家集団の歴史の、〈解体した〉不媒介なのだ。したがって以下の点を研究する必要がある。㈠サバルタン社会諸集団の客観的形成。経済生産世界において実証される発展と展開をたどることで、その出自である既存の社会集団の心性・イデオロギー・目的を一定期間保持しつつ、いかにして量的拡大をとげたか。㈡能動的／柔道的受動的を問わず、政治的支配集団への［サバルタン社会集団の］順応。固有の要求実現にむけて、その集団へ影響力を行使するための試み。その試みが解体、刷新、新生のプロセスを決定づけるなかで引き起こす結果。㈢サバルタン社会諸集団の同意及び管理を維持するための、支配集団による新たな諸政党の誕生。㈣限定的部分的性格をもった要求を目的とする。サバルタン社会諸集団自体の形成。㈤サバルタン社会諸集団の自律性を容認する新たな構成、ただし旧来の枠組みにおける。㈥統合的自律性を容認する公正。」（崎山訳）

なお、崎山は上記㈥の「統合的自律性」に関して、「支配のなかで従属的な位置をしめ、それゆえに周辺化・断片化されてきた諸集団が、目的意識性すなわち党の指導のもとに統一をなしとげて国民的な革命への主体へと自己形成していくことにほかならない」と述べている。この「党の指導の下に（中略）主体へと自己形成してゆく」諸集団という捉え方こそ、一九二〇年代にマリアテギが構想した変革主体を検証する鍵となると思われる。

【8】バサンによれば、一九二二年四月頃、マリアテギ、ファルコン、マキャベロ在ジェノヴァ総領事、ジェノヴァ在住のペルー人医師ロエ（Carlos Roe）の四名がペルー人社会主義者グループを結成し、その直後にマリアテギが帰国を決定した。本国からの帰国許可は直ぐに下りたが、その後この許可が撤回されたが、マリアテギは予定通りにイタリアを出国した。その後も帰国許可を待ちながら、ドイツ、オーストラリア、ハンガリー、チェッコスロバキアを訪問し、一九二二年九月に再びドイツに戻った。翌一九二三年一月二八日からライプチヒで開催されたドイツ共産党党大会を取材している最中に帰国許可が着き、二月一一日にドイツを出国した。

【9】マリアテギはこの点に関し、『階級的行動の前史と発展』において、「一九二四年末から一九二五年初めにかけて、前衛的学生に対する弾圧が強まった。（中略）この時期、創立者アヤ・デ・ラ・トーレの提案でアプラの設立が話し合われ始めた。彼はこの目的

のためヨーロッパからペルーの前衛活動家に働きかけた。これらの活動家は原則的にアプラを受け入れた」と述べている。マリアテギの記述は、明らかにアプラの創設を一九二四年五月七日とする説を否定するものである。一九二七年六月にレギア政権が行った急進前衛世代に対する一斉弾圧の理由がアヤ・デ・ラ・トーレからリマ・グループに送られた支部結成の呼びかけを内容とする書簡であったことから、アヤ・デ・ラ・トーレが「ヨーロッパからペルーの前衛活動家に働きかけた」時期は、一九二六年末から一九二七年初頭であると推定される。従って、このことは、アプラの設立は一九二六年末頃とする筆者の見方を裏付けるものである。

【10】一九二四年六月から一〇月頃までであったと推定されるアヤ・デ・ラ・トーレのソ連訪問は、同年六月一七日から七月八日に開催されたコミンテルン第五回大会に、コミンテルン・メキシコ支部メンバーのウルフ（Bertrand Woolf）の招待により同支部代表団より信任状を得てオブザーバーとして参加したものであった。コミンテルン第五回大会終了後は、青年共産主者インターナショナル、プロフィンテルンの大会にもそれぞれオブザーバー出席したとされている。[Nieto：177-178]

【11】ポルトカリェーロによれば、ロゾフスキーはポルトカリェーロに対し、もう一度アヤ・デ・ラ・トーレと直接話す必要があるため、ポルトカリェーロがアヤ・デ・ラ・トーレを連れて再度ソ連を訪問し、ペルー問題について話し合うことを提起した。ポルトカリェーロは、ソ連を出て一九二八年五月初め頃にパリに着き、事情をアプラ・パリ支部長であったラビネスに話した。その結果、ラビネスがメキシコにいたアヤ・デ・ラ・トーレにソ連を再度訪問してロゾフスキーと話すよう勧めた書簡を送り、ポルトカリェーロも一カ月ほど待ったが、返書が着かなかった。そのため、ポルトカリェーロはラビネスと相談の上で返書を待つことなく帰国の途に着いた[Portocarrero：150-155]。この時期は、マリアテギからアヤ・デ・ラ・トーレ批判の書簡がメキシコ支部宛てに既に送られ、アヤ・デ・ラ・トーレの返事がマリアテギ宛てに到着するばかりの頃であったので、アヤ・デ・ラ・トーレがラビネスからの書簡に返書しなかった理由も容易に推察される。

【12】プロフィンテルン第四回大会へのポルトカリェーロ等の出席の以前のマリアテギ・グループとコミンテルンの関係は、一九二七年二月にブリュッセルにて開催された反帝国主義国際会議にアヤ・デ・ラ・トーレとともに、後にPCPの初代書記長となったラビネスが出席した経緯がある。ラビネスはその後、一九二九年八月にフランクフルトで開催された第二回反帝国主義国際会議にも出席した[Ravines 1977：112-123]。

【13】PSP結成を決定したエラドゥーラ海岸で行われた九月一六日の会合には、マリアテギは健康上の理由で出席できず、ポルトカリェーロ、ナバロ、マルティネス・デ・ラ・トーレ、イノホサ（César Hinojosa）、ボルハス（Fernando Borjas）、レグマン（Bernardo Regman）が出席し、マルティネス・デ・ラ・トーレがマリアテギの見解を代弁した。他方、バリャンコのナバロの自宅で一〇月七日に催されたPSP結成会合には、マリアテギ、ナバロ、ボルハス、イノホサ、ポルトカリェーロ、マルティネス・デ・

ラ・トーレ、レグマン、カスティーヨ（Luciano Castillo）、チャベス・レオン（Chávez León）が出席した。（Martínez de la Torre : Tomo II 387）なお、ポルトカリェーロによれば、一〇月七日の会合にはサンチェス（Teomiro Sánchez）も参加した。書記長にはマリアテギ、情宣担当書記にマルティネス・デ・ラ・トーレ、経済担当書記にレグマン、ポルトカリェーロが組合組織担当書記に選出された。[Portocarrero : 166-168]

【14】ラビネスは一九二三年の反レギア運動に参加して、同年一〇月に国外追放されてメキシコに赴いたアヤ・デ・ラ・トーレに続いてチリに向け国外追放され、その後アプラ運動のブエノス・アイレス細胞に参加した後、一九二六年末に渡欧してパリ細胞に参加した。一九二七年二月上旬にブリュッセルにて開催された反帝国際会議にアヤ・デ・ラ・トーレとともにアプラ運動代表として出席、一九二九年八月にフランクフルトにて開催された第二回反帝国際会議にはリマのマリアテギ・グループの代表としてウルビッツ（Jacobo Hurwitz）とともに出席、その直後にソ連に赴いた。ラビネスは、一九二九年末ソ連を離れ、一九三〇年二月にコミンテルンの指令を受けて帰国し、PSPをPCPに改編すべく指導した。マリアテギもラビネスの実務上の力量を認め、ラビネスがコミンテルンの指令の下に行動していることを承知しつつも、病状の悪化したマリアテギに代わる後継書記長に選出することに同意した。ラビネスは、PCPの初代書記長をつとめたが再び国外追放され、その後ブエノス・アイレスのコミンテルン南米書記局と接触した後、チリにおける人民戦線の結成を指導し、その後はスペイン内戦にコミンテルンの政治委員として参加した。自伝によれば、スペイン内戦中より共産主義やコミンテルンによる指導に疑問を持ち始めるようになり、その後一九四〇年代後半に転向し右傾化した。

【15】ここでいう「ポピュリズム」とは、ラテンアメリカを初めとして国際政治上で見られるカルデナス政権（メキシコ）、ヴァルガ印政権（ブラジス）、ペロン政権（アルゼンチン）等を典型とした、階級同盟的で指導者のカリスマ的性格とデマゴギーに基づいて階級協調的な性格を有する政治運動あるいは政治形態ではなく、ロシア革命前の農民共同体の集産主義的な習慣を重視して、農民共同体に基づく農民運動の社会主義への志向性を強調する「ポピュリズム」である［Miroshevsky 1942 : 5］。ミロシェブスキーは、マリアテギはイデオロギー的に混乱しており、その思分は「ペルーに適用されたポピュリズムの特殊な変形である小ブル的な社会主義の思想である。……その視点はプロレアリア社会主義とは無縁である」と論じた［Ibid : 29］。

【16】チョロ（Cholo）」という言葉は植民地時代には混血底辺層に対する蔑称として使用された。しかし現在では、一九四〇—五〇年代に加速化したアンデス地域から都市部へ国内移動したアンデス農村社会の出身者及びその二世以下の人々で、アンデス農村部の先住民文化と都市部のクリオーリョ文化の双方を基盤としつつも、自立的な文化（チョロ文化あるいはチチャ文化と称される）を形成してきた人々をさして用いられている。そして、「チョロ化」とは社会の大衆的側面をこれらの人々が占めてゆく現象である。「チョロ化（cholificación）」現象については、ペルーはすでに文化的にはチョロの国であると主張する研究者がいる一方で、「チョ

ロ化」はアンデス農村出身者が都市部でクリオーリョ化してゆく過渡的な段階を反映しているにすぎないと主張する研究者も存在する［小倉 1996, 1999］。

【17】たとえば、ロシア人研究者であるゴンチャロヴァは、「マリアテギは（中略）先住民を形成途上にあるペルーの民族の土台に見る」などの表現を行っている［Goncharova 1995：18, 149］。

【18】現代のペルーにおいて使用されている「インカイスモ」という言葉には種々の傾向があり統一的な定義は存在しないが、一般的には理想化されたインカ社会のイメージを非先住民層をも含む国民統合の軸に据えようとする思想傾向をさす。しかし、マリアテギがここで使用している「インカイスモ」は、これとは異なり、先住民文化をナショナル・アイデンティティの主軸としようとする精神傾向を表しているものと思われる。

【19】マリアテギは「原罪」について次のように述べている。

＊「経済的事実を探り当てること、見ることなしにペルーの現実を理解することは不可能である。新しい世代は、正確にはこのことを理解していない。しかし、極めて敏感にそれを感じている。ペルーの基本的な問題は、先住民問題、何よりもペルー経済の問題であることに気づいている。現在のペルーの経済、ペルーの社会は征服に本源的な原罪を有している。その原罪とは、先住民なしに、先住民に敵対して誕生し、形成されたことである。」［Mariátegui 1988：83］

＊「このドラマは征服という原罪から生まれた。先住民なしに、先住民に敵対してペルーの経済や社会を形成しようとするその原罪は共和制時代にも引き継がれてきた。」［マリアテギ 1999：217］

【20】マリアテギは「ペルアニダ」に関して次のように述べている。

＊「われわれの時代におけるペルーの歴史と精神との二重性は、コスタで形成発展した歴史形態とシエラで自然に根ざし生き続けてきた先住民の感情のあいだの矛盾として定義できよう。現代のペルーはコスタで形成された。新しい〈ペルアニダ〉は低地部において徐々に沈殿してきた。スペイン人やクリオーリョはアンデスを征服する術をもたず、実際に征服することもできなかった。アンデスにおいては、スペイン人は開拓者あるいは布教者にすぎなかった。クリオーリョもそうであり、アンデスの環境は征服者たちを消滅させ、少しずつ先住民を育んでいった。これが現代のペルーで展開しているドラマである」［マリアテギ 1999：216］

＊「先住民問題は、（中略）紛れもなく正統なナショナリストの用語で表現するなら、ペルーの人口の五分の四を占める人々をペルーのナショナリテイに同化させる問題である。先住民問題を解決しようという熱意や意志を、これろどまで激しく情熱的に主張している理念やプログラムに秘められたペルアニダを、いったい誰が否定できよう」［bid.：218］

＊「ペルーにおいてペルアニダを代表し、解釈できる人々は、ペルアニダを否定的ではなく肯定的なものとして考える。そして、ス

ペイン人に征服・支配された四世紀のあいだにペルアニダを喪失し、それをまだ取り戻していない人々に、いま一度祖国を与えようと苦闘している人々である。」[ibid.: 221]

＊「もしスペイン人の征服と植民地化によって決定された社会構成を〈ペルアニダ〉と理解するなら、歴史的にみてガルシラソは、最初の〈ペルー人〉である。」[マリアテギ 1988 : 195]

＊「新しいペルアニダは今後創造されるべきものである。その歴史的礎石は先住民でなければならない。おそらくその主軸は、コスタの粘土の上よりも、アンデスの岩の上に据えつけられるだろう。それはさておき、この創造的な仕事に、新生のリマ、活動的なリマも無縁ではなく、また無縁でいることは望まないであろう。」[ibid.: 212]

【21】マリアテギは先住民に関して次のように述べている。

＊「共有財産と協同作業の紐帯を失った家族の集会体である先住民村落においては、いぜんとして、共産主義的精神の経験的表現である協同や連帯の習慣がなおも頑強かつ根強く残っている。〈共同体〉はこの精神に相応しており、この精神の肉体なのである。」[マリアテギ 1988 : 65]

＊「生まれた環境内にいるインディオは、移住によってそこから引き離されたり変形されたりしない限り、なんらメスティソをうらやむ必要はない。」[ibid.: 318]

＊「インディオは過去と訣別していない。かれらの歴史過程は停止し麻痺しているが、それによってみずからの個性を喪失しているわけではない。インディオは、習慣、生活感情、生活空間にたいする態度を保持して社会的に存在している」[ibid.: 318]

＊「先住民が劣等であるという偏見が、資本主義による先住民労働の最大限の搾取を可能にする。」[マリアテギ 1999ibid.: 295]

＊「進歩や近代的生産技術に対する同化能力において、インディオはいささかもメスティソに劣らない。一般的にみてむしろ勝っている。劣等な人種であるという見解は、もはや信用されず、いまや反ぱくするに値しない。」[ibid.: 298]

＊「インディオは、社会的経済的条件の変化によって、物質的、知的に向上する可能性が生まれる。それは人種ではなく、経済と政治によって決定される。」[ibid.: 300]

【22】タピアはマリアテギの思想の進化は、自己アイデンティティの模索プロセスと対応していたと指摘して、先住民色の濃いメスティソであるマリアテギが、青年時代の白人クリオーリョ世界やコスモポリタン文化への志向から、ヨーロッパ渡航を経て、先住民系を土台としたメスティソに自己アイデンティティを見出したプロセスであった、そしてマリアテギがペルーの民族性を先住民を土台とした文化的メスティソに据えたのは一九二四年以後であったと述べている［Tapia 1955 : 516］。なお、タピアは文化的メスティソ化は、マリアテギが提起したような社会主義を目指す闘争を通じなくても、一九四〇年代以後に生じた先住民の都市部への移動を

通じて進行した「チョロ化」によって実現されたと論じている。
【23】マリアテギはガルシアについて次の通り言及している。
＊「コスタの人々はシエラの人々とひじょうに異なっている。シテラでは、大地の影響でメスティソが先住民化し、先住民精神によるメスティソの吸収といったことさえほぼ行われているが、コスタでは、植民地支配がスペインからうけついだ精神をいまだ残存させている」[マリアテギ 1988：305-306]
＊「ウリエル・ガルシア博士は、メスティソのうちにネオ・インディオを見出している。しかしこのメスティソは、アンデスの環境と生活の影響のもとでのスペイン人種と先住人種の混交からみいだされた人間である。ガルシア博士が調査をおこなっているシエラの生活環境は、白人侵入者を同化してしまっている。両人種の交差から、地域の伝統や環境からつよい影響をうけたネオ・インディオが生まれたのである。数世代をへてなお、たえず土地と文化の環境そのものの圧力をうけて、すでに一定の特徴をそなえたこのメスティソは、コスタで両人種が創造したメスティソではない。コスタの烙印はより不鮮明で、スペイン的要素がより強大だからである。」[マリアテギ：1988：314-315]
【24】ガモナルとはシエラに典型的に見られた特定地域に支配力を有した政治・社会的ボスであり、多くの場合には大土地所有者であったが、時として大土地所有者層と癒着した地方行政担当者である場合もあった。

【25】マリアテギはバスコンセロスの〈宇宙人種〉について、次のように述べている。
＊「バスコンセロスが、白人人種の絶対優越論をアングロサクソンの帝国主義的偏見であると告発するのは正しい。ラテンアメリカは同時にあらゆるメスティソ化の劣等視をもたらすこの偏見を克服する必要がある。バスコンセロスはメスティソ化に宇宙人種の希望を据える。しかし、イベロ系の血とインディオの血の交差をスペイン植民地化の精神に帰するとき、それは誇張しすぎている。」[Mariategui 1975 B：84]
＊「バスコンセロスに熱っぽい予言によれば、熱帯とメスティソとは新しい文明にとっての舞台と主人公である。しかし、言葉の積極的で哲学的な意味において、ユートピアを描くバスコンセロスの説は、彼が将来の予言をしようと望んでいる限りは、現在を抹殺し無視している。……バスコンセロスが称賛するメスティソ化は、すでに大陸で進行中であるスペイン人と先住民とアフリカ系の人種の混合ではなくて、まさしく純化のための融合と再融合であり、一世紀後には宇宙人種が生まれるという。現在の具体的なメスティソは、バスコンセロスにとっては一つの新しい人種とか新しい文化の型ではなく、やっと一つの見込みなのである。哲学者でユートピア主義者の思索は、時空上の誓約を知らない。」[マリアテギ 1988：314]
【26】マリアテギは黒人と中国系について次のように述べている。

＊「中国人と黒人は、コスタにおける混血を複雑にしている。これらの人種的要素はいずれも、民族性の形成にたいして、文化的価値をも進歩的エネルギーをもたらさなかった」[1988：315]

＊「こんにち植民地期にたいして非難すべきことは、半世紀前の社会学者による非難の中心となってきたように、劣等人種を輸入したことにたいしてではない。すなわち、征服や力によってのみ樹立された体制を強化するために、植民地の経済組織や開発組織としては不適切な奴隷制をもちこんだ責任にたいしてである。この疾病からはいまだ解放されていないコスタ農業の植民地的特徴は、その大部分が奴隷制に由来している。コスタのラティフンディオは、その土地を肥沃にするために、労働力としてのみの人間をもとめた。それゆえ黒人奴隷が不足したとき、かれらは中国人クーリーにその代替をもとめた。〈エンコメンデロ〉体制に特徴的なこのクーリー輸入は、黒人輸入とどうように、独立革命が樹立した政治秩序に一致する自由経済の正常な形成にたいし、敵対する桎梏となった。セサル・ウガルテは、引用したペルー経済についての研究のなかでこのことをみとめ、ペルーが必要としたものは〈労働力〉ではなくて〈人間〉であると、きっぱりと断言している」[マリアテギ 1988：45]

【27】マリアテギはクリオーリョの前向きな性格に関して、次のように述べている。

＊「純粋なクリオーリョは、一般的にその植民地的精神をたもっているものだが、現代のヨーロッパ化されたクリオーリョは、植民地的精神の限界と懐古趣味への抗議にとどまってはいるものの、植民地的精神にたいし反発している」[マリアテギ 1988：307]

＊「バルデロマルやファルコンのようなクリオーリョでコスタの人間が、はじめに人種に目をむけた人々のなかに数えられているが、これらの人々の企図の的確かを否定することはできない。」[マリアテギ 1988：324]

【28】サンチェスのマリアテギの姿勢に対する批判は、(イ)マリアテギはコスタ対シエラ、白人対先住民という対立図式で捉えている、(ロ)先住民共同体を理想化し過ぎており実態から隔たりがある、(ハ)チョロ等の社会層を含んだ包括的な運動の可能性を視野に入れていないことの三点に集約される［後藤 1996：41］。

【29】マリアテギはインディヘニスモがペルーのナショナリティ形成に果たす役割に関して次のように述べている。

＊「インディヘニスモ文学は、……われわれに先住民固有の魂を示すこともできない。それは、いぜんとしてメスティソの文学なのである。従って、インディヘニスタと呼ばれても、先住民とは呼ばれない。先住民文学は到来すべきであり、しかるべき時機に到来するであろう。」[マリアテギ 1988：310]

＊「今日、過去との訣別は現実となった。すでにわれわれが見たように、〈インディヘニスモ〉が〈植民地主義〉をその根元から少しずつ引き抜きつつある。そして、この衝動はもっぱらシエラから生まれ出ているのではない。」[マリアテギ 1988：324]

【30】マリマテギは西洋文明と非西欧世界の接触について次のように述べている。

＊「先住民社会はいくぶん原始的で遅滞しているようにみえるが、社会と文化の一つの有機的な形態なのである。そして、日本、トルコ、かの中国などの東洋諸国の経験は、すでにいく時代をもへた土着社会が、どのようにしてみずからの歩みによって、しかも短時間のうちに、近代文明への道を発見しえ、西洋諸国の教訓を自国言語に解釈しえたかを、われわれにしめしてくれているのである。」［マリアテギ 1988：319］

＊「ペルー文学は世界主義の時代に入っている。リマにおけるこの世界主義は、少なからぬ腐食性をもつ西洋的退廃の模倣と、アナーキーな世紀末的様式の採用にとりわけあらわれている。しかし、この不安定な流れのものと新しい感情、新しい啓示が予見されている。非難されることが多い、この普遍的でエクメニックな道をへて、われわれは刻一刻われわれ自身に近づきつつあるのである。」［マリアテギ 1988：324］

【31】『七試論』邦訳版は七五頁において「沿岸部の平野において資本主義的な制度と技術のもとで、農業の産業化（近代化）によって達成された発展は、ペルーにおける砂糖と綿花の生産にたいする英米資本の関心を主要因とするものであった。これらの栽培の拡張にかんしては地主の近代化への適合力や資本家としての能力が主要因だったのではない」と訳されているが、前者の「近代化」が原文には存在せず、また後者の「近代化の適合力」は原文では「産業的適合性（Aptitud industrial）である。

【32】マリアテギは一九二四年一〇月に雑誌『ムンディアル』に掲載した論稿「都会と田舎」の中で、「速度は都市の生み出した近代的な概念である」と述べ、「速度＝都市＝近代」の連動性の観念を表わしている（マリアテギ『インディアスと西洋の狭間で』四三頁）。

【33】遅野井茂雄は「光を放つ〈独創的社会主義者〉の思想の全容」において、マリアテギの二〇世紀初頭のグローバル化する世界をみつめる視線を指摘している。

【34】マリアテギはこの伝統主義の潮流を「保守的実証主義」と読んでいるが、この潮流に属するホセ・デ・ラ・リバ＝アグェーロ、フランシスコ・ガルシア・カルデロン、ハビエル・プラドはともに実証主義を離脱してベルグソン哲学の影響下で一九一〇年代初頭までに観念論の立場に移行しているので、彼らを「保守的実証主義」と呼ぶことは誤りであろう。（第一部参照）

【35】Podestá 1993：277. なお、マリアテギは『七試論』において、一九二〇年代のリマの都市化現象について、人口増加よりも都市空間の拡大が顕著であったと述べている。おそらく、この時期にリマが都市として近代化したものと推定される。

【36】山之内／岩崎／米谷 1999：35-36。米谷はこの対談において、ルクセンブルグの『資本蓄積論』は、「純粋な資本主義が世界を覆い尽くすことはあり得ないんだということを、理論的に語ってしまったテキストとしても読めるのではないか。ローザ自身の意図をこえて、あえてそのように読むべきものだと思うのです」と述べている。この指摘は、『資本蓄積論』の第3篇第32章の末尾に、

「資本主義は、普及力をもった最初の経済形態であり、世界に拡がって他のすべての経済形態を駆逐する傾向をもった、他の経済形態の併存を許さない、一形態である。だが同時にそれは、独りではその環境およびその培養土としてのほかの経済形態なしには実存しえない最初の形態である。すなわちそれは、世界形態たろうとする傾向をもつと同時に、その内部的不可能性のゆえに生産の世界形態たりえない最初の形態である」と記された部分を指すものと思われるが、重要な指摘である［Luxemburg 1972 : 568］。

【37】Castro Pozo 1926. カストロ・ポソは、一九二〇年代初めにはレギア政権の官製インディヘニスモに協力し先住民庁長職についたが、その後レギア政権の保守化後にこれと訣別して社会主義運動に合流し、一九三〇年のPSPからペルー共産党（PCP）への転換の際には、カスティーヨ等によってPSP／PCPから分離して結成された新たな社会党（PS）に加盟した。

【38】モントーヤは筆者への談話において、ペルーの社会主義プロジェクトにおいては、リマに移住してきたアンデス農村部出身者の間に未だに見られる、先住民が継承してきた互恵・連帯の精神と共同分働の習慣が基礎になりうると述べた（一九九六年九月一〇日）。

【39】池田浩士（編）『歴史と階級意識』30―32。イルメナウでの会合の出席者のうち、ゾルゲはゾルゲ事件の中心人物となるゾルゲであり、ヴィットフォーゲルは『オリエンタル・ディスポティズム』を著したヴィットフォーゲルである。

【40】ヘルマナーは、『ホセ・カルロス・マリアテギのインドアメリカ社会主義』において、マリアテギが「プロレタリア独裁」という用語を使用したのはソ連やヨーロッパ諸国の共産党の綱領に言及した場合に限られ、一般論としての新しい社会主義権力の政治組織形態として提案したことはない、マリアテギは常に直接民主主義を提起し、特に「ソヴィエト」を重視していたと述べている［Germaná 1995 : 161］。

【41】メキシコのグラムシ研究者であるポルタンティエロは、グラムシによる「東方」「西方」の分類方法を延長すれば、ラテンアメリカ諸国は「東方」ではなく、「西方」の周辺部に位置すると論じており、アルゼンティンの研究者であるアリコーもポルタンティエロの議論を肯定的に引用している。［Portantiero 1981 : 127. Aricó 1988 : 92］.

1999 「空間・戦争・資本主義」『現代思想』IIVII (13): 30-60.
米谷匡史
2000 「マルクス主義の世界性とコロニアリズム」『情況』II (104): 16-30.
吉見俊哉／姜尚中
1999 「混成化社会への挑戦：グローバル化のなかの公共空間をもとめて　第一回」『世界』662: 148-170.

Sulmont S.,Denis
1997 *Historia del Movimiento Obrero Peruano 1890-1977*, Lima: Tarea.
Stavenhagen, Rodolfo
1981 『エスニック問題と国際社会』、加藤一夫監訳、御茶ノ水書房。
田口富久治
1993 『近代の今日的位相』、平凡社。
竹村英輔
1975 『グラムシの思想』、青木書店。
Tapia, Rafael
1982 "Mariátegui: Desarraigo y Peregrinaje en pos del Perú Andino Mestizo", in Gonzalo Portocarrero ed., *La Aventura de Mariátegui: Nuevas Perspectivas*. Lima: UPCP,515-524.
富永健一
1996 『近代化の理論：近代化における西洋と東洋』、講談社。
友枝啓泰
1988 「ペルーのインディオと国民的アイデンティティ」『民族とは何か』 岩波書店。
辻豊治
1982 「ペルーインディヘニスモの形成と展開：1920年代インディヘニスモ論争をめぐって」『ラテンアメリカ研究年報』3: 82-105。
1988 『インディアスと西洋の狭間で』解説 現代企画室。
内田弘
2000 「現実理念としての世界史」『情況』II（１０４）: 6-15.
Vanden E., Harry
1975 *Mariátegui: Influencias en Su Formación Ideológoca*. Lima: Editora Amauta.
Villaverde Alcalá-Galiano, Luis
1979 "El Sorelismo de Mariátegui", in José Aricó (ed.), *Mariátegui y los Orígenes del Marxismo Latinoamericano*, México: Siglo XXI, 145-154.
Wallerstein, Immanuel
1984 『近代世界システム Ｉ：農業資本主義と「ヨーロッパ世界経済」の成立』、川北稔訳、岩波書店。
1997 『史的システムとしての資本主義』、川北稔訳、岩波書店。
山崎カオル
1975 「ホセ・カルロス・マリアテギの思想：ペルーにおける共同体とマルクス主義のある出会い」『国家論研究』6: 1-13.
1984 「マリアテギと同時代のヨーロッパ思想」『思想』689: 119-132.
山之内靖／岩崎稔／米谷匡史

Rouillón, Guillermo
1975 La Creación Heróica de José Carlos Mariátegui : Tomo I, Lima : Editorial Arica.
1984 La Creación Heróica de José Carlos Mariátegui : Tomo II, Lima Editorial ALFA.
斉藤日出治
1998『国家を越える市民社会：動員の世紀からノマドの世紀へ』、現代企画室。
崎山政毅
1999「自然発生性とサバルタン・ポリティックス」『現代思想』XXVII（4）: 246-257.
2000「サバルタン」『現代思想2月臨時増刊』: 82-85.
2001『サバルタンと歴史』青土社
2001「出来事の〝歴史記述〞抵抗としての〝歴史記述〞」『20世紀をいかに越えるか』平凡社: 175-202。
Salazar Bondy, Augusto
1967 *Historia de las Ideas en el Perú contemporaneo*, Lima : Editores Francisco Moncloa.
Sánchez, Luis Alberto
1981 *Haya de la Torre y el APRA*, Lima : Editorial Universo.
Semionov, S./A.Shulgovski
1978 "El Papel de José Carlos Mariátegui en la Formación del Partido Comunista del Perú", in José Aricó (ed.), *Mariátegui y los Orígenes del Marxismo Latinoamericano*, México : Siglo XXI,165-185.
Silvers, Malcolm
1980 "La Formación de un Revolucionario", in Bruno Podesta (ed.), *Mariátegui en Italia*, Lima : Editora Amauta.
Sobrevilla, David
1980 "Las Ideas en el Perú Contemporáneo", in *Historia del Perú*, Vol.XI, Lima : Editorial Mejia Baca,113-415.
1994 "Tradición y Modernidad en la Cultura y Sociedad Peruanas" in Sobrevilla, Divid／Belaúnde M.,Pedro : *¿Qué Modernidad Deseamos? : El Conflicto entre Nuestra Tradición y lo Nuevo*, Lima : Instituto Goehte de Lima,15-66.
Sorel, Georges
1971『暴力論』全2巻（第8刷）、木下半治訳、岩波書店。
Spivak, Gayatri Chakravorty
1997『サバルタンは語ることができるか』、上村忠男訳、みすず書房。
Stein, William W.
1989 *Mariátegui y Norka Rouskaya*, Lima : Editora Amauta.

1988 "La Dialéctica de la Alquería y la Usina: Lecturas sobre la Ciudad Moderna en la escritura de Mariátegui" in *José Carlos Mariátegui y Europa: El Otro Aspecto del Descubrimiento*, Lima: Amauta, 261-284.

1984 "Las Erratas de la Modernidad: Los Escritos de José Carlos Mariátegui" in *Anuario Mariateguiano: VII* (*7*), Lima, Amauta: 253-258.

Portantiero, Juan Carlos

1981 *Los Usos de Gramsci*, México: Folios Ediciones.

Portocarrero, Julio

1987 *Sindicalismo Peruano Primera Etapa 1911-1930*, Lima: Editorial Gráfica Labor.

Portocarrero, Ricardo

1996 "José Carlos Mariátegui y las Universidades Populares González Prada", in Gonzalo Portocarrero/Eduardo Cáceres/Rafael Tapia (ed.), *La Aventura de Mariátegui: Nuevas Perspectivas*, Lima: Pontificia Universidad Católica del Perú. 389-420.

Posada, Francisco

1968 *Los Orígenes del Pensamiento Marxista en América*, La Habana: Casa de las Américas.

Prado, Raimundo

1995 "El Marxismo de Mariátegui", in David Sobrevilla Alcázar (ed.), *El Marxismo de José Carlos Mariátegui: Seminario Efectuado el 2 de Agosto de 1994*, Lima: Universidad de Lima/EditoraAmauta, 49-52.

Quijano, Anibal

1981 *Reencuentro y Debate: Una Introducción a Nariátegui*, Lima: Mosca Azul.

1988 "Raza, Etnia y Nación en Mariátegui: Cuestiones Abiertas". in *Encuentro Internacional: José Carlos Mariátegui y Europa*, Lima: Editora Amauta, 167-187.

1994 "El Marxismo de Mariátegui: Una Propuesta de Racionalidad Alternativa", in David Sobrevilla Alcázar (ed.), *El Marxismo de José Carlos M; ariátegui: Seminario Efectuado el 2 de Agosto de 1994*, Lima: Universidad de Lima/Editora Amauta,39-48.

Ravines, Eudocio

1952 *La Gran Estafa: Penetración del Kremlin en Iveroamérica*, México: Libros y Revistad S.A.

Rodríguez Pastor, Humberto

1997 *José Carlos Mariátegui la Chira: Familia e Infancia*, Lima: Casa de Estudios del Socialismo.

1942 El 'Populismo'en el Perú: Papel de Mariátegui en la Historia del Pensamiento Social Latino-Americano. In *Dialéctica* No.1. La Habana.

Monereo, Manuel

1994 *Mariátegui 1894-1994 : Encuentro Internacional : Un Marxismo para el Siglo XXI*, Madrid: Talasa Ediciones.

Montoya, Rodrigo

1990 Siete Tesis de Mariátegui sobre el Problema Etnico y el Socialismo en el Perú. in *Anuario Mariateguiano II*. Lima: Editora Amauta, 45-68.

1992 *Al Borde del Naufragio : Dimocarcia, Violencia y Problema Etnico en el Perú*, Lima: Casa de Estudios del Socialismo.

Nugent, Guillermo,

1987 Tradición y Modernidad en José Carlos Mariátegui. in Alberto Adrianzen, *Pensamiento Político Peruano*, Lima: DESCO, 191-198.

Nuñez, Estuardo

1978 *La Experiencia Europea de Mariátegui*, Lima: Editora Amauta.

小倉英敬

1996 「現代ペルーにおけるナショナル・アイデンティティ問題」『イベロアメリカ研究』XVIII (1): 43-60.

1999 「1980年代アンデス・ユートピア論に関する一考察」『地域研究論集』2 (1): 117-140.

2000 a「20世紀初頭のペルー思想状況：マリアテギと先行諸世代の思想的交流」『イベロアメリカ研究』XXI (2): 61-82.

2000 b「ペルーにおける「国民」理念の形成：1920年代のマリアテギの場合」『地域究論集』3 (2): 141-165.

遅野井茂雄

2000 「光を放つ〈独創的社会主義者〉の思想の全容」『図書新聞』2453: 5.

Paris, Robert

1978A "El Marxismo de Mariátegui". in José Aricó (ed.), *Mariátegui y los Orígenes de Marxismo Latinoamericano*, México: Siglo XXI,119-144.

1978B "Mariátegui: un sorelismo ambiguo", in José Aricó (ed.), *Mariátegui y los Orígenes de Marxismo Latinoamericano*, Méxcio: Siglo XXI,155-162.

1980 "La Formación Ideológica de Mariátegui", in Bruno Podesta (ed.), *Mariátegui in Italia*, Lima: Editora Amauta, 79-114.

1983 "Mariátegui y Gramsci" in *Socisalismo y Participación*, 23: 31-54.

Podestá, Bruno

1980 *Mariátegui en Italia*, Lima: Editora Amauta.

Podestá, Guido

1968 『初期マルクス研究』、良知力・池田優三訳、未来社。
Mariáegui, Javier y otros
1995 *Encuentro Internacional : José Carlos Mariátegui y Europa : el Otro Aspecto del Descubrimiento*, Lima : Editora Amauta.
Mariátegui, José Carlos
1975 A *Ideología y Política*, Lima : Editora Amauta
1975 B *Temas de Nuestra América*. Lima : Editora Amauta.
1975 C *Cartas de Italia*, Lima : Editora Amauta.
1984 *Correspondencia* 2 Tomos, Lima : Editora Amauta.
1985 *Defensa del Marxismo*, Lima : Editora Amauta.
1987 A *La Escena Contemporanea*, Lima : Editora Amauta.
1987 B *El Alma Matinal*, Lima : Editora Amauta.
1988 *Peruanicemos al Perú*, Lima : Editora Amauta.
1988 『ペルーの現実解釈のための七試論』原田金一郎訳　柘植書房。
1995 *Mariátegui Total : Edición Conmemorativa del Centenario de José Carlos Mariátegui* Tomo II. Lima : Editora Amauta.
1999 『インディアスと西洋の狭間で』、辻豊治／小林致広訳、現代企画室。
Martínez de la Torre, Ricardo
1949 *Apuntes para Una Interpretación Marxista de la Historia Social del Perú* Tomo II. Lima : Empresa Trabajo.
松田博（編）
1988 『グラムシを読む：現代社会像への接近』、法律文化社。
Melgar Bao, Ricardo
1996 *Mariátegui, Indoamérica y las Crisis Civilizatorias de Occidente*, Lima : Editora Amauta.
Melis, Antonio
1971 "Mariategui : Primer Marxista de América. in *Mariátegui : Tres Estudios*, Lima : Editora Amauta, 9-49.
1994 "Tradición y Modernidad en el Pensamiento de Mariátegui" in *Anuario Mariateguiamo VI* (6), Lima,Amauta : 73-95.
1995 "El Problema del Partido en el Itinerario de Maripategui", in Manuel Monereo (ed.), *Mariátegui1894-1994 : Encuentro Internacional*, Madrid : Fundación de Investigaciones Marxistas, 23-36.
1999 *Leyendo Mariátegui 1967-1998*, Lima : Editora Amauta.
Meseguer Illan, Diego
1974 José Carlos Mariátegui y Su Pensamiento Revolucionario, Lima : IEP.
Miroshevsky, V.M.

1980 『民族・植民地問題と共産主義：コミンテルン全資料・解題』 社会評論社。
池田浩士（編訳）
1977 『論争：歴史と階級意識』、河出書房新社。
生松敬三
1977 『現代思想の源流：1920年代への照射』、河出書房新社。
石黒馨
1997 「近代に抱かれるラテンアメリカ」『ラテンアメリカが語る近代』、世界思想社。
片桐薫
1996 『グラムシと20世紀の思想家たち』、お茶の水書房。
加藤哲郎
1993 『コミンテルンの世界像：世界政党の政治学的研究』、青木書店。
Klare, Karl E./Dick Howard（編）
1973『レーニン以後のヨーロッパ・マルクス主義』、川喜多喬訳、現代の理論社。
国際労働運動研究所（編）
1971 『コミンテルンと東方』、国際関係研究所訳　協同産業出版部。
Korsh, Karl
1967 『マルクス』、野村修訳、未来社。
1971 『レーテ運動と過渡期社会：労働評議会の思想的展開』、木村靖二・山本秀行訳、社会評論社。
1977 『マルクス主義と哲学』、平井俊彦・岡崎幹郎訳、未来社。
Lassus, Jean Marie
1994 "La Cuestión Nacional en el Centro de la Polémica entre José Carlos Mariátegui y Luis Alberto Sánchez", in Rolando Forgues (ed.), *Mariátegui : Una Verdad Actual Siempre Renovada*, Lima: Editora Amauta, 163-169.
Limqueco, Peter／Bruce Mcfarlane（編）
1987 『周辺資本主義論争』、若森章孝・岡田光正訳、柘植書房。
Lukács, Georg
1955 『階級意識論』、平井俊彦訳、未来社。
1968 『歴史と階級意識』、「ルカーチ著作集第９巻」、城塚登他訳、白水社。
1976 『ルカーチ初期著作集』全４巻、池田浩士編訳、三一書房。
Luxemburg, Rosa
1972 『資本蓄積論』全３巻（第８刷）、長谷部文雄訳、青木書店。
Manrique, Nelson
1995 "Mariátegui y el Problema de las Razas", in Gonzalo Portocarrero, eds., *La Aventura de Marátegui : Nuevas Perspectivas*. Lima: UPCP,443-468.
Marcuse, Herbert

1991 Nación,Estado y Clases: Condiciones del Debate en los 80,in Carlos Franco, *Imagenes de la Sociedad Peruana: La "Otra "Moderinidad*, Lima: CEDEP,17-42.

García, José Uriel

1930 *El Nuevo Indio*, Cuzco: Editorial Rozas.

Germaná, César

1977 La Polémica Haya-Mariátegui: Reforma o Revolución en el Perú. In *Cuadernos de Sociedad y Política*, No.2. Lima: Editora Sociedad y Politica.

1995 *El "Socialismo Indo-americano" de José Carlos Mariátegui: Proyecto de reconstruciión del Sentido Histórico de la Sociedad Peruana*, Lima: Edi tora Amauta.

Giddens, Anthony

1992 『近代とはいかなる時代か：モダニティの帰結』、松尾精文・小幡正敏訳、而立書房。

Goncharova, Titiana

1995 La Creación Heróica de José Carlos Mariátegui, Lima: Editora Amauta.

後藤雄介

1996 「ペルー•インディヘニスモ再考：〈メスティサヘ〉の視点から」『ラテンアメリカ研究年報』16: 34-59。

1997 『ラテンアメリカ「混血」論研究序説：統合と多元の狭間の〈メスティサヘ〉』、一橋大学大学院博士課程修得論文。

Gramsc, Antonio

1961 『グラムシ選集』全6巻、山崎功監修、合同出版。

1971 『グラムシ問題別選集』全4巻、石堂清倫編、現代の理論社。

Guibal, Francis

1995 *Vigencia de Mariátegui*, Lima: Editora Amauta.

Habermas, Jürgen

1990 『近代の哲学的ディスクルス』、三島憲一訳、岩波書店。

2000 『近代：未完のプロジェクト』、三島憲一編訳、岩波書店。

原田金一郎

1980 「ペルーにおける共同体と社会主義」『インパクト』5: 88-119頁。

1996 『周辺資本主義論序説：ラテンアメリカにおける資本主義の形成と発展』、藤原書店。

Humbert-Droz, Jules

1971 De Lénine á Staline Dix Ans Au Service de L'Internationale Communiste 1921-1931, Suisse: Éditions de la Baconniére.

いいだもも（編訳）

1973 *Del Ayllu al Cooperativismo Socialista*, Lima : Bilblioteca Peruana.
Degras, Jane
1977 『コミンテルン・ドキュメント第2巻』、荒畑寒村他訳 現代思潮社。
Dussel, Enrique
1996 "El Marxismo de Mariátegui como Filosofía de la Revolución", in David Sobrevilla Alcázar (ed.),*El Marxismo de José Carlos Mariátegui : Seminario Efectuado el 2 de Agosto de 1994*, Lima : Universidad de Lima /Editora Amauta,27-38.
Fell, Claude
1994 Vasconcelos-Mariátegui : Convergencias y Divergencias. in Rolando Forgues, ed., *Mariátegui : Una Verdad Actual Siempre Renovada*, Lima : Editora Amauta, 53-70
Fernández Díaz, Osvaldo
1994 *Mariátegui o la Experiencia del Otro*, Lima : Editora Amauta.
1995 "Mariátegui y la Crisis del Marxismo", Manuel Monereo (ed.), *Mariátegui 1894-1994 : Encuentro Internacional*, Madrid : Fundación de Investigaciones Marxistas,37-48.
Fernández Retamar, Roberto y otros
1996 *Mariátegui en el Pensamiento Actual de Nuestra América*, Lima／La Habana : Editora Amauta／Casa de las Americas.
Fiori, Giuseppe
1972 『グラムシの生涯』、藤沢道郎訳、平凡社。
Flores Galindo, Alberto
1980 Los Intelectuales y el Problema Nacional.Pp.139-156 in *7 Ensayos : 50 años en la Historia*. Lima : Editora Amauta.
1980 *La Agonía de Mariátegui : La Polémica con la Komintern*, Lma : DESCO.
1987 Para Situar a Mariáegui.Pp 199-214 in Arianzen y otros, *Pensamiento Político Peruano*, Lima : DESCO.
Forgacs, David
1995 『グラムシ・リーダー』、東京グラムシ研究会監修・訳、お茶の水書房。
Forgues, Rolando
1994 "Mariátegui y Peruanidad". in Forgues, ed., *Mariátegui : Una Verdad Actual Siempre Renovada*. Lima : Editora Amauta,87-106.
1995 *Mariátegui : la Utopía Realizable*. Lima : Editora Amauta.
Franco, Carlos
1980 "Sobre la Idea de Nación en Mariátegui", in *Socialismo y Participacón*, No. 11. Lima : CEDEP,191-208.

参考文献

Adrianzén, Alberto

1995 "Mariátegui y la Crisis del Socialismo", in Gonzalo Portocarrero/Eduardo Cáceres/Rafael Tapis (ed.),*La Aventura de Mariátegui : Nuevas Perspectivas*, Lima : Pontificia Universidad Católica del Perú, 421-430.

Alarco, Luis Felipe y otros

1995 *El Marxismo de José Carlos Mariátegui : Seminario efectuado el 2 de agosto de 1994*, Lima : Editora Amauta.

Alimonda, Héctor

1994 "Mariátegui y las Vanguardias, la Tradición y la Modernidad" in Anuario *Mariateguiano VI* (6) : 88-95, Lima : Editora Amauta.

Anderson, Benedict

1987 『想像の共同体：ナショナリズムの起源と流行』、白石隆・白石さや訳、リブロポート。

Aquézolo Castro,Manuel (ed.)

1976 *La Polémica del Indigenismo*, Lima : Mosca Azul.

Arce Zagaceta, Manuel

1995 *Mariátegui, frente al Reto de la Pobreza : Hacia Un Proyecto Nacional de Peruanización*, Lima : Editora Amauta.

Aricó, José

1978 Introducción, In *Mariátegui y los orígenes del Marxismo Latinoamericano*, México : Siglo XXI, XI-LVI.

1979 Mariátegui y la Formación del Partido Socialista in *Socialismo y Particiáción*, No.11. Lima : CEDEP, 139-167.

1988 *La Cola del Diablo : Itenerario de Gramsci en América Latina*, Caracas : Editorial Nueva Sociedad.

Baines, John M.

1972 *Revolution in Peru : Mariátegui and the Myth*, Alabama : University of Alabama Press.

Bassols Batalla, Narciso

1985 *Marx y Mariátegui*, México : Ediciones Caballito S.A.

Camett, John M.

1969 『グラムシの社会主義』、石堂清倫訳、合同出版。

Castro Pozo, Hildebrando

1924 *Nuestra Comunidad Indígena*, Lima : Editoril El Lucero.

【著者紹介】

小倉英敬（おぐら　ひでたか）

1951年生まれ。青山学院大学大学院博士課程中退。1986年外務省入省、中南米局、在キューバ、在ペルー、在メキシコ大使館勤務を経て、1998年末退職。

1999年より国際基督教大学他で非常勤講師。専攻は思想史、社会運動史、ラテンアメリカ論。

著書に『封殺された対話　ペルー大使公邸占拠事件再考』（2000年、平凡社）、『八王子デモクラシーの精神史　橋本義夫の半生』（2002年、日本経済評論社）。

共著に『変動するラテンアメリカ社会』（1999年、彩流社）、『相関社会科学ライブラリ　ネイションの軌跡』（2001年新世社）、『思想読本　ポストコロニアリズム』（2001年、作品社）他。

現在、「ペルー働く青少年基金」事務局長、「憲法再生フォーラム」他のメンバー。

アンデスからの暁光《ぎょうこう》

マリアテギ論集

発行……二〇〇二年五月二〇日　初版第一刷八〇〇部

定価……四二〇〇円＋税

著者……小倉英敬

発行人……北川フラム

発行所……現代企画室

住所……101-0064東京都千代田区猿楽町二―二―五―三〇二

電話――〇三―三二九三―九五三九

ファクス――〇三―三二九三―二七三五

E-mail：gendai@jca.apc.org

http：www.shohyo.co.jp/gendai/

郵便振替――〇〇一二〇―一―一一六〇一七

印刷所……中央精版印刷株式会社

ISBN4-7738-0106-9　C0031　￥4200E